洞悉蔣經國

陳守雲 著

代序／陳守雲與「蔣經國」三部曲

陳曉光
（上海鐵路分局文聯秘書長、
《東方笛》雜誌執行主編）

　　一說起介紹蔣經國的書，讀者腦海中一定會湧現許多這方面的書籍。名氣最響的要數臺灣學者江南編著的《蔣經國傳》（1984年10月出版），他耗費21年青春年華並付出生命代價；敘述最全的要數大陸學者馬英華編著的《蔣經國全紀錄》（上中下三集），洋洋灑灑50多萬字，2009年1月1日由華文出版社出版；資料最豐富的要數美國外交官陶涵編著的《蔣經國傳》，他踏遍臺灣、大陸、美國、俄羅斯等地，採訪了160多位與蔣經國有密切來往的人，花7年時間寫成，30萬字，於2010年10月也由的華文出版社出版。另外。還有臺灣名人李敖編著的《蔣經國研究》（中國友誼出版社）、蔣自強編著的《青年蔣經國》（花山文藝出版社）、李松林教授編著的《晚年蔣經國》（九州出版社）等。以上作者大都是名人或專業作家，他們這些書都一直在大陸及臺灣暢銷，對讀者有很大的影響。

　　可是，上海的陳守雲先生，只是一名業餘的文學歷史愛好者，他沒有受過專業的培訓，沒有專業的研究知識和研究經歷，僅憑著自己的興趣愛好，通過自己的勤奮努力，卻在2008年到

2015年短短的七年中，連續推出了《解密蔣經國》、《走進蔣經國》、《洞悉蔣經國》，三本書也有50萬字，為廣大讀者研究蔣經國開闢了一條路徑，為自己在介紹和研究蔣經國的事業中爭得了一席之地。

陳守雲先生1940年出生，1965年畢業於上海財經學院。2000年退休，便開始文學寫作，涉獵甚廣，經常有詩歌、散文、短評等佳作問世，常見諸於各報刊雜誌。2004年開始，他對蔣經國這一歷史人物發生了濃厚興趣，遂潛心研究。不顧年老體弱，經常孤燈相伴夜戰至天明；不嫌資料稀缺，奔波各地書店藏館圖書室；不怕冷嘲熱諷，尋訪各種線索查找關係人。五年如一日，心繫蔣經國，終於在2008年4月13日出版了第一本介紹蔣經國的書籍《解密蔣經國》。由於當時正值蔣經國誕辰100周年、正值曾擔任過蔣經國秘書的國民黨主席馬英九當選臺灣總統。所以《解密蔣經國》一書的出版，在社會上產生了較為熱烈的反響，許多文學界、教育界、文藝界的專家學者和朋友紛紛給他寫信、賦詩、作文、繪畫，表示祝賀，鼓勵陳守雲先生繼續深入開拓這一領域。

陳守雲先生沒有辜負專家學者和朋友們的期望，不驕不躁，一步一個腳印。2012年3月，他又編著了《走進蔣經國》，此書在《解密蔣經國》的基礎上，又充實了許多新的資料，豐富了蔣經國的人生經歷，挖掘了蔣經國許多隱藏在內心深處的彷徨與焦躁。先後兩本書出版後，有關方面在一些文化場館和中學召開了學術研討會，陳守雲先生應邀出席，暢談寫作構思及對蔣經國的評價。他又一次獲得了專家學者及朋友們的祝賀和勉勵，再次激

起了他的創作欲望。三年後，2015年底，陳守雲推出蔣經國三部曲的第三本書《洞悉蔣經國》。這本書的側重點是展示蔣經國曾經在大陸江西贛州時和來到臺灣後實行的一些懲治腐敗、革新親民的想法和做法，顯示了蔣經國不同於其父的獨立性格和激進思想。相信屆時《洞悉蔣經國》發行後，又會引起各方面的關注。

　　縱觀陳守雲先生的《解密蔣經國》、《走進蔣經國》、《洞悉蔣經國》三本書，均是以史實為依據，不加評論與修飾，比較全面地向讀者介紹了蔣經國那充滿傳奇、飽受爭議的一生。書中廣徵博引，博採眾長，既有江南《蔣經國傳》中國民黨上層明爭暗鬥片段，也有馬英華《蔣經國全紀錄》中國民黨軍隊自相殘殺故事，還有陶涵《蔣經國傳》中蔣氏家族衰敗後萬般無奈花落去的慘景……可以說，三本書，包羅萬象、精彩紛呈。對我們深入瞭解和如何評價蔣經國提供了一個視角和視窗。

目次

第一章　克格勃檔案中的蔣經國

近年來，俄羅斯曾一度開放了許多蘇聯時期克格勃，蘇共中央及共產國際的檔案，其中也包括了蔣經國的有關檔案。目前，這部分檔案分藏兩處：一是聯邦安全局中央檔案室，另一處則為聯邦安全局斯維爾德夫斯克分局檔案室。蔣經國在蘇聯待了12年，檔案材料中有如下記載，「蔣經國在青少年時期是個精力充沛，城府極深的人，深諳堅忍之道。」、「蔣經國的蘇聯生涯遍嘗人世間的辛酸，在一次次政治鬥爭中掙扎求存。」……

一、赴蘇留學

1925年10月，年僅15歲的蔣經國，從上海坐船到達海參威，再坐火車抵達莫斯科，同行的還有一些國民黨元老的第二代約二十人。這是一趟異常辛苦的旅程，他們將作為留學生，前往莫斯科孫逸仙（中山）大學學習。

莫斯科孫逸仙大學的俄文全稱為「中國勞動者孫逸仙大學」，是聯共（布）中央在孫中山去世後為紀念他而開辦的。1925年10月7日，在國民黨中央政治會議第66次會議上，孫中山的蘇聯顧問鮑羅廷正式宣布學校成立，目的是為中國培養革命人才，當時正是國共合作時期。在鮑羅廷的參與下，國共雙方挑選了三百一十名學生前往莫斯科孫逸仙大學（中共稱之為中山大學）學習，

其中中共黨員、共青團員占了學員總數的80%以上。1926年1月又有十名在德國學習軍事的國民黨學員轉入莫斯科中山大學。不久，中共旅歐支部的二十名黨、團員在法國受到巴黎員警當局的迫害，根據共產黨中央的指示，也轉道來到莫斯科中山大學學習，這批學員中有鄧小平、傅鐘、李卓然等。當時的莫斯科中大還處於祕密狀態，不對外公開，也不掛牌子，每一個學生都起了個很好聽的蘇聯名字，這主要考慮到回國以後的安全。蔣經國起名為尼古拉·維拉迪米洛維奇·伊利箔洛夫，被稱為「尼古拉」。

當時孫逸仙大學有約800名中國留學生，其中有國民黨元老的子女，包括于右任之女于秀芝、邵力子之子邵志剛、曾任國民黨宣傳部主任及黨部秘書長的葉楚傖之子葉楠，還有從德國轉入孫逸仙大學的馮弗能，她當年僅15歲，是馮玉祥的愛女。

與一般的蘇聯人民的生活水準相比，中山大學學生的生活條件是不錯的。早餐有蛋、麵包、奶油、牛奶、香腸、紅茶，偶爾還提供魚子醬。學生吃膩了俄國口味，校方還雇一名中國廚子做飯，讓學生可以吃到可口的中國飯菜。在此的必修課是俄語、世界史、中國革命史、馬列主義課程及軍事科目。每個學生都要寫日記，記下自己的政治活動和思想，包括自我批判和批判其他學生，並且在會議中公開朗讀日記內容。蔣經國對學校所有的正常活動都非常積極地參加。

蔣經國在蘇聯求學時期的最初階段，一直是「追求進步」的。那時留學生每月獎學金只有25盧布。由於具有優於當時一般知識份子的俄文程度，蔣經國讀過一點馬列主義者的書籍，入讀孫逸仙大學後不久就加入了中國共產主義青年團。

二、隱秘婚姻

　　蘇共中央的有關檔案透露，在學校裡，中國留學生與俄國女子談戀愛的風氣十分普遍，部分俄國女子知道蔣經國的身世，對他表示好感。不過，那時蔣經國對俄國女子沒有什麼興趣，認定馮弗能為對象，緊追不捨⋯⋯最後成就了一段姻緣。

　　克格勃檔案記載，上世紀20年代，當時的蘇聯支持中國的兩股軍事力量，一是有「西北王」之稱的馮玉祥，另一個則是南方國民黨人的領導人孫中山。就裝備、訓練及人數而言，早期，馮玉祥的力量較大。孫中山曾構想「西北計畫」，希望聯合馮玉祥的力量，借助蘇聯的幫助，從蒙古打回北京，推翻北洋政府，但被蘇聯拒絕。1925年孫逝世後，蘇聯轉而扶持蔣介石；而剛在廣州崛起的蔣介石，也動足腦筋拉攏馮玉祥。

　　據有關專家分析：蔣經國被選派去蘇聯留學，是蔣介石刻意安排的政治籌碼，「一方面借此可與國民黨實力人物的第二代拉關係，另一方面也與蘇聯保持緊密聯繫，以提高他在國民黨內部的地位。」1926年夏，任職西北邊防督辦的馮玉祥，在張作霖與吳佩孚聯軍的進攻下吃了敗仗，通電下野，隨即赴蘇聯「考察」了三個月，那時馮玉祥與蘇聯的關係還很好。有記錄表明，馮玉祥當年去蘇聯，在前往孫逸仙大學（中山大學）看望女兒馮弗能時，見過女兒的追求者——蔣經國，並且印象不錯。從利害關係出發，兩人步入婚姻殿堂對於雙方父母背後的政治集團都是有益處的。並且「在上世紀20年代的蘇聯，結婚和離婚都是很容易的

事，只須在公民婚姻狀況登記處登記一下就可以了。」

1926年8月，馮玉祥回國後不久，便被任命為國民政府委員、軍事委員會委員。9月，在蘇聯和國民黨的影響下，當國民革命軍攻武漢時，在五原（今屬內蒙古自治區）誓師，馮玉祥宣布所部集體加入國民黨。之後，馮玉祥擔任國民黨軍聯軍總司令，參加北伐。

不過，蔣經國與馮弗能的婚姻沒有維持多久，1927年7月，蔣經國向學校黨委會寫下自白書，宣布與馮弗能脫離夫婦關係。那麼為什麼會通過這種方式與馮弗能斷絕夫妻關係呢？

這與國內的政治形勢變化不無關係。蔣介石在政治上得勢之後，便開始露出反共面目。1926年3月蔣介石發動中山艦事件，污蔑中山艦艦長、鮑羅廷的親信、共產黨人李之龍擅自調動軍艦，意圖危害廣州政府，還逮捕了許多共產黨人，驅逐了幾名蘇聯顧問。蔣經國剛到蘇聯時，仍經常與其父保持熱線聯繫，但在加入共青團組織後便慢慢與蔣介石疏遠，更甚至於有段時間提出要與父親劃清界線。特別是在軍政大學畢業的前一年。1927年4月12日，蔣介石在上海發動反革命政變，對中國共黨人開展屠殺，並與蘇共斷絕關係。迫於形勢，在蘇聯的蔣經國發表了措辭強烈的聲明，宣布與父親蔣介石斷絕父子關係。

馮玉祥隨後於6月21日發表通電，宣布與蔣介石攜手合作，也採取了在自己的軍隊中進行所謂「清黨」，並遣返其蘇聯顧問，與蘇聯共產黨斷絕關係。這些舉動引起蘇共中央的極大反感。蘇共中央立即通過孫逸仙大學的知識青年黨部，要求馮弗能與馮玉祥「劃清界線」。馮弗能不願與父親反目，堅持返回祖國，並

企圖勸說蔣經國同行。檔案顯示，蔣經國的自白書，除了宣布解除婚姻關係，還批評馮思想有問題，「她想對我加工（改造思想），我也曾對她加工」，指馮是國民黨派來監視他、影響他的，還表示自己絕不接受。當時蔣經國18歲，馮弗能比他小1歲。

馮弗能後來嫁到北京張家，曾隨丈夫赴英，1979年在北京病逝。馮弗能的弟弟馮弗伐是蔣、馮留蘇時期的歷史見證人，當時只有12歲。多年後，馮弗伐出面證實蔣經國在莫斯科求學時確曾熱烈追求他姐姐，但不獲青睞，還表示說未曾聽聞兩人曾結婚。耐人尋味的是，陝西人民出版社1989年出版的《在馮玉祥將軍身邊十五年》一書記載，馮玉祥的隨從參謀馮法紀稱，赴美定居的馮玉祥之子馮洪志，在1987年7月7日寫信給在臺灣當「總統」的蔣經國，其中有「先兄洪國及先姐弗能在蘇與兄同班友好，誼非尋常，坦布腹心，諸希諒察，倘有所命，願效馳驅」等句子，可見蔣經國與馮弗能的關係非同尋常。

三、接受密訓

蔣經國從孫逸仙大學畢業後，由於在政治立場上堅定擁護蘇共，重獲蘇聯上層領導人的信任，被批准進入莫斯科聖彼德堡大學（蘇聯軍事情況局特種學校）就讀。該校專門訓練學員從事暗殺、爆破及破壞軍事設施等活動。蔣經國在「有蘇聯軍事特種部隊之父」之稱的破壞專家斯塔里諾夫・伊里亞門下接受訓練。幾個月後，他於1927年底轉往列寧格勒軍事政治大學進修。

蔣經國在軍事政治大學主修「遊擊戰」，這所大學又名托瑪

切夫學院,是當時專門培養紅軍將領的學府。蔣經國在這所大學選修了紅軍軍事戰略課程,是當時蘇聯國防部副部長伊爾・圖哈切夫斯基的得意門徒。1930年5月,他以每科都是「優等」的全班第一名的成績結業。他的個人檔案上記載,蔣經國的畢業論文的探究遊擊戰爭,老師評價稱「尼古拉非常聰明……是全校最優秀的學生。」

據俄羅斯諜報人員證實,蘇聯時期著名的情報員弗拉基米爾・烏洛夫(他曾在中國東北及上海當間諜,主要搜集日本方面的情報,在逃離中國時,差點被日軍捕殺),自稱與蔣經國在1925年左右即認識,雙方經過十多年的交往成為好友。蔣經國來到臺灣後,對這位俄國朋友仍然極為懷念,每年的新年蔣經國都經由英國駐外人員,送一瓶白蘭地給這位喜歡喝酒的俄羅斯朋友。上世紀70年代初,有人在烏洛夫位於莫斯科的簡陋寓所內,看到他藏有一瓶法國白蘭地佳釀,那是蔣經國由倫敦管道送給他的聖誕禮物。

四、宴請經國

蔣經國從軍政學校畢業後,蘇聯領導人擬派他到中國南方工作,但這一計畫沒有實現。此後,有四個月的時間,蔣經國在蘇聯沒事幹。10月,蘇聯派蔣經國到莫斯科的狄納莫兵工廠擔任政治軍事課教師,這份工作待遇不錯。但好景不長,到了1931年5月,蔣經國被派到莫斯科附近偏僻的索科洛夫,協助蘇聯推動農村集體化,後來曾擔任集體農莊的代主席。

在集體農莊工作了半年多時間，1932年10月，蔣經國又被調回莫斯科，開始與中國共產黨駐莫斯科的代表接觸。1933年初，蔣經國又被調到阿勒泰地區（鄰近內蒙古、新疆一帶）做了九個月的金礦工人，生活條件很艱苦。這一年年底，蔣經國被調到烏拉爾山地區的大城市斯維爾德洛夫斯克工作，擔任大型機械廠「烏拉爾馬許」機械車間的副主管，後來被提拔為副廠長，再任工廠報刊《重工業日報》的總編輯，生活獲得了改善。

蔣經國在烏拉爾山的生活頗得意，可以說是他在蘇聯的黃金時期。不少人對蔣經國很好，特別是女性勞工，為了聽他的演講，經常把孩子寄放在鄰居家，跑到現場聽他講「國際形勢分析」。蔣經國的才能更在編報紙時得以充分發揮，由於他的俄文水準極高，每天在報紙截稿之前，他都會問問編輯還剩多少「欄位」，需要多少字填補，隨即由他口述，讓編輯記錄下來，成為一篇不錯的文章。

蔣經國在烏拉爾山的表現，連遠在莫斯科的史達林都注意到了。在斯維爾德洛夫斯克聯邦安全局保存的蔣經國檔案中有一段記載：

> 1934年，蔣經國到莫斯科與史達林見面，回到斯維爾德洛夫斯克後，工廠同事問他與史達林談了些什麼，他只說史達林請他吃飯，稱「紅菜湯很好喝」，三言兩語帶過，沒有透露談話內容。

這就證實了蔣經國在蘇聯間見過史達林。值得一提的是，多

年後，1945年，蔣經國隨同「國民政府代表團」赴蘇，在莫斯科又見到了史達林。史達林當著所有人的面，送給蔣經國一把精美的俄制衝鋒槍。

五、方良姻緣

存放於斯維爾德洛夫斯克聯邦安全局的蔣經國檔案裡，還有一段有趣的記錄：蔣經國很喜歡跟朋友到處旅遊，喜歡跳舞，但不是跳一般的交誼舞，而是動作很大，很費體力的高加索地區傳統舞蹈。

蔣經國在舞蹈圈裡結識了蔣方良（原名：芬娜‧伊帕季耶娃‧瓦哈列娃），兩人於1935年初結婚，第二年有了小名愛倫的長子蔣孝文。蔣方良在上世紀30年代的朋友安涅凱耶娃‧瑪麗亞，於1996年曾經接受俄羅斯中央電視臺的採訪，她在訪談中提及，蔣方良在1935年、1936年間曾對她說，蘇聯國家安全機關人員常來找她，警告她「一定要小心，若是單獨與兒子在家時，千萬不要應陌生人敲門就迎進家，因為蔣介石可能隨時偷偷派人來把他們強行押回中國」。蔣方良當時從未想到「隨蔣經國遠走他鄉」。

1936年到1937年間，蘇聯國內的局勢發生了變化，由於德國諜報機關的「離間計」使蘇聯的上層領導發生了「大地震」，圖哈切夫斯基等七人被誣告為「企圖推翻蘇維埃政權的間諜叛國集團」，蔣經國在蘇聯的朋友也接二連三地遭到「整肅」。這時的蔣經國一看形勢不妙，想逃之夭夭。

1937年1月5日，蔣經國所在廠的共產黨委員會決定「開除蔣經國黨籍、廠籍」，這使蔣經國再度失業。2月份，斯維爾德洛夫斯克地區共產黨員開會，有人揭發蔣經國是日本間諜，並指出他是托洛斯基派（也就是「托派」）。由於當時的黨委書記庫茲涅佐夫・米哈依爾認為蔣經國還年輕，應給予學習的機會，並出面保證他沒有大問題，蔣經國才過關。這裡還應提到的是，蔣經國1935年1月曾在蘇共機關報《真理報》上發表文章，三度公開批評蔣介石，提及「父親常毆打母親，希望母毛福梅能到歐與兒子見面」。

1936年底，中國國內的政治局勢發生了變化，西安事變爆發，此事促使蔣介石再度與中共合作。蔣經國認為自己回國的機會來了。

六、出賣朋友

1937年初，蔣經國又受到蘇聯高層的接見，得以再度到莫斯科。這時，蘇共中央已決定派蔣經國回到中國去，促進國共合作。

訪問莫斯科後，蔣經國回到斯維爾德洛夫斯克收拾行裝，在向朋友道別時曾說：「蘇共中央將派我回中國，主要任務是協助蔣介石與中共合作。」1937年3月，蔣經國全家由中共駐共產國際代表團成員康生陪同，從莫斯科坐火車到符拉迪沃斯托克，全程在同一車廂。

火車經斯維爾德洛夫斯克，蔣經國的不少朋友都到車站與他話別。但蔣經國在返回中國之前，竟給蘇共中央發了電報，表示

支持蘇共鎮壓這些朋友。根據檔案記載，電報是蔣經國與康生在符拉迪沃斯托克火車站聯名向蘇共中央發出的，稱「這些人（他的朋友們）的思想有問題」。電報中還提到，他們馬上要回中國，雖然前途困惑，但一定能完成蘇共中央交付的任務。

這封電報至今仍存在聯邦安全局中央檔案的蔣經國檔案內。

七、交換間諜

史達林讓蔣經國返回中國，除了為促成國共合作外，還有一段不為人知的插曲。「當時蘇聯派駐上海的情報站站長（代號為『雅科夫』）在上海被國民黨逮捕，正在漢口服刑。蔣經國返回大陸，也交換了『雅科夫』獲釋返回蘇聯。」

與蔣家關係密切的人士說，蔣經國從小受教於吳稚暉，中文根底不錯。但從蘇聯返中國時，已然忘記很多中國話、中國字。蔣介石要求他儘快恢復中文功底。當時蔣介石在浙江溪口附近辦了一所武陵中學，原本是農業學校，後來改為一般中學。蔣經國在這裡名義上被安排當教務主任，實際上在學校裡複習中文。

據說，西安事變後，張學良將軍也被派到這所學校「讀書思過」，蔣經國與張學良竟成了「同學」。幾年下來，蔣經國慢慢恢復了中文水準，蔣介石要他把蘇聯12年的感想用中文寫下來。蔣經國寫在十行紙上，呈給父親看，據說蔣介石看得很用心，還加了注和眉批。

第二章　初回溪口時的蔣經國

蔣經國的故鄉溪口，山川秀麗，為奉化縣的一大古鎮，位於「遊勝最諸山」的雪竇之麓、「剡沅九曲」溪水出口之處。鄧牧《雪竇遊志》稱「溪口市」，為自古以來無數顯宦名士遊蹤所至。南宋時抗金不辱使命的丞相魏杞與「南渡以來詩祖」張良臣墓，俱在溪口山。蔣經國在此度過了童年以來，長期旅異域他鄉，歸來的次數無多，住的日子也不長。

一、懂事聽話

蔣經國出生於清宣統庚戌（1910）年3月18日。那時，他祖母王氏47歲，父蔣介石24歲，母毛氏29歲（屬馬，比蔣介石大五歲。）蔣介石15歲時與20歲的毛氏結婚，至此已將十年。蔣介石暑假由日本歸來住上海時，王氏親自送媳婦前去上海與兒子團聚。毛氏就在滬留住了一段時間，再次懷孕。王氏得知趕往，攜之回鄉，所生就是蔣經國。婆媳喜甚，愛如掌珠。蔣介石奔走在外，難得歸來。毛氏常懷抱繦褓中的蔣經國到岩頭娘家居住。其父毛鼎和家中殷實，開有南貨店，蔣經國從斷奶到獨立行走的一段時間，留在外婆家撫養，店中的一切糕果食品，由他任意取啖。毛氏的同學、義妹陳志堅生前常樂道她是目睹蔣經國長大的。1913年，蔣介石邀陳志堅去新納的側室姚治誠學習文化。

陳與蔣家婆媳共同生活，親若家人。當時蔣家只有數間老屋，姚住蔣母同房後半間，陳與毛氏同房住宿。他倆在縣城是新女校同學，感情甚佳，後又與蔣介石的大姐瑞春、胞妹瑞蓮等結拜為異性六姊妹，毛氏為老二，陳氏為老五。陳志堅說：「我到蔣家那年，經國剛四歲，朝夕相處，他喊我姨娘，非常親熱。他的儀表、性情都像娘，穩重文雅，懂事聽話，尊敬長輩。」

蔣家故居後不遠處的摩訶殿，是蔣家奉祀始祖蔣宗霸而建的家廟。後梁時，蔣宗霸由鄞縣遷居奉化三嶺，他信佛、與附近岳林寺的布袋和尚相交三年餘，平時口誦摩訶，人稱蔣摩訶。當年，親若母女的王氏毛氏婆媳，常到摩訶殿禮佛誦經，以消磨寂寥歲月。這裡和周圍的幾棵古樟樹，也就成了朝夕不離慈親的蔣經國小時嬉玩和後來葬母之地。

蔣介石有了姚治誠和陳潔如，與毛氏感情更為疏淡，但對親生的獨子還是鍾愛關心的。蔣經國8歲入武山小學啟蒙，蔣介石親自往托校長顧清廉（也是蔣介石自己18歲時的業師）。上學放學，毛氏送接。到了11歲蔣介石又聘王歐聲在家課讀，並寫信歸來訓勉：「在家當聽祖母汝母之命，說話走路，皆要穩重，不可輕浮，讀書總以嫻熟為度。」大約13、14歲時，又送到縣城錦溪小學就讀，寄住在蘆荻弄的陳志堅家，生活上得到陳母的照料。獨子離開膝前，毛氏甚不放心，也曾到陳家暫住。據說，此時蔣經國已頗彬彬有禮，每次上學放學，都要說：「外婆、母親，我去了！」或「我回來了！」他喜歡奉化芋芳頭，陳母常蒸些給他吃。其後，人們只知道蔣介石把蔣經國帶到外面去了，16歲送往蘇聯學習。據陳志堅說，初去的三四年，時常有信寄家，向她訴

離情、報平安。他還代毛氏寫過回信（毛氏結婚後才到女校讀書，年大怕羞，一二學期就輟學）後來就沒有消息了。

二、蘇聯歸來

蔣經國去蘇聯以後，特別是不通音訊以後，毛氏每於蔣介石回鄉時，哭吵著討兒子。蔣介石無可奈何，只有加以勸慰。「西安事變」後，蔣介石回鄉養傷，由毛氏護理。一天，蔣介石和悅地對她說：「你這多年來的委屈、痛苦，我也知道。現在你有哪些事要辦，需要些什麼東西、我一定替你辦到。」

毛氏不假思索地回答：「我什麼都不要，只要你還我經國！」蔣介石頷首默許。

不久，邵力子出任駐蘇聯大使，經過交涉，還有孫夫人宋慶齡的努力，去蘇聯已達12年之久的蔣經國，於1937年春節同已有小孩的蘇聯妻子回國了。到了溪口那天，正值蔣經國28歲生日。

如今母親突然得到兒子回來這一喜報，又心起猜疑，以為這是蔣介石動出來的腦筋，物色了一個年貌與蔣經國相似的人，冒充蔣經國歸來，作為向她的交代和安慰。於是，他與家中的幾位女眷商定和安排，在蔣經國來到時，先接到東廂房樓上，然後由蔣經國的大姑母瑞春等在前，自己在後，魚貫前去與蔣經國相會，試看分離12年之久的兒子，是否還能認識親娘，以別真偽。

蔣經國看到諸位親眷過來，站在一旁招呼笑迎，一見走在最後的母親，就搶步上去，口喊「姆媽」，母子悲喜交集，相抱痛哭。這時，抱著兒子愛倫的洋媳婦也拜見婆婆，毛氏接過孫子，

破涕為笑。此情此景，當時在場的張定根多次談及。

　　蔣經國歸來，是蔣家繼「西安事變」蔣介石被扣歸來後的又一椿大喜事。毛氏興高采烈，當即決定按家鄉習俗，擇日為兒媳補辦婚事，吩咐家人製辦新郎新娘穿戴的長袍馬褂，大紅旗袍等禮服物品，準備酒席宴請族人親友。婚禮之時，舉行了拜堂，獻茶等儀式，還命新娘紮上「圍身布裀」入廚房炒「谷花胖」，用預先準備的青松毛燒火，鐵叉掀鍋，使濃煙上冒，燻得新娘閉目難忍，親友在旁拍手歡笑。來自異國的新娘領略了中國人結婚做新娘的滋味。

　　當時，初來中國的蘇聯新婦不會講中國話，毛氏就聘了一位姓董的女教師，教她學國語和當地方言。期初，洋媳婦取中國名為蔣方娘，後來毛氏把「娘」改為「良」。她說：「這一名字，豈不是我們做長輩的都喊她娘了，還是把它去掉女字旁吧！」親友都贊成，蔣經國當然從命。

　　在此期間，蔣經國攜同方良祭掃祖墓，四處探親做客，到過葛竹太外公、岩頭外公墳頭祭奠，並探望舅公、母舅等親人。在岩頭時還去拜謁了他父親的老師、監察委員毛思誠和他自己的老師毛頌南，各送皮料、人參、燕窩等貴重禮物。蕭王廟姓孫舅公家、下蹕駐姓宋姨父家以及任宋、前葛姑母家等都一一去過。在忙了一些日子以後，就開始在家讀書了。

　　蔣經國少年離國，其父知道他的國學基礎淺，於是決定讓他居家進修一段時間，先後邀請徐道鄰、黃季慈等人教他讀《曾文正家書》等古籍和練習書法。並以文昌閣下面的三間小洋房為他專心攻讀的別墅，也曾到雪竇寺去住讀。在小洋房時，蔣經國

常騎馬或摩托車到武嶺學校體育場環繞驅奔，有時在「碧潭觀魚」的拱橋上垂釣，暑天，常從小洋房側的平臺跳入清澈的深淵游泳。在雪竇山上。他的遊蹤遍於千丈岩、妙高臺、三隱潭、徐鳧岩等名勝古跡。據云，當時其父對他的讀書要求甚嚴，不容懈怠，按時要把作業寄去審閱。直到在贛南當專員時還是如此。曾在蔣經國身邊工作、朝夕與共的表侄毛彭初說：「一次，多天沒有寫字，到時補足寄往重慶，被其父看出不是逐日完成，來信訓斥了他一頓。」

蔣經國在回國的次年（1938）初，經其父安排，由江西省主席熊式輝派他擔任省保安處副處長兼新兵督練處處長，不久調任第四區（贛州）行政督察專員兼保安司令。在此期間，他多次回鄉探親。1938年暑期，全縣小學校長教師五六百人在武嶺學校集訓。正值他回鄉，縣長兼班主任王崇熙請他前來講話。那年他29歲，風華正茂，結實的中等身材，整齊的中山裝，由縣長王崇熙陪同進入大禮堂登上講臺。他站著講話，縣長陪站一旁，講話內容多不復記，唯在講到懲辦貪官汙吏時，拳擊講桌，情詞激昂，全體學員凝神靜聽，精神為之振奮。

據當年武嶺學校高農班學生毛昭本回憶：1939年間，蔣經國回鄉，也來到學校講話。其中講到「當今中國有三個敵人」。哪三個敵人呢？學生翹首以待。他頻頻舉拳大聲說：「第一個是日本帝國主義！」「第二個是日本帝國主義！」「第三個還是日本帝國主義！」他為了加深學生對敵人的仇恨，喚起民眾，故重複其詞。

同年農曆11月，是蔣經國回來最悲傷的一天。初二那天，他

母親毛氏被日機炸死，接電後於初四日乘專車奔喪。

這次敵機轟炸以蔣家故居豐鎬房和武嶺頭文昌閣別墅為主要目標。在蔣家擔任帳房的外甥宋漲生、教方良國語的董老師和其他沒有逃出的被炸死六人，傷數人。董老師的大腿被炸斷飛上了鄰家的屋頂。敵機去後，逃出在外的人回來，唯獨不見毛氏，四處尋找無著。縣長何揚烈、縣黨部書記長汪堅心由縣城趕來。何發現後門不遠處炸倒的屋牆有隆起處，雇了民工點起火挖掘，其中果然有屍體，一看正是毛氏。原來，她從後門出，炸彈擲下，不幸牆被炸倒人被壓入其內。屍體上身完好，下部大腿裂斷，腸外流。經過商量，由武嶺學校校務主任張凱的岳父梁祖光為之整理、包紮、化裝，停放摩訶殿。蔣經國趕到，只告知牆倒壓死，隱瞞炸傷慘狀。

蔣經國俯伏母屍哀慟，見面部手足無傷，衣著整齊，也就沒有檢查細問。入殮後，就將靈柩暫厝摩訶殿，雇了一個姓李的每日上香獻茶，以待清平之時舉行喪葬大禮。

稍後，鑒於戰局動盪，還是入土為安，蔣經國與其父函電商定，由毛懋卿、宋周運、竺芝珊等組成治喪委員會，從簡喪葬。一時找不到所謂「風水好」的地方，蔣經國就決定葬母於摩訶殿前側。他說：「母親生前最喜愛這個地方，九泉有知，也必樂意。」「顯妣毛太君之墓」的墓碑字，是請國民黨元老吳稚暉補寫來的。蔣經國自書「以血洗血」四字刻石立於其母罹難的屋弄，以示報仇雪恨。

蔣經國為母「滿七」，歸來祭奠的時候，為了幽靜安全，住宿在鎮首中山公園內的中國旅行社。不料被潛伏在溪口的日諜偵

悉，密報特務機關。日軍以蔣經國必在家鄉過年，到農曆正月初二出動大批飛機，以中山公園為主要目標，再次來狂炸。附近的上街、隔溪的上山村，建築物破壞之多，居民死傷之慘，為溪口歷次被轟炸的最嚴重一次。但出乎敵人的預料之外，蔣經國為了年關在即，有要務待理，已於年前趕回贛州。

三、來臺前夕

1941年後，奉化淪陷，蔣經國四年不曾回鄉。1945年秋，日本投降。政府還都南京後，蔣經國才陪同其父和家小回鄉。蔣家自毛氏死後，蔣介石就命蔣經國當家，蔣經國邀唐瑞福為帳房。溪口淪陷期間，蔣家故居被敵偽機關佔用，唐去經營鹹貨生意。蔣經國派人回來要唐繼續擔任帳房，邀集原有的工役人等清理掃除故居。

這次蔣氏父子回鄉，飽經日軍侵佔災禍的全鎮人民，歡騰若狂，祠堂廟宇、武嶺學校大禮堂等演唱京戲越劇多天，行燈會、舞龍燈，蔣家還宴請族人親友，共慶勝利，頗為熱鬧。蔣經國是豐鎬房接班當家人，安排家事，接待客人，祭掃祖墳，四出探親，侍父起居、遊覽，裡裡外外要管要問，很是忙碌。

此後，蔣經國又數次回鄉。1947年，國民黨召集國民代表大會，各地都進行國大代表的選舉活動。蔣經國為了其父的國大代表要在奉化產生，遵父命來到故鄉。抗日勝利後的奉化縣長周靈鈞，中央政治學校畢業，曾任蔣經國當贛州專員時的主任秘書。也是他推薦為奉化縣長的，選舉蔣介石為奉化縣的國大代表，自

然全力支持。唯當時縣黨部書記長毛翼虎，正準備在本縣競選國大代表。蔣經國聽說，就去訪毛翼虎商議，毛只得相讓，以後毛競選為立法委員。

1948年10月29日，溪口蔣姓舉行宗譜進祠慶祝活動，蔣氏父子全家回來參加。重修《蔣氏宗譜》，是蔣介石前次回鄉時倡議、助資的。當時，蔣介石因髮妻毛氏名義上已離婚，打算不再入譜，要把蔣經國、蔣緯國的紅線吊在宋氏名下，蔣經國意殊不願，怎奈父命難違，自知領養的蔣緯國當然無所不可。但這是宗譜，世俗所重，非自家可以決定。蔣介石請族長到家商議，哪知族長反對，認為毛氏生有兒子，離婚也應列入宗譜，加以注明，蔣經國吊在她的名下，事有前例。族長還對蔣介石說：「若要照你這樣辦，明日就『開祠堂門』（奉化習俗語，意由合族討論決定）好了。」族長的態度，出乎蔣介石的意外，一時默不作聲，如何向宋氏交代，心裡未免著急。後經托人周旋，幾番磋商，把毛氏作為蔣母王氏義女列入宗譜，其餘仍照蔣介石的原意辦了。

慶祝進譜的日子裡，溪口蔣姓人家的數代姻親畢集，豐鎬房更為熱鬧，許多要人也來祝賀，送來的禮多如山積。宴請客人的菜肴豐盛，席以百計。當家的蔣經國，又是內內外外的主角。據說，蔣介石對此次進譜極為重視，親自審定姻親名單，命蔣經國發帖邀請；到時又逐一過問，是否來齊。榆林陳姓，是蔣姑表親，其子孫以為代數已遠，沒有赴邀。他聽說未到，立即派專人趕往邀請，客人回去時又命蔣經國一一送行。

1949年初，蔣介石被迫下野，由蔣經國陪同退居家園，約有三四個月。他大多時間住宿在雪竇山上妙高臺別墅或母氏墳莊，

以在野之身，仍遙控軍國大事，許多黨政軍要人前來謁見請求，甚為頻繁。在此期間，諸如接待來客，宴請族人，祭掃祖墳，探訪親友，遊覽名勝，觀賞戲劇，都是蔣經國和侍衛長俞濟時隨從照料。他先後遊覽了寧波天一閣、天童寺、育王寺；祭掃了小盤山摩訶太公墳；到過葛竹外公墳頭祭奠和探親；登上了四明山巔重遊勝境；蔣經國還到了岩頭外公墳頭祭奠和探望舅母。農曆3月18日是蔣經國四十生辰，不少要人、親友和蔣經國的同事部屬前來慶賀，在豐鎬房設盛宴招待。蔣介石親書「寓理帥氣」四字和跋言的橫匾，懸於報本堂前，對蔣經國勖勉有加，寄予希望。那時國共和平談判破裂，接著長江天塹被突破，蔣氏父子戀戀不捨地向故居、祖陵、鄉親告別，與俞濟時等一行到縣城巡看一周，登上城北錦屏山（其上有中正圖書館和蔣介石住過的別墅）巔觀望，又到樓隘同宗的祠堂祭奠、金紫廟瞻仰，親題「世德清芬」四字的大匾，懸於廟堂。最後，過下陳，從獅子口出海到金塘島，遠涉去臺灣了。

四、老屋豐鎬

　　蔣家故居豐鎬房，是蔣介石在廣東得志後擴建的。「豐鎬」二字取義於周文王建都豐邑、武王遷建鎬京這一僻典。當年，蔣介石之父蔣肇聰逝世後，已成年的前妻所出子蔣介卿（錫侯），常與後母王氏齟齬。不久，王氏為之分家，蔣介卿分得玉泰鹽鋪全部房屋產業，出繼於伯父名下，另立房名；王氏所出蔣瑞元（介石）、蔣瑞青兩子分得下街老屋，因俱在幼年，母子共同生

活。後來蔣瑞青夭折，王氏甚為哀傷，給他陰配了妻子，產業仍為兩子所有，以待兼祧。取房名時，蔣瑞元為「豐」、蔣瑞青為「鎬」，因實際未分，就合稱「豐鎬房」了。蔣經國、蔣緯國童年時，蔣介石分別為他們兄弟取字曰「建豐」、「建鎬」，寓意顯然。

當年的蔣家故居，其內住的族人有十五家，祀祖的中堂（即擴建後的報本堂）為共有，蔣介石是西邊的三間老樓房和幾間小屋（廚房、柴屋）。在準備擴建前，他與族人商量，在上街新造相應數量的樓房，以兩間換一間老屋的條件，請族人遷讓。不料住在東南角的幾家，不願遷讓，還說：「今後你家時常有大官要人往來，車水馬龍，也可讓我們就近看看熱鬧，開開眼界。」蔣介石也就作罷，以後這裡有一家人的兒子，他還帶往侍從室當會計，頗為信任。

蔣家自蔣肇聰死後，王氏當家；王氏死後，蔣介石在外，毛氏當家。蔣介石娶宋美齡時，毛氏名義上離婚，實際上仍是蔣家主婦。她為人賢淑，性情溫和，樂於慈善事業，好行方便，不念舊惡，如國共合作的北伐時期，家鄉成立農民協會，打倒土豪劣紳，她父親毛鼎和受到族人青年的人身污辱（浸糞缸）。農會被取締後，她勸阻父兄不要報復。諸如此類，頗得族人鄉親的敬重。擴建後的故居，住屋寬舒，常有至親來寓居做客，如蔣介石的姐夫、姊妹、母舅、妻舅、內侄等。長期寓居者各自興炊。蔣家族人生活困難者，每月每人支付穀一百斤，至親中如兩個王姓母舅，沒有職業，按時支給生活費。毛氏死後，蔣經國受父命當家，但因在外，委託住在他家的姑丈宋周運代管；原來的帳房宋

漲生已炸死，邀唐瑞福擔任。唐原來開設鹹貨店，曾為蔣家數次協辦婚喪事宜，頗得力，為蔣經國所信任。此後，一切收支和其他事宜，仍照毛氏生前辦理；唯平時不再開伙，除了蔣氏父子回鄉和祖先忌辰、節日外，帳房、工役人等都各自回家吃飯。還有蔣經國特別關照，如葛竹舅公來做客，必須開伙招待。

蔣經國每次回鄉，喜歡到處走走、看看、問問。一次，他與唐瑞福一起散步，看到一個衣衫襤褸的兒童，走去一問，也是蔣家族人，他就命唐按月支付其家每人食穀一百斤。

蔣經國好飲酒，量很大。蔣家在過年逢節時，要辦酒肴招待上下人等，如蔣經國在家，必來敬酒慰勞，與之猜拳。他自己豪爽痛飲，也喜歡灌別人。一年除夕，他敬席後走入廚房，拉著已經食飽酒足的唐瑞福猜拳飲酒，隨便拉來一條長凳，兩人騎馬對坐，置酒於中。他拳好量大，唐飲得大醉。他問唐：「溪口可有能與他較酒量的人。」唐介紹了商會長江翊。此後，他兩次邀江來同飲，江醉倒，派人扶歸。據說，在與同僚聚餐時，每到酒酣，有時則袒胸豪飲。

蔣經國喜用雞頭、雞腳佐酒。在贛州時，一次到表侄毛彭初家做客。飲酒時，他手持雞腳追述往事說：「小時祖母、母親不讓我吃雞頭雞腳，說是吃了雞頭雞爪，要抓書本，不會讀書。這真是哄哄小孩，哪有此事。」

第三章 老兵講述贛南時期的
蔣經國

一、初登仕途

　　1937年3月，蔣經國從蘇聯留學歸來，當時蔣介石對他抱有很大的希望，認為他雖是留蘇學生，但還年輕，缺少社會實際經驗。如果要擔當國家重任，還是很不夠的，必須繼續好好學習，在工作中鍛鍊才幹。他考慮了多時，才看中當時國民黨江西省主席熊式輝堪以重托，要他在實際工作中，像師傅帶徒弟般帶蔣經國去歷練。因此在1937年冬日寇進逼南京，國民黨政府將要撤離之前，蔣經國和妻兒一家三口來到了江西南昌。

　　在熊式輝的心目中，受到蔣委員長的託付是引以為榮的。但還摸不透蔣介石的真實意圖，對蔣經國的出處，怎麼安排，請他幹什麼？心中無數。他向省政府諸委員徵求意見；有的建議建設廳長龔學遂當了南昌市長，這個遺缺可請蔣經國來補。保安處長廖士翹自動建議說：「我的處長讓他來當，我可調到江西省保安司令部去，這樣對於省保安工作不受影響。」其餘還有種種意見，眾說紛紜。結果熊式輝採用廖士翹的意見，向蔣介石請示。複電不准，說：「經國年輕，缺少經驗，不宜獨當一面，可當副手，以資歷練。」熊領會其意，即擬任他為保安處副處長，再電請示，被批准了。

為瞭解所屬保安團隊的實際情況，蔣經國到任之初，不顧寒冬臘月，認真工作。有一天清晨六時，他單獨一人到駐防在南昌市區的保安第一團視察。他身穿便服，也不說明身分，到團部說要見團長，第一團值勤官兵對這位新上任的副處長都不認識，就聲斥說：「時間這麼早，團長還沒有起床，不會客。」蔣經國見來勢不妙，仍耐心地問：「團長何時會客？」「七點鐘之後。」蔣經國說：「我在會客室等一等好嗎？」衛士見他不走，只好開了會客室的門讓他進去，既不為客人倒茶，也不去報告團長，蔣經國在會客室等著等著，七點鐘過去了，七點半過去了，直到八點多鐘，第一團的王團長才來會客。一見面認得是蔣經國副處長，已經在此空等了二小時之久了，怎麼對得起他呢？急得他面紅耳赤，坐立不安，無以自容。

　　這位保安第一團的王團長，是熊式輝主席的外甥女婿，日本士官學校畢業，平時他有恃無恐，誰也不怕，處長廖士翹也要讓他三分。但是這一次碰上了蔣經國，蔣經國當時對他並未加責備，說話客客氣氣，越是這樣，王團長內心越是難為情，越過意不去。從此他有所警覺，自己整飭團務，加強防衛，不敢稍懈。其他在南昌的保安團隊，如第二團團長曾戛初等，聽到這個消息也自動準備迎接副處長在任何時候來視察，從而起到了整頓團隊，加強治安的作用。這個消息一傳出去，街頭巷尾傳為佳話。

　　蔣經國初到江西，經常步行外出，不坐汽車，不帶隨從，穿著樸素，與普通老百姓一樣，誰也看不出他是來頭不小的人物。他經常到廣大群眾中去活動，在街道和農村，在工廠和商店，在部隊和學校，常有他的行蹤。見到這位生龍活虎、朝氣蓬勃的年

輕的副處長的人，對他表示讚賞。

記得江西省府委員蕭純錦曾經談起他親眼看到的一件事：有一天傍晚，他公畢回家，路過蔣經國住所，見到他家門前路上，停了幾十輛人力車。他猜想是蔣經國在家設宴請客。但又懷疑他請的客人中竟無一個乘汽車的人嗎？後又發現所有停在他門口的人力車，都是空車，沒有車夫，車夫到哪裡去了呢？最後才瞭解到蔣經國這次所請的客，不是別人，完全是人力車夫。

半工半讀

1938年2月，熊式輝又接到蔣介石來信，托他延聘名師，教子讀經。熊式輝當然不敢怠慢，唯老師難請，誰能當這「太子太傅」呢？就請教育廳廳長程時煌多方慎重物色。由程廳長推薦當時中央大學中文系主任王易教授擔任。因這時南京已淪陷，中央大學不得開學，王易暫賦閒在家。當即由熊式輝電請乃父核定，送上聘書。並商得程時煌同意，借用其住宅樓下書室為館址，規定他半天讀書半天工作。教材除蔣經國閱讀經史子集提出疑難由王易隨時析疑解答以外，為適應抗戰軍事需要，還以講授我國古代兵書為主，攻讀《孫子兵法》、《太公六韜》、《黃石公三略》。這本教材叫《兵書集成》，是用連史紙宋體字精印的線裝書，非常講究。

他遵從父命，尊敬老師，勤奮課讀，未嘗稍懈。他從不遲到或托故請假，一定在老師未到館之前，到館灑掃內外。王易老師一到，他就迎上前去，倒茶敬煙，執弟子之禮甚恭。毫無時下公子少爺習氣，深得老師歡心。關心他課讀情況的人，常常向王老

師打聽消息，王老師總是很滿意地回答：「小蔣尊師重道，熟讀兵書，毫不鬆懈，殊屬難得。」有時他得意揚揚地說：「孺子可教也。」

1938年5月，江西省開辦地方政治講習院，蔣經國任該院軍訓總隊長、訓育處副主任。他無法繼續讀書了，從此中斷。他雖然僅讀了三個月，但心得不少。1939年他到贛南後，仍不忘讀經書。他曾經說：「姜尚在三千年前，就有民主政治思想，抗戰建國的最後勝利，必須依靠天下人共同奮鬥。」

言傳身教

江西省地方政治講習院設在南昌市西郊梅嶺，離城約二十餘里。由省主席熊式輝兼院長，省府委員蕭純錦兼教育長。另聘王造時為教務處主任，許德珩為訓育處主任，羅隆基為研究處主任，楊綽庵為總務處主任，蔣經國為軍訓總隊長兼訓育處副主任。軍訓總隊副為喻松，雷潔瓊為婦女連生活指導員。教師中多係民主知名之士，學者名流，如孫曉村、潘大逵、彭文應、程希孟、許鵬飛、陳忠經、羅時實、熊芷、沈茲九、劉清揚等。中共黨員夏征農同志亦參加任教務處出版股股長，主編院報。該院第一期招收和調訓區、鄉、鎮人員共一千兩百餘人，訓練期為三個月。參加受訓者，一部分是滬寧淪陷區流亡的大中學校青年學生，另一部分是江西省本地人中志願擔任地方各級行政幹部的人員。入學前均須經過甄審和考試。

軍訓總隊把學員分成十二個連，三連為一營，實行軍事編制生活。訓練科目，由教務處規定，以政治科目為主，軍事訓練為

副。蔣經國兼訓育處副主任，協同訓育處主任許德珩進行學員思想教育，深入連隊，備極辛勞。尤其是每到星期六下午，利用課餘時間，他親自帶隊到附近農村，進行農家訪問，瞭解農民疾苦。

星期日上午，他帶領學員下田參加義務勞動。他身穿工作服，赤腳穿草鞋，帶頭下水稻田，幫農民拔草。當地農民耘田完全靠雙手雙腳，穹著腰用手拔，雙足蹈，勞動強度大、在炎日如火，泥水蒸人，稻葉如刀，苗茂不透風等條件下，就是從小做慣的農民，也視耘田為畏途。俗話說：「讀書人怕考，種田人怕拔草。」但蔣經國卻率領學員一下田就是半天。不怕炎日曬，不怕溽暑蒸，不怕田裡污泥髒，不怕苗裡不透風。學員見到總隊長以身作則，也就拼命去幹。農民見到他這樣不怕苦，為他們義務勞動，無不感謝。

政治講習院是高級知識份子成堆的地方，有些人不把小蔣放在眼裡，對蔣總隊長從蘇聯列寧格勒政治軍事大學學來的軍訓這一套，不加欣賞。但是每當小蔣率領學員義務勞動、收工歸來的時候，看到他們渾身大汗，半身黃泥半身水，整著隊伍高唱《義勇軍進行曲》、《大刀向鬼子頭上砍去》等抗戰歌曲走進院大門的時候，許多教師、職員也就心悅誠服、自愧不如了。

訓育處主任許德珩是一貫支持蔣經國的。他常在留學歐美的教師面前說：「小蔣能帶頭赤腳下田勞動，這種不怕苦的精神，是我們之間辦不到的。我們應該認輸，承認不如他。」

蔣經國對這些老人，也以父輩視之，以晚輩自居，謙虛謹慎，恭而敬之。

二、辦公概況

當時贛州的專署設在贛州米汁巷一號，贛縣縣政府設在章貢路現地委家屬宿舍處。後因房舍狹小不利於工作，兩個單位同時遷入新贛南路一號，原江西省立第四中學的老校舍內，經修繕整理，規模很大。大門頂上畫有一枚圓形的青天白日國徽幟，下面橫標著「江西省第四行政區督察專員公署」，「江西省第四行政區保安司令部」和「贛縣縣政府」三個單位的全銜。左右兩側裝著手型電壁燈，兩邊牆腳豎埋著兩塊大石頭分別刻著「大公無私」、「除暴安良」八個大字。進去是兩排平整整的冬青生籬，在十字路口有兩塊扁扇形木架，標畫著「青天白日滿地紅的圖案」，兩塊分別寫著：「抬起頭來」，「挺起胸來」八個字。在禮堂上，掛有國旗、黨旗，中央有孫中山、蔣介石、林森的肖像，下擺有一小木料講臺，其中擺了一張六角形分半有青天白日圖案的講桌，中間有國民公約，黨員守則各十二條。禮堂大柱上掛著的值日牌上分別寫著總值日官、值日官、值日警衛和值日工友的姓名。禮堂對門設置露天牆屏，中間一副蔣介石的巨幅畫像。兩旁分別寫著「忠黨愛國」四個立體美術大字。工作人員胸前、全都配戴「公僕」兩字的圓形小徽章，早晚舉行升、降旗典禮，上下班吹軍號，上班簽到，下班簽退，每星期一上午舉行國父紀念周。機關內部，氣氛嚴肅，工作緊張。

三、贛南三事

（一）

　　蔣經國的個性是坐不慣衙門內的冷板凳。上任不久，就把一切例行公事交給主任秘書代行，自己即走出機關出巡各縣，察訪民情。有一天，他偕同上猶縣長王繼春在該縣的西南鄉發現有一戶姓張的大地主，家有好幾百畝土地，他的剝削方法很巧妙，田不租給農民種，而是自己家裡人種。贛南農村有的地方有個老習慣，婦女下地種田，男人反而在家抱孩子。這個地主就把所雇來的女雇農，選擇能幹活的收為妻室。他想雇農有雇傭觀點，不會像自己人那樣盡心出力。如若收為妻子，成為一家人，她就會積極勞動。既可供他荒淫無度地玩樂，又可以得到比雇農更可靠的勞動力。因此這個地主就用這種無恥野蠻的方法：多收妻子。蔣經國說：「當我與上猶王縣長到達他家調查時，他已有二十一個老婆了。這種一夫多妻的駭人聽聞的怪現象，我還是第一次聽到和見到。在這窮鄉僻壤為什麼有這種怪現象呢？一是天高皇帝遠，舊政府很少有人到過這些地方來，這種怪現象得不到及時糾正和禁止，逐漸滋長，以至此極。一是農村婦女為窮困生活所迫，成了農奴主的生產工具而不知反抗。什麼叫文明、道德、法紀、男女平等，這些都談不上，簡直成了政治上的空白點。」

　　蔣經國對此加以評論說：「這種做法，與帝國主義國家裡胡說的『人民資本主義』差不多。工人要反抗資本家的剝削，要罷工，要鬧事，資本家很頭痛，於是想出辦法，鼓勵工人節約開支

把餘錢購買本廠的股票，如若工廠賺了錢，工人可以按股分紅，欺騙工人為自己的利益而努力，不是為廠主資本家而做工，用這種欺騙手法來調和勞資之間的矛盾，美其名曰人民資本主義。不料在贛南內地上猶縣，在封建社會的農業經營裡也會出現類似這種手法的怪現象，這是今日負責縣政建設推行新政者的恥辱，一定要澈底消滅它。

（二）

有對胞胎兄弟生下來，腰間就有一根骨頭連皮帶骨地連在一起，永遠不能分割單獨行動。他們是孿生的兄弟二人，而不是一個人。1939年時，他們已有五十多歲，都結了婚，各有各的兒女。

在年幼時候，他們為德國馬戲班所雇傭，到世界各國各大城市去展出，替馬戲班老闆賺了很多錢。到了他們長大了，走遍了全世界，失去觀眾吸引力的時候，在他們身上無法再賺錢，老闆就把他們送回原籍南康縣，在他們賺到的錢中提出極少的一部分作為他們的安家生活費。他們置了農田五六十畝，成了小康之家。他們對於馬戲班老闆的小恩小惠，還表示感謝，還說他好！帝國主義資產者的欺騙手段的毒辣，可以想見。

蔣經國調查到這件事非常氣憤，把這一對受害者從南康接到贛州，借此說明帝國主義的偽善面目。那時江西省地方政治講習院已在贛州近郊梅林開辦，他把這兩位受害的兄弟送到講習院，並召集全體學員講話，說明他對這件事的看法：一是提醒大家，帝國主義侵略勢力無孔不入，其魔爪已經伸到我們贛南的窮鄉僻壤；二是馬戲班把他們如同獅子、老虎等動物一樣展出，供人玩

弄，在他們身上剝削了很多錢，對所謂的生活費，不過是資產者在他們身上賺得的利潤中提出的百分之一，千分之一，以小恩小惠宣傳他們的人道主義，進行欺騙，手段是隱藏、毒辣的。我們絕不可上當受騙，現在日本帝國主義同樣用小恩小惠，收買中國人當漢奸，不可不提防。

（三）

　　蔣經國孝順母親。他在贛南主政時，一直打算迎奉生母毛氏到任所孝養。但蔣母不肯遠離故里，於1939年12月25日，在奉化縣溪口鎮蔣家故宅，因日本飛機轟炸喪生。

　　原來抗戰開始以後，蔣氏父子在奉化溪口的家務，靠武嶺學校教師張愷就近照顧。張愷平日侍奉蔣母毛氏，猶如侍奉自己母親一般。蔣母不幸被炸身亡，所有善後喪事，均由張愷一手料理。他對蔣家做到忠心耿耿，蔣經國由此感激在心。

　　認為他勝似母親親生兒子，應該以親兄弟相待。喪事完畢返贛以後，即一再電請張愷結束武嶺學校校務，離開溪口，前來贛州。張到後，蔣經國即以自己所兼的贛縣縣長一職，讓位給張愷承擔，以加官晉爵，作為報答母恩之德。

　　1945年春蔣經國奉父命內調重慶，以補贛南第四區行政督察專員、區保安司令一缺，先由楊明繼任，不久蔣經國仍保薦張愷擔任。

四、五有十多

「人人有工做，人人有飯吃，人人有衣穿，人人有屋住，人人有書讀。」這個「五有」，就是蔣經國當年擔任「江西省第四區行政督察專員時提出來的」建設新贛南「的五大目標」。

1939年3月，蔣經國正式接任江西第四區行政督察專員，因人設事的「新督練處」，隨即撤銷。

1939年，蔣經國正好30歲，這位年輕的專員，確是表現出一派朝氣，有一股幹勁和闖勁，要在贛南開始一番新事業。

在蔣經國未任專員時的贛南，本來是粵系軍閥的勢力範圍。這裡有不少粵軍卸職的軍官和依附粵系的財主，他們擁有槍支人馬，據地稱雄，包賭、包煙（鴉片）、包娼，為非作歹，橫行霸道。省政府的政令，一向進不了贛南。他接任專員以後，為當局收拾贛南這塊爛攤子，確實大有貢獻。他提出實現「五有」，本身也從中取得了為政的經驗。

十多為政

1.贛南的保安團和自衛隊的兵多

熊式輝畢業於日本士官學校，和蔣介石是先後同學，原來是國民革命軍第五師師長，他是帶兵開進江西「剿共」，因而當上江西省主席的。熊式輝和蔣介石一樣，都深深懂得槍桿子的重要，他承包下來的蔣太子，被安排進入亂糟糟的贛南，沒有槍桿子行嗎？所以隨同蔣經國開進贛南的，有一個保安旅，兩個保安

團。這支武力成了蔣專員的有力後盾。還有蔣介石又派了侍從室的一個警衛班十多個人到贛州為蔣專員做貼身侍衛。他們穿便衣，隨時隨地，緊護蔣專員左右。蔣專員還布置各縣加緊擴編自衛隊。正因為有如此雄厚的槍桿子聽候調遣，護衛蔣專員，有力有威屬行鎮壓，所以蔣專員才得以放手收拾贛南的爛攤子。

2.贛南的憲兵員警多

當年一個縣通常不過駐有憲兵團派出的一個班，號稱憲兵隊。而贛地則駐有一營憲兵，營部駐在贛州，可見憲兵特多，還有江西省員警總隊又派了員警第二大隊駐紮贛州，員警也比一般專區多。大隊長張壽椿，日後成了蔣專員的得力幹部，蔣曾派他兼辦糧食徵購統銷，以後發展成為交易公店。

3.贛南的專業特務多

軍統、中統的特務，到處都有。而贛南是中統特務的重點。贛南設有「江西省第四區黨務辦事處」，那裡集結了反共的老手。而且還有以反共宣傳見長的黨特兼文特，他們公開發行機關雜誌《東南評論》，主編為贛縣縣黨部書記黃向白。又江西中統負責人是胡重義。贛南一度是各派特務競相稱能、各顯特技的大校場。

4.贛南的額外公務員多、保指導員多

一般專署官員編制不到二十人，四區專署及所屬工作隊，有一百人以上，有時專署的秘書有七八個之多，蔣專員有一批留

俄同學擔任秘書，例如：徐君虎、黃中美、高素明、周百皆、徐季元、劉漢清、彭健華等。特別是各保除保長之外，又設保指導員，都由高級官員兼任，直接大力控制保甲，這是其他行政區所沒有的。

5.贛南特務祕密逮捕的人多

贛南一度顯示的開明進步，和蔣專員提的革命口號，曾經吸引了不少青年人。彼此在泰和的江西省當局一度風傳「蔣經國在贛南搞共產了」。但是，事情的變化，卻是那麼詭譎急劇。1940年3月，贛州發動了反共祕密大逮捕，這是江西範圍內動手最早的，那時泰和馬家洲的集中營都還沒有開張。那次反共逮捕，也算是為全國性的反共高潮打了先鋒。贛州逮捕，可能比之其他地方，少費偵察的周折，特務查一下《新華日報》的訂戶和「生活書店」的雇主，應捕者的名單就有了。

6.贛南印刷的法幣多

當時，國府治下的物價，天天以至時時刻刻都在猛漲，法幣則無時無刻不在狂跌，因而需要大量法幣。彼時當局好歹不管，就是趕印法幣應市。那時，贛州城郊，有從上海遷來的太東書局印刷廠，有全套比較完備的製版印刷，有技工上百人，該廠就專門為「中央銀行」印刷法幣。這裡印刷的法幣供給東南地區近十個省的需要，每天大箱大箱遣裝汽車往外運。若非蔣專員在贛南坐鎮，並且對印刷廠嚴密護衛，那是不堪設想的。

7.贛南對東南地區的徵稅，募捐以及其他施政的貢獻多

財政部稅務署在贛州設置「東南稅務局」，又設「東南直接稅局」，統轄東南各省的稅收。還在贛州辦「東南稅務人員訓練班」，多數稅務人員又被蔣主任領導的「三青團」支團部吸收為團員。還有中央發動的臨時性的捐獻，贛南也做得很出色，例如1941年春擴大「全國出錢勞軍運動」，蔣專員親自領著一行人上街，義賣日報。蔣專員拿著一疊報紙，登上大商店富戶之門，一瞬之間就賣光了，他個人就募到上萬元。贛南常舉行義演募捐。總之，在財力上對中央作了有力的支援。又「中央文化驛站」也在贛州設東南分站。對省方來說，貢獻也多，例如「省訓團」就設在贛州梅嶺，以後省軍管區，也用「赤珠嶺」為「軍官增進訓練班」，全省各縣軍政人員大部分都來贛州受過洗禮。省主席熊式輝1939年春以前當了九年主席，未曾涉足贛南一步。蔣專員收拾爛局後，熊某常到贛州，有時在梅嶺小住近月。省方的其他機關，也都在贛州設辦事處，省建設廳把贛州作為工作重點，有一位叫何勇仁的為該廳在贛州籌辦「工商陳列館」。

8.贛南「交易公店」對生活必需品的控制多

蔣專員在贛南先開「糧食公店」，集中徵購並銷售糧食，以後發展創設「交易公店」，除糧食外，還經銷其他生活必需品：食油、鹽、布匹、火油、糖等等。先在贛州試辦，以後推廣到各縣。這是蔣專員一個創舉。交易公店為蔣氏在經濟方面加強統制，起到一定的作用。

9.贛南對老百姓的日常生活行動規約多

贛南流行一首民謠：

> 蔣大專員開了口，贛南百姓齊遵守。
> 黎明集合上早操，立正稍息開步走。
> 每天大事第一樁，總裁像前三叩首。
> 保長傳令開會多，天天高唱搞五有。
> 結婚必定集團辦，太陽節日大喝酒。
> 下地趕墟背家訓，叫人急得直發抖。
> 我的天啦蔣專員！哪年哪月你撒手？

這個民謠生動通俗，反映了一些典型情況。且略加注釋：贛南規定老百姓一早要出操，天天要向蔣總裁致敬，宣傳「建設新贛南」的大小會開個沒完，不許個人私自結婚，一定要參加集團結婚；規定蔣總裁生日為「太陽日」，一定要祝壽喝壽酒，新贛南制定了「新家訓」，人人得背熟，有時趕墟下地，保長或其他官員，得隨時點省你，叫你背家訓。總之，名目繁多的種種規定，從早到晚縛著老百姓的手腳。

10.贛南的新奇計畫標語口號多

高唱「五有」就是一個典型例子，各式各樣的計畫辦法，一個接一個。滿牆滿壁的大小標語、宣傳畫。你一進到贛州東門外，就可以看到大字標語：「建設新贛南」，「人人有飯吃！」

並且以醒目的大字寫在城門入口處：「歡迎指導！」又在城門出口一邊寫著「祝你一路平安」。給進出贛南的人，都不能不有所感觸。

蔣經國十分重視老百姓家庭的教育與改造，名之曰：「建家運動」。曾撰擬了《新贛南家訓》一文，經過多次研究討論，最後在專署召開的全區擴大行政會議上公布，號召全區各縣區鄉鎮保甲普遍推廣。當時印了一百多萬份單張，責成縣長帶回各縣，家家堂前都貼一張，並組織識字的人開會講解，真正做到了家喻戶曉。

各縣幹部為了認真做好推廣《家訓》工作，八仙下海，各顯神通。有的縣、區長自己帶頭先背，再隨時檢查群眾，有的在要道設卡，行人過路，分段背誦《家訓》，有的規定青年男女結婚，先要背出《家訓》，花樣繁多，不一而足。人們把《家訓》數了一下，共一百句，五百五十四字（全文參見《解密蔣經國》第54頁）

有條不紊

1.收拾爛局階段

（1939年3月就職，到1940年3月第一次反共大逮捕）。

2.宣稱建設階段

（1940年春，召開了「第四區擴大行政會議」，正式制訂「新贛南三年建設計畫」，提出「五有」的目標，以後改為「五年計劃」）。

3.離職掛名階段

（1944年至1945年。1944年冬，贛州淪陷，1945年，他正式辭職）。

他這時的中心口號是：「除暴安良」。他打擊了地方軍閥、土霸、流氓、地痞的勢力，恢復了統治秩序，大力控制支離破碎的農村。他千方百計地宣傳對他父親蔣委員長的中央的向心力，使贛南成為東南地區的一個施政中心。

蔣專員開始時為了打擊胡作非為的土霸流氓，擺出了激進的姿態，採取了嚴厲手段，高唱革命口號，公開贊許「抗日民族統一戰線」，給青年人很大的吸引。不少熱情青年，遠道投奔贛南。贛州一度出現了濃厚的左傾氣氛。群眾性的抗戰宣慰工作做得有聲有色。蔣專員曾率領「贛縣宣慰團」，跑遍了贛南各縣。土霸、流氓、盜匪，嚇得銷聲匿跡。到1940年春，爛局基本上得到收拾。

1940年夏，蔣專員召開「第四區擴大行政會議」。會議地點在贛州樂群大戲院。到會者將近二百人，包括專員公署和保安司令部的科長以上人員，各附屬單位主要人員，各縣縣長秘書，主要科長，以及特邀民眾代表等。請了省政府代表到會指導，還請了黨團代表列席。是為贛南一次大規模的行政會議。

會上主要聽取蔣專員「新贛南建設三年計畫」的報告，討論通過了這一計畫，隨後又改為「五年計劃」。

蔣專員在報告中，著重提出了「實現五有」，把贛南建設成

為「人人幸福的樂園」，成為「三民主義的模範區」。計畫中列舉了發展鋼鐵、機器、電力重工業，農業實現機械化，興建水利工程，贛南各縣城都將建設成為現代化的城市，人民都享有充分的物質和文化生活。

五、經國出巡

那時候，所有汽車能源完全依靠外國輸入，可國境又被敵人包圍封鎖，輸入困難重重，一滴汽油一滴血，十分寶貴。因此，為了節約，蔣經國沒有憑藉他的特殊身分使用小汽車，而是和隨從的人員一道，買票搭乘一家私營的南通運輸公司的木炭車。那是一輛美國製造的老掉了牙的道奇牌舊車改裝的，搖搖擺擺一小時走不了十公里，加上天氣炎熱，商人為了賺錢負荷地售票，滿滿擠了一車的人。儘管又悶又熱，很不舒服，蔣經國卻滿不在乎地安之若素，以致隨從的人也只好忍受。更糟糕的是，車子開出三十來里，到達南康縣境的潭口，轟的一聲，後胎突然爆炸，車上又沒有攜帶預備車胎，車子沒法開了。蔣經國只好吩咐漆秘書，跑到七八里外的鄉公所去打電話，要求設在贛州市的江西公路處派車前來支援。

漆秘書走後，估計至少需要一個多小時，公路外的車才能開來，大家便在路旁的草場上席地而坐，很不高興地閒言冷語，責怪這家經營運輸的商人唯利是圖，不負責任，事前不對車子進行必要的檢查，不注意乘客旅行安全。蔣經國卻不置一詞，特意從提包裡取出一張地圖，按圖講述他預定視察的地點、路線和停留

地時間安排等等，以轉移大家急躁不安的情緒。

這時，在附近田間勞動的老百姓，看到這些顯然是外處來的旅客，三三兩兩地圍攏來了，好奇而又怯生生地看熱鬧。蔣經國立即主動和他們打招呼，饒有興致地搭話攀談。他談吐風趣、詼諧，操著半生不熟的贛南口音，特別富有吸引力。那些圍觀的人很快就消失了拘謹，有說有笑地和他交談起來。談話中，蔣經國問到他們的生產、生活情況，還著重提到當時已在全區開展的「讀書運動」，問他們是否都參加了讀書會。一個17、18歲的小夥子神氣十足地答覆道：「參加的！」還伸手指指自己，「我是中國人」又指指蔣，「你是中國人。」然後張開雙臂，向大家作了個合抱式，「我們都是中國人。」背誦著《民眾識字課本》的第一課。蔣聽著看著，不禁呵呵大笑，拍拍年輕人的肩膀說：「對，我們都是中國人，都要愛中國！」

談著談著，時間已到中午，一位年過花甲的老人從交談中弄清了客人們還要在這兒久等，一定要大家到附近不遠的他家裡去休息。他一進門，就嗓門粗大地叫嚷家裡的人，泡茶、炒花生、煮米粉，請我們吃點心，一面和大家天南地北地談個不停。忽然，一個12、13歲的小學生蹦蹦跳跳地背著書包走進來，眼睛滴溜溜地朝客人們一瞅，緊接著神祕地附在老人耳邊嘀咕了什麼。老人吃驚地「啊呀」一聲，這才知道和他交談的竟是聞名已久、不曾見面的蔣專員。屋子裡活躍的空氣一下子凝固起來。蔣經國也猝不及防，不由得有些拘謹。這時，恰好公路處派一支援的吉普車開到了，大家便登車告別了老人一家，向大余進發。

夜宿古剎

登上車，蔣經國讓司機坐在一旁，他自告奮勇開車。開到南康郊外一個兩旁都是住宅的小村，雞呀鴨呀撲騰騰地擋道，由於駕駛技術不夠熟練，軋死了一隻逃脫不及的母雞，只好停車，派衛士找到雞的主人，賠了錢，道了歉，然後讓原來的司機繼續開車朝前走。

按照蔣經國預定的日程表，這天的目的地原是大余縣政府。下午五時，車子開到這個縣的丫山山麓，距離縣城只有十來里了，他卻指點司機停車，率領大家沿著羊腸小徑，登上古樹參天的丫山，左彎右拐地遊覽一陣鬱鬱蒼蒼的風景，然後迂迴轉到一個山門，走過石橋，爬上一段石坡，來到名叫龍岩寺的佛寺。入門，赫然一尊盤腿袒腹的彌勒佛，迎面笑臉中蹲在那裡。蔣經國風趣地指指它，「這是我的老鄉。」說著又把大家引進菩薩滿堂的大殿。殿內香煙繚繞，兩旁廂房對稱；再進，殿後緊接著石砌高坡，拾級而上，一排整齊的僧房臨坡排列。整片廟宇建築高大、寬敞，大柱、門房、牆壁，色彩鮮豔，清潔整齊，給人的感覺不像年代久遠的古寺。蔣經國走遍全寺，好像回到自己的家園一樣親切熟悉。寺院的住持也一見如故，合掌相迎，毫不見外。原來一年前，蔣經國在這裡舉辦過幹部訓練班，為寺院作了修葺整理，因此煥然一新，僧人也成了他的老朋友。

那天晚上，蔣經國一行人在寺裡食宿，同行的人不解地詢問蔣經國，為什麼不按預定的計畫趕到大余縣去。經這一問，他便輕聲細語可又一本正經地告訴大家：「住在這裡還不好嗎？既

遊覽了自然風景，賞心悅目，又享受了一宵的清靜自由，不受任何干擾。如果急急忙忙趕到縣裡去，人家興師動眾把你當做頂頭上司接待，又怕吃不好，又怕睡不香，勞民傷財，唯恐出力不討好，何苦？」經他這麼一說，大家頻頻點頭不吱聲了。

出口成章

第二天，天還未亮，大家還在呼呼酣睡，蔣經國就起了床，把大家叫醒，迅速洗漱完畢，登車動身，六點多鐘便到達了大余縣，縣政府還空落落的沒有人上班。這天，正好這個縣舉行鄉、保長都參加的行政會議，蔣經國被請出席了開幕式，並即席講了話。他慷慨激昂地要求那些參加會議的人，要站在老百姓的立場，第一，要注意多數人的利益，不要只為少數人錦上添花；第二，要重視整個國家民族的利益，不要光顧各自的鼻子尖；第三，要為長遠的永久的利益著想，不要死死盯著眼面前。他還特別強調，每做一件事，要上對得起國家民族，中對得起人民大眾，下經得起捫心自問。作為一個縣鄉工作人員，一個人民的公僕，如果老百姓的痛苦得不到解除，那就是犯下了不能容忍的大罪……

開會前，他沒有要秘書為他寫講稿，照本宣讀；講話時，他沒有擺出片紙隻字作為發言提綱。在洋洋灑灑長達一個多小時的講話中，他滔滔不絕，出口成章；每談到一個問題，還如數家珍般地列舉一些他所掌握的實際事例或資料印證他的論點。他既能說會道，有條不紊；又抑揚頓挫，情緒飽滿。他懂得深入淺出，把話說得深刻、感人、娓娓動聽，有說服力。每當談到他所深惡

痛絕的人或事，就會激動得捶胸跺腳以致聲淚俱下；有時，他又忍俊不禁，為他所讚賞、高興的情景高聲叫好，笑顏逐開，使得全場的人，始終聚精會神，肅然靜聽，不時報以熱烈的掌聲。難怪有人評論他的嘴上工夫，要比他的爸爸高出許多。

「金絲被」暖

在大余城鄉盤桓了三天，便忙著前往崇義。那時，從大余到崇義還沒有公路，汽車用不上了，沿途都是崎嶇不平甚至原始森林般的崇山峻嶺，只能徒步跋涉攀登。蔣經國自恃年輕，身強體健，總是一馬當先，快步如飛，要大家尾隨他，你追我趕，互相奔競，看誰走得快、能持久、不掉隊。邊走，他還手舞足蹈，不停地說笑話，講故事，教大家唱滑稽歌，為大家鼓勁助興。他有兩支喜歡唱的歌，一支是：「兩隻老虎，兩隻老虎，四隻腳，一隻沒有尾巴，一隻沒有腦袋，真奇怪，真奇怪」；一支是「我騎驢牽馬，來到潼關，待我下馬一看，只見兩個字：潼關呀潼關。」由於他的滑稽有趣，逗樂同行的人，一個個馬不停蹄，滿頭大汗，忘記了疲勞。

然而風雲突變，到了下午，天氣陡然由晴轉陰，陰轉雨，傾盆大雨下個不停。大家都未攜帶雨具，接連奔走在二三十里杳無人煙的山嶺裡，連落腳避雨的地方都找不著，只好硬著頭皮冒雨奔馳，一個個衣衫濕透變成了落湯雞。蔣經國的勁頭卻絲毫未改，引領大家奮勇前進，甚至雨下得越猛，步子邁得越大越快。他說，這才是鍛鍊身體意志最最難得的好機會。

就這樣冒雨疾走持續到下午五點多鐘，來到一處叫「熱水」

的小村子才停下來，找到一個老百姓家去借宿。碰巧主人是個甲長，中年農民，姓肖，滿口應承；可他家房子狹小，破舊，光景很貧窮，既然接納五個不速之客，又當雨後天涼，沒有被子，怎麼住呢？蔣經國走到門口，環顧四周，突有所悟地用手一指，「有了，有了…」大家順著他指的方向一瞧，只見屋旁推著一個稻草垛，「這不是現成的『金絲被』嗎？」於是決定買下幾捆，準備鋪在房子裡睡地鋪，當被蓋。

　　大夥被雨淋得全身濕透，必須洗澡換衣。睡的問題勉強有了著落，緊接著洗衣洗澡又犯愁了。又是蔣經國靈機一動，「走，到溫泉洗澡去！」原來甲長家門前，面臨小河，河上架有木橋，對岸不遠處有個溫泉——「熱水」便是因此得名。一年前，蔣經國第一次路過這裡，發現這個去處，當即指示當地的河洞鄉公所，因地制宜建了亭子，方便人們洗澡。大家提起各自的提包，在大雨初霽的暮色中，走過搖搖晃晃的木橋，進至亭子，跳進直徑三米左右的圓形浴池，痛痛快快地洗了澡，洗了衣服，才回頭向甲長家走。不料走到橋邊，木橋竟被大水沖走了。這時，天色暗沉沉的即將斷黑，大家看著河面的山洪濁浪滾滾，不知如何是好。忽然，遠遠一個荷鋤看水的人，似乎看準了我們走投無路的窘境，主動向我們走來：面對這一意外的巧遇，蔣經國立即上前和他攀談。這個富有贛南人民禮貌好客傳統的農民，名叫黃位才，聽蔣經國一說，二話沒說，便把我們引到他的家裡去住宿。

　　黃位才領著我們走了不到兩里，剛剛踏進他的家門，好像覺察到了什麼，突然謙恭有禮地面對蔣經國：「請問先生高姓？」蔣經國答了一聲「我姓蔣」。漆秘書忙補上一句，「他是蔣專

員！」黃一聽，連連點頭哈腰，「哎呀，你老人家嗎格（怎麼），來到這裡？要不是天氣不好，請都請不到呀！」於是煮飯，殺雞，弄菜，為我們準備晚餐，還指揮老婆孩子，用劈柴在堂屋中間燒起熊熊大火，供我們烘乾衣服，一家人手腳不停地忙得團團轉。

這一天，我們大清早從大余開始，以急行軍的步伐，整整趕了九十里的坎坷山路，很疲勞，有的腳板磨起了血泡泡，很不舒服，巴不得馬上躺下呼呼入睡。蔣經國卻一點沒有倦意，和黃位才談這談那，瞭解當地的情況，諸如鄉保長做事是否公道，修鄉道他家出了多少工，縣長他見過沒有，為人如何等等，好像老相識似的，談個沒完沒了。

飯菜弄好端上桌子，主人抱歉地說沒有酒，蔣經國便端起一碗茶，笑呵呵地走向桌邊說：「以茶代酒，以茶代酒。」還一定要黃位才全家大小和我們圍坐一桌，邊吃邊聊，老表哥，老表嫂，插科打諢，笑語連篇，弄得黃位才的老婆孩子前仰後合地有說有笑，不時上下左右地瞅著他，似乎從來沒有見過這麼一個有趣的大官員。

吃罷飯，蔣經國還指揮大家齊唱了黃位才一家在甲讀書會學會的「大刀向鬼子們的頭上砍去……」和「天是我們的天……」等抗日歌曲，直鬧到晚上十點多鐘，才按照我們進門時就和黃位才說好了的稻草作被，堂屋當床，五個人擠在蔣經國名之為「金絲被」的地鋪上，度過了難忘的一夜。臨睡時，蔣經國饒有興趣地對我們隨行的人員說：「今天晚上，算是舉行了一個小型的官民同樂會吧。」

第二天早上，蔣經國叮囑漆秘書把應付的晚餐、柴火錢，偷

偷放在餐桌上，用一隻茶碗壓著，告別黃位才一家，離開熱水，走向距離這個村五六里的河洞鄉公所。不巧鄉長沒碰上，蔣經國便在鄉長辦公桌上留下這樣一張字條：

> 從熱水到溫泉的小河上，請修建一座石橋。修建費可到專署領取。
>
> 蔣經國

崇、猶道上

在崇義也只停留三天，便轉到上猶縣去。兩縣相距也是八九十里崎嶇不平的山道，仍然要爬山越嶺徒步走。

當時正值全專區大搞建鄉、建保、建家和讀書運動。所謂建鄉、建保，主要是各個鄉、保都要有一個像樣的辦公處所，鄉與鄉間都要興修比較寬坦的大道。所有建鄉建保的人、財、物力，都由當地人民負責。在從大余到崇義、從崇義到上猶途中，不斷看到成群結隊的人群，在胼手胝足，肩挑背負地進行修路勞動。崇義是個偏僻落後、人口稀少的山區。記得到達該縣後，縣長在向蔣經國所作的工作彙報中，談到修路的情況，提供了這樣一個數字：有一個四百六十八人的保，只有四十八個壯丁，卻修好了十里長的山嶺重疊的大道。縣長頗為得意地突出這個數字來表功，也暴露了勞動人民付出的代價多麼沉重！

走著走著，走到一條小河邊，碰到一夥人，有的在「杭唷杭唷」地抬石塊，有的在七手八腳拆木橋，要把木橋建成石橋。蔣經國問道：「老表，修石橋幹嗎格？」那些人顯然是按照鄉、保

長編好了的調調回答道：「修好橋，給『蔣委員長』祝壽啊！」作為一區之長的專員，又聽說是為他的爸爸歌功頌德，不禁頻頻點頭，報以會心的微笑。

所謂建家，最突出的一點，就是在全專區普遍推行《新贛南家訓》，這是模仿明清之際朱柏廬的《朱子家訓》編寫的提倡勤儉持家的治家經，逐家逐戶發給全區群眾，要做到家喻戶曉，人人背誦如流。特別是待婚的青年男女，如背不出的，則不准登記結婚。背熟了《家訓》，領到了結婚證，要參加集團婚禮。私自抬花橋、擺筵宴結婚的要罰款。有一次，信豐縣政府向專署遞了一份報告，說男子續弦，女子再醮的，不宜參加集團結婚，否則群眾有意見，認為這類男女都是命中註定有剋星的，不剋夫便剋妻；如果讓他們參加了集團結婚，新婚的青年男女便有忌諱，拒絕參加，集團結婚便不容易搞起來。有意思的是，經過專署研究，居然順應了這個忌諱，批准了這個報告，以後續弦再醮的人，抬花橋，擺筵宴，吹吹打打之類的排場也就無所忌憚了。

當時的讀書運動又叫掃盲運動。規定所有不識字的人，都要參加讀書會讀書識字。已入學的小學生，要給不識字的爺爺、奶奶、爸爸、媽媽、哥哥、嫂嫂們充當小先生。每屆一定的學習階段，要進行考試。考試之外還有種種考驗的辦法，如經過的關口要道，就看到設置有識字牌，過往的人必須認得牌上的字才准許通過。

千人之宴

到在上猶的第二天，蔣經國突然心血來潮，改變計畫，原

定在這個縣的視察日程縮短了，打算回贛途中順路前往的南康縣也過門不入了，決定提前趕回贛州。因為中秋節快到了，他要進一步去檢查、過問他所獨創的一年一度的「官民同樂節」（即傳統的中秋節），是否準備得如他所部署的稱心如意。他要強、好勝，喜歡利用節假日大搞熱熱鬧鬧的群眾活動，用他的話說，這叫做「動與力之美」。記得剛到贛州的第一個週末，曾被邀請參加每週一次的「官民同樂晚會」。所有贛州市的機關、團體、學校、企事業單位以及街道居民都有代表參加。會上有他自己主持的一個節目，由他點名的人要登臺聽他的指揮，或唱歌，或講笑話、故事、耍滑稽，或和他肩抱肩地跳舞，非演一個項目不可。

類似這樣的群眾性的活動，每逢「春節、元旦、雙十」他老子的生日都是要大搞的。每當這樣的日子，大街小巷要張燈結綵，各行各業要爭奇鬥勝，紮製五顏六色的提燈、龍燈、獅子燈等參加提燈遊行。整個市區晚上燈火通明，鞭炮轟響，通宵達旦大鬧所謂「不夜之天」。

這一次的「官民同樂節」，辦了整整一百桌大菜的宴席，舉行了足足一千人的會餐，名之為「千人之宴」。被邀請的人包括榮軍、出征軍屬、孤寡、工人、農民、婦女、學生、幹部等十個方面的代表各一百人。會餐前舉行了開宴儀式，蔣經國發表了簡短的談話。他說，被邀請的人，有的為國家作出了貢獻，有的為抗日做出犧牲，有的孤苦無依無靠，值此中秋佳節，應該團聚在一起，共同享受這個良辰美景的節日歡樂。接著，進行了這個市前所未有的大會餐。

這一天，全市的影劇院等娛樂場所都一無例外地奉命開放，

免費讓全體參加會餐的人憑證觀看。此外，還給榮軍每人發了月餅二斤，柚子一個；給出征家屬每戶發慰勞金五元，表示慰勞。

六、民眾問詢

從1940年起，蔣經國在專署院內設了一個「民眾問詢處」。

有兩個登記員負責接待工作，並由專署貼出公告，無論有什麼意見、疑問和要求，都可向政府提出，一定給予公正處理，方式可以書面寫，可以口頭講。登記員每日填表摘要，送請蔣經國過目核辦。

不久，蔣經國又規定每星期四下午親自接見民眾，並公告各界：凡是有意見、有冤枉、有重大問題不得解決，想見蔣專員的都可以到民眾問詢處登記請見。於是每逢星期四下午，專署門前，登記求見者絡繹不絕，形形色色。到了接見時間，由一位登記員唱名，另一位登記員引進接見廳，蔣經國含笑接待，關切交談，聽取陳述意見，旁有專人記錄。每次接見完畢，由秘書匯總記錄送請專員審批，分送有關單位處理，有些重要案件，專署另行派人直接調查處理。

在蔣經國太忙分不開身或者外出期間，就由專署主任秘書周靈鈞代表接見。

蔣經國接見民眾，聽取意見和申訴以後，也採納過一些民眾所提的意見，因而頗得民心，博得了「蔣青天」的美稱。

贛南地方法院院長徐蕙珩說：「蔣專員接見民眾解決了不少問題，減輕了我們法院一些負擔。」

訓練幹部

　　調訓對像是署、部、會、府各單位幹部，共有兩百餘人，實行軍事管理，編了一個軍訓營，蔣經國兼任營長，孫國光為副營長，保安副司令吳驥為訓育股長，專署主任秘書周靈鈞為教育股長。

　　每天上午上講堂聽課，課程計有：「建設新贛南綱領計畫」、「蔣總裁言論」、「抗戰時速述評」、「史地常識」、「軍事常識」等等。蔣經國主講「建設新贛南綱領計畫」，這是講習會的主課，講得有勁，聽得認真。

　　早晚升降旗點名，由營長講話，下午出操一小時，其餘時間安排文娛體育活動。軍訓活動還搞過一次夜間緊急集合。

　　講習會的伙食吃得不錯，經常加餐。可是有一天早上突然宣布不開早飯，大家空著肚子去上課，餓到中午吃白飯，連一點鹹菜都沒有。在開飯之前，蔣經國對大家說：「今天讓大家嘗嘗吃白飯、餓肚子的味道。」晚飯，吃菜根煮稀飯，蔣經國又說：「古人說過：咬得菜根，百事可做。抗戰也好，建設新贛南也好，都要能夠吃得苦。」

　　有一天早晨，到操場集合，蔣經國脫了上衣打赤膊，要求大家也打赤膊，女學員一聽面紅耳赤大為緊張，蔣經國隨即覺察了，馬上補充一句，「女同志可以穿汗衫」，女的才鬆了口氣。蔣經國帶領大家跑步幾圈後，便領隊跑出大門，一口氣跑到東門外河邊。走上浮橋，太陽剛剛升起，蔣經國帶頭跳躍歡呼：「總裁是我們的太陽！」兩百多人在浮橋上跟著他跳躍歡呼，只聽到「咔喳」一聲，捆橋的篾索斷了，浮橋晃動起來，嚇得女學員尖

聲驚叫，膽小的學員面如土色，爭先恐後一窩蜂跑上岸去，幸虧浮橋沒有散架，虛驚過後又放聲大笑，哨子一吹，整隊回營。

快結業時，舉行了一次論文競賽，總題目是蔣經國擬定的《我理想中的新贛南》，具體題目，各人自選，由蔣經國親自閱卷，評出前三名給獎，第一名獎懷錶一隻，二、三名各獎金筆一支。獲獎的三篇文章，在《新贛南報》發表。講習會結束後，這三個名登金榜的人都升了官。

接著又搞了一次演講比賽，也取了三名，只是公布表揚，未另給獎。

結業前夕開了一個文娛晚會，開頭唱歌、拉歌、拉到蔣經國時，他也唱了一支「兩隻老虎」。最後，由戲劇股演出抗日話劇「茉莉姑娘」。

講習會舉辦的文娛晚會，方式和節目，每次都有所不同，如第26期結業前夕舉行的一次文娛晚會，有一個節目是「雙料雙」，即二人同拈一組闖，照令行事。例如對對子、對山歌、出謎猜謎、背靠背賭力、頂牛、摔跤等。蔣經國同一個胖子鄉長同拈一組，蔣經國拈到「給人當坐馬」，胖子不好意思騎，笑著說：「算了，算了。拈過一個。」蔣經國卻說：「來來來，我做馬，你騎！」他當真趴下來做馬，那胖子也不再客氣就騎上去，走了幾步，胖子趕快下來。蔣經國想想不甘心，叫胖子趴下來，他騎上去走了幾步才甘休。當時大家樂得地哈哈大笑。

建鄉建保

從1942年底到1943年初，蔣經國號召展開了建鄉建保運動，

先從贛縣做起,然後推廣。選派署部會府一百多名幹部,分成十幾個工作組到全縣各鄉鎮去,先建鄉,後建保,也可以交叉結合進行。

　　下鄉前,開了幾次會,蔣經國說明建鄉建保的任務,主要是健全鄉鎮保甲機構,提高行政效率,把「建設新贛南」第一個三年計畫貫徹下去,在基層實行,為實現「五大目標」打下基礎。只記得他最後叮囑的幾句話:「你們這次去,一定要把鄉鎮公所、保辦公處布置得像個樣子,造成『建設新贛南』的熱烈空氣,以壯觀瞻,使人耳目一新……」

　　在會上,還布置了一些附帶任務,軍事科委託催兵,財政科委託催款,田糧處委託催糧,這三項附帶任務倒是明確具體的。

　　搞建鄉建保運動的結果,成績最顯著的是各鄉鎮公所和保辦公處都打扮得整齊清潔,煥然一新,很多鄉鎮公所蓋了新房子。

　　屋外環境,寫製了大量宣傳「建設新贛南」的標語口號,最大的大塊木牌漆制著「建設新贛南」五大目標:「人人有工做,人人有飯吃,人人有衣穿,人人有屋住,人人有書讀。」

　　高牆上、岩石上都繪寫了斗大的字,真是豪言壯語,氣魄驚人。公路上坐在車裡的乘客,大河裡船上的旅人,都可以看到這些醒目的標語、口號,給人的印象是:贛南和別處果然不相同。

　　鄉鎮公所的辦公室內,布置得更加漂亮,油漆粉刷得溜光。辦公桌椅、文件櫥、會議桌椅,擺得整整齊齊,牆上掛著孫中山和蔣介石的大幅相片,相片下面寫的是「建設新贛南五大目標」,牆上釘滿了統計圖表,掛滿了會議記錄、登記簿、收發文簿等各項簿冊。

保辦公處的布置雖然比不上鄉鎮公所，卻也頗有規模，比過去的破爛寒酸模樣，講究很多。

以贛縣的做法為榜樣，擴展到贛南第四行政區所屬的其他十個縣所有的鎮公所和保辦公處的「門面」，全部煥然一新。

建鄉建保運動以後，本來要搞建家運動，後來沒有專門搞，只編寫了一篇「新贛南家訓」，內容是以「朱子家訓」為基礎，用蔣經國的觀點和「建設新贛南」的綱領要求綜合編寫而成。這個家訓，文字通俗易懂，順口易背。制定公布後，除了在報刊上擴大宣傳外，還印成單張在大街小巷廣為張貼。並由學校教師和有文化的人，在學校和鄉村，廣為宣傳講解，帶領民眾念誦。贛南的報紙紛紛發表社論，號召民眾身體力行，這個家訓當時在贛南產生了很大的影響。

南康賠禮

有一個黃埔軍校畢業的某部上校軍官，因事告假回到南康老家，住在小鎮上的一家小客棧裡，大概是偷野老婆，被當地鎮公所巡查隊查獲拘留。他說明瞭身分，要鎮長放他，誰知這位鎮長是個老天真，他以為有蔣太子做後臺，什麼太歲頭上都敢動土，何在乎一個小小上校？於是堅決不放，還要把他送壯丁。這個軍官的家屬便急電泰和、吉安的同鄉親友求援。在這些同鄉親友中有很多是國民黨高級軍官，如「復興社」江西頭目之一的第五預備師師長郭禮伯、古泰警備司令賴偉英等，都是南康人，這些人平時已對小蔣不滿，郭禮伯還挾有私怨，這回搞到黃埔學生頭上來了，那還了得！十幾員中將、少將齊集南康，聯名電蔣經國質

問，蔣經國見這種架勢，知道闖了禍，不敢怠慢，急電南康縣政府立刻放人，並要賠禮道歉。

沒想到那位被抓的老兄見有大頭頭撐腰，竟賴在牢裡不肯出來，興師問罪的將軍們質問蔣經國：「你去請示總裁，還要不要黃埔學生！」蔣經國只得下令把那個鎮長撤職，在南康大擺酒席，賠禮道歉，並派小轎車把那個軍官迎接出牢，披紅掛彩放鞭炮，請來赴宴。

南康的將軍們扳回了面子，不好讓蔣太子過分難堪，也就乘風轉舵了結此事。

狂歡大慶

1941年「雙十節」，蔣經國組織五萬人大檢閱，模仿蘇聯十月革命紅場閱兵派頭。有五萬人的隊伍走過主席臺前，高呼口號，蔣經國向受檢隊伍頻頻揮手致意。檢閱完畢，還舉行大遊行。

每年10月底，為蔣介石祝壽，規模更加宏大。全市四鎮兩鄉各設壽堂一處，六處壽堂都布置得富麗堂皇。另外，新贛南大禮堂內還布置了一個總壽堂，張燈結綵，金碧輝煌。全市各條大街人行道，安裝了電線，掛滿了紅燈，各城門口和公園門口都紮了彩牌樓，使晚上如同白晝。站在八境臺上遠望贛州夜景，煞是好看。

壽誕之晨，機關幹部、各界人士，紛紛到總壽堂祝壽、吃壽麵，各鄉鎮的居民、學校師生，都到鄉鎮公所壽堂祝壽。下午，開祝壽大會、大遊街。為了保證大會和遊行的規模浩大，氣氛熱烈，贛縣縣政府命令四鎮鎮公所的保甲長布置到戶，規定每家都

要派一人去開會遊行。有人說：重慶也未必有贛州這樣的排場和熱鬧。

在壽誕的頭天晚上，蔣經國還邀請親信骨幹人物，參加他的家宴，祝賀乃翁的生日，其夫人蔣方良親自為大家斟酒敬酒，蔣經國興高采烈，猜拳鬧酒打通關，賓主盡歡而散。

除此之外，還有元旦大慶，春節玩燈，端午賽龍船，中秋遊湖，化裝舞會，爐邊閒話……等等。

所謂中秋大遊湖是租用幾艘大帆船，邀請全體幹部游贛江，從章貢二江合流處遊到大湖江回頭，船上備有酒席瓜果，自由取食，邊吃邊賞月聽音樂。爐邊閒話是在春節前一日，邀請各單位負責人與各界知名人士，在專署小禮堂過除夕，四人一小桌，一隻火盆，桌上一大盤南安板鴨，一大盤拼盤，一瓶酒，爐火熊熊，酒酣耳熱，歡度良宵，蔣經國向每桌敬酒，預賀新春。

七、誓師大會

蔣經國提出建設新贛南五大目標以後，為了動員民眾建設新贛南，於1940年11月上旬舉行了一次誓師大會。大會司令台設在贛州公園對面至聖路口，站在司令臺中央的蔣經國發表短篇演說後，舉行了群眾遊行，蔣經國頻頻向遊行群眾招手。站在左側的幾個俄國人，拍照了遊行隊伍。走在遊行隊伍前頭的是步伐整齊、手拿鐵錘斧頭的工人大隊，接著是肩荷鋤頭的農民大隊，手拿算盤的商務大隊，背著書包的學生大隊，手持步槍的軍人大隊，穿著白衣的醫護大隊，胸佩「公僕」徽章的公僕大隊……隊

伍從東面走向檢閱台受檢。當晚還舉行了火炬遊行，大街小巷燈光和火炬通明。

婦女剪髮

贛南婦女原來梳的是團形髮置至後腦殼上，用一隻小絲網罩著。為了移風易俗，蔣經國推行了婦女剪短髮。有一段時間曾在各城門口設卡，每天派贛縣婦女指導處的工作人員對進出城的婦女強行剪髮。大部分婦女還是樂意接受，也有極個別的婦女想不開。

專員笑話

1942年，正是蔣經國提出「建設新贛南」第一個三年計畫期間。每天東方發白，各單位的工作人員都跑步來到體育會場集合，升旗後就跑步，跑畢大家圍成一個圈圈，聽蔣經國說笑話。他說：「什麼人適合做什麼事，只要看這個人戴的帽子，就可以看出來。帽子戴得很正的，就忠誠老實，適合當保管；帽子戴在後面的，性情就粗暴急躁，適合打先鋒；帽子戴得稍微斜一點的，頭腦就冷靜，有智慧，有韜略，適合做領導。」

接著他叫人寫好一個「羊」了，一個「猴」了，叫大家來抽籤。我也跑著去抽到一個「猴」字，蔣經國抽到一個「羊」字。他自動趴在地上，要我這個猴子騎在他背上。他爬了幾步，起來說：「小李！我也要當一下猴子。」他騎在我背上走了幾步才罷，逗得大家哄堂大笑。

集團婚禮

　　為反對結婚鋪張浪費、大擺宴席，蔣經國在贛南有一段時候推行集團婚禮，經常主持集團結婚典禮。但在推行中也出現一些缺憾。過去青年人結婚，一向是媒婆包辦，很少是自由戀愛的。所以舉行集團結婚典禮時，新郎新娘來到禮堂，排成兩行，來幾個向左向右轉，穿插幾下，搞得新娘子暈頭轉向。回家時，認不得自己坐來的「花轎」，便有坐錯了回家的，加上素不相識，甚至傳說有的弄假成真，搞得哭笑不得。這笑話，一直流傳到今。

貶官削職

　　糧食徵購征實，老百姓稱之為「征狗征賊」（照方言講「征」是「餵」的意思）。當時，鄉公所的人很橫蠻，在糧食徵購征實中，經常採用捆綁、禁閉等手段。

　　南康縣石塘鄉鄉長嚴紹宗，在徵購中，鐵面無私，不管是誰，欠了公糧就關。軍官溫忠韶欠了公糧，也不例外。他繳清糧被釋放後，就電請在外地的本籍軍官回鄉，派出代表向蔣經國交涉，提出了兩個條件：一是把嚴紹宗交出來給他們懲辦；再是如果不肯交人，除非蔣經國本人親自來南康鳴鞭炮賠禮道歉，否則，他不要爸爸，我們也不要校長，把前方的部隊拉回來幹一場，二者由他擇一。蔣經國還是選擇了第二個條件，親自買了鞭炮去南康向軍官們賠禮放鞭炮。此後，這些參與此事的軍官回部隊後，都受了處分。

賭棍遊街

有一天早晨六時，看見街上一夥人身穿軍裝，頭戴著寫有「賭棍××」字樣的高帽，手提小鑼，自敲自喊「賭棍照樣！」聽到有人說：「乖乖，掛上校銜的軍官老爺，還要遊街示眾。」有的觀眾竊竊私語說：「昨夜，蔣專員化裝賣清湯的上了利民商場樓上，把聚賭的人全部逮捕了。」有的說：「後面這一夥，就是西門鹽務局的老爺們。」軍警在監押他們遊街示眾後，就牽他們到贛州公園內的「抗日陣亡將士紀念碑」下面與木製汪精衛跪在一起。跪後，押送他們到東門天竺山強民工廠勞動。

「老子」看戲

有一夜，贛州電影院由童子軍查票對座。一童子軍向一軍官舉手敬禮畢，說：「請長官拿出票來對一下。」這軍官不但不拿票，反而一巴掌打過去，並說：「老子看戲，還要什麼票！」約莫十分鐘，保警隊包圍了戲院，把這位軍官捆綁而去。

八、辦夏令營

1941年夏天，三青團江西支團在贛縣梅林舉辦第一期夏令營，營址在前江西政治講習院所在地。該處地勢平坦，面向貢江，與楊仙嶺遙遙相對峙，沿河從觀音閣至鳳凰山，景色宜人，旁依公路，與桃源洞相隔不遠，從頭排至灘下一帶，皆為講習院的範圍。這裡有寬闊的廣場、高大的禮堂、整齊的校舍，林蔭夾

道，縱橫交錯，柳塘縈繞，風卷漣漪，還有商店、照相館、診所和俱樂部，環境十分幽靜而美麗。這裡離城七公里，水陸交通很便利。

學員踏入營門，舉頭便可看見正中「江西青年夏令營」和兩旁的「頂天立地，繼往開來」，「自強不息、日新月異」醒目的大字。在寢室和公共場所的牆上，到處可見「國家至上，民族至上」，「意志集中，力量集中」，「軍事第一，勝利第一」等粉白大字標語，還有當中繪有國民黨黨徽和「精誠團結」的大字。

學員入營後，每人發給全副武裝，實行嚴格的軍事訓練。在營房裡設有槍架、貯藏室、雙人床。公共衛生由學員每天輪流打掃，內務要求整齊清潔。一塵不染。起居生活作息時間，一律聽軍號指揮，做到敏捷、無聲絲毫不亂。公共衛生場所和寢室內務，由值星官每天檢查，發現問題當眾批評教育和責令補課。

夏令營的學員來自各中學高中應屆畢業生或大專院校的團員學生以及社會區分隊的團員幹部，共一千餘人。這些人大多數能歌善舞或愛好體育活動，從四面八方來到梅林，利用暑假集中訓練四十天，作為「大時代的烘爐裡，經受革命的洗禮」。

蔣經國任夏令營營長。夏令營下設組訓、總務兩個組，一個軍訓大隊、一個女子直屬區隊。王升任組訓組長，負責教務和教育；張壽春任總務組長，負責膳宿和後勤；劉德藩任軍訓大隊長，負責整個軍事訓練；胡香棣任女子直屬區隊長，負責女學員的管理。王再葯和胡香棣等擔任體育教官和籃球裁判。區隊下設指導員，負責批改學員日記，組織刊物稿件和各種文娛活動，蔣經國除參加開學結業典禮與一些大型活動，和陪同中央委員劉紀

文、將領羅卓英前來與學員演講外，主要由王升等人負責主持夏令營的工作。政治課大部分是王升講授，其他部分由省支團部主要幹部或社會名流、學者、報社主筆講授。曹聚仁等都曾到營講課。軍事訓練課程，主要由保安司令部、防空司令部、贛南師管區抽調幹部擔任區分隊長或軍事教官。由於戰時的贛南是東南重鎮、前方的後方、人才薈萃，有些課程和文藝活動，還聘請他們講課和指導。

學員每天天麻麻亮起床，跑步到廣場集合參加升旗儀式，接著做早操，時而在廣場，時而在公路、河邊、在山岡，去領略大自然的美麗，陶冶學員情操，以期增強訓練的效果。有時，夜間突然吹起軍號緊急集合，要求五分鐘內全副武裝跑到廣場集合檢閱，發現未戴軍帽、沒紮好綁腿或沒扣好風紀扣者，要出列示眾挨批評，以使學員養成機智敏捷、能緊急應變的作風。野營訓練更加緊張艱苦，爬高山、越溪澗、過獨木橋……過了一關又一關，以訓練學員堅強的意志和不怕困難、不怕犧牲的精神。

實彈射擊，每人給三發子彈，立射、跪射或臥射，由學員各人自由選擇，但不論男女都要接受這種訓練；而軍事教官和隊長同樣參加，當場講述和示範動作。

為了檢閱軍事訓練的成果，除舉行閱兵外，在夏令營結束之前還舉行了一次軍事演習，成立了總指揮部，組織了救護擔架隊。贛州城裡的軍警和民國兵團配合參加這次演習，為主攻部隊。夏令營學員軍訓大隊擔任了防守任務，沿河、公路、交通要道，進行封鎖或設置障礙。午夜，主攻部隊派偵察兵出擊摸哨，即被守軍發覺，頓時阻擊槍聲四起，主攻部隊分四路進攻梅林。

真槍聲夾雜竹筒的敲擊聲，煤油瓶裡燃放的爆竹聲，與衝鋒的軍號、士兵的呼喊聲交織在一起，劃破靜寂的夜空，至五更時分，即已突破四道防線，拂曉收兵結束戰鬥。

根據蔣經國的指示：「在抓好軍事訓練的同時，又要注意關心學員的生活。」後勤人員和指導員忙得夠嗆，對學員的吃、住、玩三個方面作了精心的研究和安排：一是吃得好，每天四菜一湯，半月加餐一次；二是住得好，保證學員充足睡眠，無蚊子、臭蟲叮咬；三是玩得好，閱覽室和俱樂部每天開放，每兩星期舉行一次文娛晚會，表演各種節目。每天都有籃球、足球、水球、排球和乒乓球等活動。體育健兒一到下午五時後，競相活躍在各個球場上，其中尤以女子籃球隊表演精彩，最有吸引力，迷住了許多觀眾。夏令營的每一項活動，幾乎都冠以競賽，鼓勵學員超群拔類、努力拼搏。除開展各種球類、棋類、划船、賽馬、游泳、爬山等比賽外，還有論文、演講和辯論比賽，凡優勝者均分別給予獎勵。在各種比賽中，尤以水塘裡游泳搶抓鴨子比賽最精彩，塘邊上圍滿了觀看的人群。比賽者跳入水中，爭相追逐捕捉鴨子，鴨子嘎嘎地叫，慌作一團到處亂竄，時而潛入水裡，時而飛過水面，很不容易抓到手。這是一種憑機智和毅力取勝的一種有趣的水上運動。登山和游泳是王升感興趣的比賽專案，他親自率領參加。在登山比賽那天，他身著背心短褲，揚手指揮學員從四面八方攀登前進，並鼓勵學員說：「誰先登上頂峰，就是勝利者！」霎時間，學員們一窩蜂似的衝了上去，捷足先登者舉起紅旗搖晃幾下，把紅旗插在山頂。一會兒又上去了一夥學員，高興得把勝利者舉了起來，滿山的人群不禁鼓掌歡呼為先登者祝

賀。這樣的競賽聲勢浩大，激勵人堅決勇敢向上攀登。在貢江游泳時，面向滔滔江水，王升對學員們講話：「要像流水一樣，有它這麼一股鑽勁，無縫不鑽，無孔不入；有它這麼一種精神，長流不息，勇往直前。」

九、少將司令

　　1939年，蔣經國任江西省第四行政區專員，兼任第四區保安司令、贛州防空司令等職。專署設贛州，轄贛縣、南康、大余、安遠、信豐、尋鄔、上猶、崇義、定南、全南、龍南等十一個縣。贛南師管區成立後，除四行政區的十一個縣外，轄區還包括第八行政區的于都、瑞金、會昌三個縣。蔣經國以少將銜兼任師管區副司令。

　　1943年秋，師管區的營長劉紹義由尋鄔去安遠，查看該營第九連的接兵情況，拜訪縣長時遇上吃飯。適蔣經國副司令視察該縣，時在座。經王縣長介紹後，蔣經國熱情致意，首先提議：遲來罰三杯，堅持一杯也不能少。劉紹義不太會喝酒，可上司盛情難卻，真是苦了他。而後，蔣經國詢問了一些接兵情況，還關心地問劉來贛南後生活是否習慣等。蔣經國對部屬平等相待關懷備至之情溢於言表。

　　還有一次，師管區王學書連在贛州接兵，晚點名時，蔣經國混在壯丁隊伍中。點名時是對的，報數時總多出一名，王學書反復點了幾次，總是多一人。蔣經國後來悄悄退了出來，邊點頭邊自語地說「還不錯」。一個班長發覺了，趕緊去報告連長，但蔣

經國已走遠了。

蔣經國兼師管區副司令，因此贛南的徵兵工作比較正常。記得連長吳超受賄，私自放走一名壯丁。這名壯丁是惡霸地主罰充兵役的，事發後吳連長被押送到司令部。柏輝章中將司令將其交軍法官張海漁審理後，擬判死刑。後來，專署與司令部共同研究，改為無期徒刑，送南康縣服刑。柏、蔣執法寬嚴相濟。

蔣經國較少到潭口司令部來，柏輝章司令則常去專署。有關兵役方面的檔，須分送專署一份。記得有一次，隨司令乘車去贛州會晤蔣經國。到專署後，蔣經國親自笑迎柏到他辦公室，兩人晤談一時許。看見蔣送柏出來時，替柏拍拍肩上灰塵，還為柏整理衣領，禮貌有加。柏司令上車時，蔣經國立正相送，說：「柏先生慢走。」

柏輝章在潭口曾患過一次病，病情嚴重，司令部醫務人員焦急萬分，一籌莫展。蔣經國聽說後，立即遣人看望，說有一位老中醫蔣以莊，是由南昌遷來贛州的，醫技甚佳。柏輝章聽到介紹，立即派人請蔣以莊來潭口，郭鶴揚每天開車接送。不久，司令的病果然好轉。

十、築「中正陂」

抗日戰爭時期，蔣經國為了解決龍南縣水西鄉三千多畝土地缺水問題，在桃江象塘下壩河段築了水陂一座，名為「中正陂」。

水西鄉（現桃江鄉），位於龍南縣城西桃江之濱，襟山帶

河，地勢平坦，在山巒重疊之龍南，是風景優美之地；就經濟狀況而言，也屬龍南富庶之區。然長期以來，由於與鄰近蓮塘鄉互爭水利，糾紛不斷，致使這膏腴之地卻成了貧瘠之鄉。

原來，蓮塘、水西兩鄉均靠引桃江之水，栽稻種桑。蓮塘鄉位於桃江左岸，居水西鄉之上，這裡河床較高，農田灌溉只要在河中打樁築陂，裝上筒車即可，且該鄉需灌的農田不足千畝，筒車日夜汲水不停，用水綽綽有餘。水西鄉位於桃江右岸，居蓮塘鄉之下，農田需灌面積越三千畝，因河床低、水流急，在水西鄉境內修陂引水，工程艱巨，難度很大。數百年來，水西鄉民試圖在蓮塘鄉境內河床高處之鐵砧寨腳下的鐵砧潭築陂引水，以期收到費工少，用水便之效。

對此，蓮塘鄉有人說，水西人到蓮塘修陂是斷蓮塘之龍脈，阻擋蓮塘之風水。有人說引蓮塘境之水，灌水西鄉之地會奪走蓮塘人之福氣，往後必是凶多吉少。「水西壩人好噫嘻，到我蓮塘來築陂；今年吃粟飯（餅），明年吃粟須（稀）」的民謠在蓮塘鄉民中傳開。水利之爭，由於訴訟釀成械鬥，自清康熙年間一直延續了二百多年，終因蓮塘鄉為強姓大族，水西鄉民奈何不得，默默忍受地裂塘枯之苦。

1941年，蔣經國推行建設新贛南三年計畫，挖塘築陂、建設農田、發展農業生產是其內容之一。3月，蔣經國巡視各縣來到龍南，詢問縣長何揚烈有關三年計畫實施情況。何揚烈縣長向蔣專員彙報水西、蓮塘兩鄉互爭水利的情況，蔣專員對蓮塘、水西互爭水利釀成械鬥感到震驚。隨後，蔣經國步行到蓮塘、水西兩鄉察訪，傾聽各方面意見，勸告鄉民解決水利問題，他明確指

出，政府一定會雙方並顧，採用科學辦法，在桃江上建築合理的水利工程。回到專署，蔣經國會同建設科、財政科、江西水利局第四行政區工程辦事處等有關人士，共商水西鄉修築水陂計畫，商定修陂經費由省水利局貸款，陂址由水利工程處勘定上報專署核准。

為確選陂址，水利工程處又派郭淑鈞技師到象塘、蓮塘勘察。經月餘的複測，大量的資料表明，陂址靠蓮塘鄉一邊之河岸較高，河水因築陂水位提高，與蓮塘鄉無涉。陂端所在之象塘鄉下壩，河岸雖稍低於對岸，但仍無水災之慮。即使抬高水位及回水關係，為防洪患，只須修築一段百米長的矮堤，工程甚微。至於陂端引水圳道，儘管比鐵砧潭更長，且需開鑿二百米的石圳，但因築陂所費工耗資少，比在鐵砧潭築陂更節約人力物力，且無使他人蒙遭水患，工程也可大大縮短。是年12月，經專署核准，新建水陂陂址定於象塘下壩河段。

1942年初，水西鄉水利協會正式成立，具體負責水陂施工的有關事宜。張起元任主任。蔣經國命名該陂為「中正陂」。

5月21日，「中正陂」動工典禮在龍南縣城中正體育場舉行，縣長何揚烈及縣政府各部門、學校、商店的代表幾千人出席了大會。蔣經國也向大會祝辭，勉勵三鄉（象塘、蓮塘、水西）民眾團結一致，齊心協力，爭取早日把水陂築好，為發展生產，為完成三年計畫所規定的各項指標而努力。

1942年底，「中正陂」勝利竣工。工程耗資十七萬多元，挖土圳3.5公里，鑿石圳二百米，總土方十五萬餘方。中正陂開閘放水，水西鄉農民看到一泓清水流進農田，無不歡欣鼓舞。

十一、萬象更新

專署所在地贛州與其他地方有所不同。人們來到贛州城下，就會看到城門上端的「歡迎光臨指教」六個大字；出城時又會在城門的另一面見到「再會，一路平安」。似乎在迎送來往行人，頗有親切感。贛州街巷清潔，商店和居民都訂了《衛生公約》，自覺遵守。主要街道中間植樹，既是綠化，又將來往車輛分隔成左右行駛。交通口設交通警，以紅綠燈指揮交通，秩序良好。兩邊商店除少數新建外，大部分是在老式房屋的臨街一面，砌上「洋式」門面，外表倒也整齊、美觀。

舊社會勞動人民是受歧視的，稱呼上更顯得有卑賤之分，可當時的贛州卻有一番「更新」。比如旅館的茶房、飯店的堂倌，一律要改稱為「服務員」；拉黃包車的車夫以及其他勞動者則改稱為「工友」。

有一次，福建省銀行經理在贛州因故打了給他拉專用黃包車的「工友」，卻掀起了軒然大波，「工友」們群起而譴責，迫使這位經理當面道歉，還寫了檢討書才收場。贛南專署和贛縣縣政府的布告也別具一格，一改過去那種四六駢體、官氣十足的命令式口氣，而是以「親愛的同胞們」一句開頭，用白話文敘述，讀起來似乎是政府寫給老百姓的一封信。既沒有衙門官僚腔，也通俗易懂。

《正氣日報》

《正氣日報》是一張對開報紙，由蔣經國創辦，而且自任報社社長兼發行人（後來改任黃寄慈為發行人），高理文任總經理，曹聚仁、彭芳草曾先後任總編輯，王西彥曾任副刊編輯。該報以不畏權勢、立論公正著稱，發行地區遍及當時後方各省。

蔣經國平時很少到報社來。有一次，他來了，先到經理部、編輯部和各科室轉了一圈，詢問了一些有關工作和生活的情況。最後，他看到人事牌上寫著有一個叫「唐有為」的名字，就風趣地就：「啊！我們報社還有個康有為啦！真了不起呀！」引得大家都笑起來了。

1943年1月，《正氣日報》社遭敵機轟炸，但在報社同仁全力搶救下，一面整理被毀資料和籌遷新址，一面克服困難，繼續出刊。

當時，除了中央社電訊外，所發稿件均需送新聞檢查處審閱，連廣告也不例外。有一次，一位流亡女生趁假期到贛州「營養食堂」做臨時工。她以在工作中的經歷和體會，寫了一篇題為《一個女招待的日記》，揭露社會不平，抨擊黑暗制度。該稿投寄《正氣日報》，副刊編輯準備刊用而送審，不料被拿掉。副刊主編和編輯部其他人員異常氣憤，決定以只刊標題、不登文章的「開天窗」的辦法表示抗議。「開天窗」，除了1941年重慶《新華日報》在報導皖南事變時有過一次外，全國其他報紙一般都不敢嘗試。次日，報紙「開」了「天窗」，新聞檢查處大為震驚，決定給《正氣日報》停刊兩天的處分。廣大群眾和讀者得知此事

的真相，紛紛投書報社，表示慰問和支持。

《正氣日報》的簡明新聞中有〈點、線、面〉和〈大眾呼聲〉兩個欄目，刊登一些揭露邪惡、堅持正義一類短文，很受讀者歡迎。有一次，鎢礦公司某主任的小轎車橫衝直撞，軋傷了一個農民的腿，那個主任不但不將這農民送醫院治療，反而氣勢洶洶地埋怨這個農民。〈點、線、面〉欄以諷刺標題：〈農民的腿撞壞了主任的小轎車〉報導了這一消息，引起了眾怒，迫使這位主任不得不到醫院去向傷者道歉，並負擔了全部醫藥費。

又如：駐贛州的中茶公司東路運輸總站的總務先生私下剋扣了一位工友的工資，還借機把他送了「壯丁」。該公司的幾名青年職工出於義憤，投函「緊急呼籲」給《正氣日報》。報社通過調查核實後，冒著兵役問題無人敢於插手之險，在〈大眾呼聲〉欄內發表了這封呼籲信，揭露了事實真相。結果，那位總務先生受到了處分，徵兵辦事處也開釋了這名不該徵集的「壯丁」。

團圓年飯

贛州有不少流亡異鄉的單身漢，逢年過節看到別人與家人團聚，總覺得自己形單影隻，尤其是除夕晚上的那頓年夜飯，只得孤杯獨酌，倍覺悽楚，惆悵之情不可言狀。

1942年除夕，蔣專員召集各機關的單身漢，自帶酒菜，集體過年，共吃年夜飯。這天晚上，大家早已做好準備，提前來到「宴會大廳」——新贛南大禮堂。這裡燈火通明，十張圓桌已是賓朋滿座、熱鬧非凡、有說有笑、互致問候。這是一次別具一格的大團圓年夜飯，桌面上既無大魚大肉，更無大菜、熱炒，盡是

些紙包現成熟菜。相邀就座，各獻「佳餚、美酒」，還有包子、饅頭、糕餅，大家似乎不約而同地帶的是一種度數較高的贛州回籠白酒，其次是桂花酒、葡萄酒、五加皮等。可是誰也沒有帶杯盤、碗筷，大家就瓶飲酒，用手抓菜，倒也簡單。人已坐齊，只是還不見蔣專員這位發起人。他沒到，怎能開始呢。這時，專員公署秘書向大家宣布：專員因公到南康縣去了，但今晚一定要回來參加我們這個除夕晚會的，大家先吃吧。一陣掌聲過後，瓶酒去蓋，菜包打開，笑聲歌聲此起彼落，年夜分外熱鬧。如果說這是一個大家庭的團聚，那麼那些單身流亡漢，此時是完全忘記了孤寂的漂泊生涯，而融化在新年的歡樂這中了。

晚上十時半左右，蔣專員終於趕回來了。據說他來不及到公館去轉一轉，汽車就直接駛到贛南大禮堂來了。在熱烈掌聲中，蔣專員來到席間，大聲地對大家說：「抱歉得很，讓大家久等了。」又笑著說：「來，遲到罰三杯。」他隨手接過別人遞過來的一瓶贛州回籠，可是要找個酒杯卻沒有，於是學著大家，也「吹」起了「喇叭」。蔣經國的酒量確是驚人，精力也十分充沛。儘管他白天奔波，處理公務，此時還是毫無倦意，而且逐桌與人們猜拳飲酒，輪番「作戰」，「以寡敵眾」，竟無醉態。

至半夜十二時，蔣經國登臺講話，他非常興奮地說：「各位同志！現在已是1943年的元旦了，祝大家新春快樂，工作順利。好！現在開始新年團拜。」在滿堂歡笑和掌聲中，結束了這次「單身漢的團圓年夜飯。」

除暴安良

　　贛州有一所中正公園，園內西隅的林間花叢中，由專署撥款建立了一家公營飲食店，取名「官民同樂社」，內設茶座、酒館、飯店，還有西餐等供應旅客。這裡白天綠蔭覆蓋，晚上燈光齊明，樹影婆娑，確是一個理想的樂園。因而門庭若市，生意興隆。此間的顧客既有當官的，也有普通老百姓，特別是年輕人，樂意在此解悶消愁，享受一番。市里到處可見到「大公無私，除暴安良」的標語。

　　「新贛南」的禁賭政策，除了硬性規定不能「以罰代刑」外，採用強迫勞動的方式行之十分有效。那就是：抓到賭徒後，先令其穿上一件特製的紅布背心，胸背各綴一塊圓形白布，上寫「賭棍」二字，由員警押往市區熱鬧中心的中正公園內罰跪一天示眾。第二天起，即強迫其做敲石子、修馬路等勞動一個星期或半個月。任何人犯禁，同等處罰，因此賭風大斂。被罰者有的衣著高檔，其中一人還是女的，她燙髮豔服，看來是一個什麼太太之流，其示眾和勞役也不能免去。還有一則蔣經國親自抓賭的有趣故事廣為人知。有一個深夜，蔣經國便裝上街巡視，到一所樓房前，看見有一副餛飩擔子，那個賣餛飩老漢正用盤子端著四碗餛飩上樓。蔣經國見狀已心中有數，即上前拍拍那老漢的肩膀，老漢回頭一看，認出是專員。因蔣經國經常單獨上街，故贛州城裡差不多都認識他。只聽見蔣專員輕輕說：「你把餛飩交給我，讓我來送上去。」並隨手摘下老漢的破氈帽，往自己頭上一套，把餛飩送到樓上，只見四個人正在搓麻將。他將餛飩帶盤子往賭

桌上一放，四個賭徒見盤子干擾了他們的賭局，正想發作，抬頭一看，只見蔣專員把破氈帽往後一推，幾乎同時驚呼：「啊！是蔣專員來了！」

「新贛州」的犯人關押處，名為「新人學校」。這裡實行的是：通過教育、勞動，使其認罪、悔改、自新。

過去，贛州城裡迷信算命，故瞎子算命特別多。他們敲著鐵板，串街走巷，生意頗好。蔣經國贛南主政後，決心破除迷信，引導這些盲人走生產自救之路。首先，由公家撥款租房，勸導從事算命的盲人集中聚居在一條偏僻的小巷裡，請人教以按摩、推拿等醫術，使其成為替人治病、健身的盲醫生。白天，人們走進這條小巷，可以看到這些盲人在一起搓草繩，有說有笑，悠悠自得；晚飯過後，他們就各自分散，仍然敲著算命時用的鐵板，做起替人按摩。推拿的「生意」。

辦公鏡子

在贛縣縣銀行裡，每個營業員的辦公桌上都端端正正地安上一面鏡子。這是什麼意思呢？在一次《正氣日報》訪問該行青年副經理周瑞稼時順便提出了這個問題。那位周副經理笑著給記者講述了這面鏡子的來歷：在籌組縣銀行時，蔣專員一再強調，要把舊銀行中的一此陋習改掉，社會上議論鐵路、郵政、銀行是三隻最難看面孔，於是決定先改掉這只老爺面孔。在銀行開業前的職工訓練班上，他特別強調對顧客要笑臉相迎。於是有人別出心裁地設計了一種嵌有鏡子的辦公桌，營業員坐在那裡始終對著鏡子，隨時可以看到自己的面孔，是不是符合笑顏常開的要求。

十二、人民「公僕」

　　宣慰團的辦公室因遭敵機轟炸，遂遷到江西高等法院旁邊的房子辦公。當時蔣經國兼抗敵後援會總幹事，他派朱崇禧領導宣慰團的工作。為了方便群眾躲避敵機突襲，在水西佛嶺背山麓下，搭了幾座草棚，陳列了一些書報、雜誌，燒好開水，每日供應來躲敵機的群眾休息。

援會施粥

　　那時，日軍的飛機經常竄到贛州轟炸，城裡許多群眾在早飯後，都要出城躲避敵機突襲，一直要挨到下午四五點鐘才回城。為了給群眾中午充饑，抗敵後援會在西津路開設了一個施粥廠。

　　蔣經國衣著隨便，有時穿著背心在街上行走，他的交通工具多是自行車。他對社會生活及治安情況，非常清楚，一遇問題能及時處理。蔣經國對公益事業也非常熱心。在一次募捐義演中，他的夫人蔣方良親自登臺表演京劇《蘇三起解》。

　　蔣經國在贛南時，贛州在每一個保裡面，普遍設立指導員一人，由專署和三青團江西支團部的工作人員兼任。每個保設有民眾讀書會，每天晚上講課兩小時，學習的主要內容是識字掃盲，講解建設新贛南的方針、計畫和辦法。通過讀書會這個形式，去瞭解民情，解決居民糾紛。保民的冤苦和困難問題，一律在讀書會時提交指導員轉請解決，有時也可以馬上就地予以解決。讀書會活動與群眾切身利益對上了號，所以參加讀書會的人很踴躍。

有的為識字，有的為瞭解新贛南的建設方針和措施，有的為要求解決自己的困難問題，有的是為了申冤洩憤。

專署的工作人員，是要求以公僕自居，人人都配戴有「公僕」二字的證章。專署的各種組織，都冠以「公僕」字樣，如公僕球隊、公僕俱樂部、公僕運動會等，以灰布中山服作為工作人員制服。蔣經國兼任行政區保安司令，是少將軍銜，有十分漂亮氣派的將軍服，但他有時穿著一身工人工作服，有時穿著贛南老百姓的衣服。他東串西訪，老鄉們多喊他「老表」，他也很樂意接受「老表」這個稱呼。在蔣經國領導下，機關工作人員犯了法，不通過法院審訊處理，而是由他創造出來的「同志審判會」來審理。他對貪汙分子懲處得特別重。三青團江西支團部有一個會計，帳目不清，有貪汙嫌疑，但為數不多，被判有期徒刑三年，永不任用，還有一個貪汙的被判處死刑。

十三、善舉行動

嚴懲罪犯

信豐縣正平鄉有個旅遊勝地——三仙岩。該岩原來的和尚法號果明，是個13歲就殺了人的通緝犯。後來，混入部隊又持槍潛逃，化裝隱蔽來此當和尚。他以出家拜佛為名，行姦淫婦女之實。久而久之，經地方發覺後將他趕走，另派老和尚果瑞帶一徒弟來接替。果明因失去繼續為非作歹的「防空洞」，竟懷恨在心，狠下毒手。有一天的深夜，他率領土匪、流氓、暴徒到三仙岩行劫。先將小和尚殺死，把庵內糧食、食油及所有值錢的物資

洗劫一空，並將老和尚繩綁吊起，然後縱火燒庵。老和尚奄奄一息，掙扎爬下山村，斷斷續續地說：「果明這個惡賊，殺我徒弟，燒我庵房。請你們報告政府，懲治兇犯，為我申冤……」說完就斷了氣。經當地鄉公所逐級上報專署和保安司令部，蔣經國獲悉，勃然大怒，親自下令各地張開天羅地網，盡速緝拿兇犯。在廣大人民的協助下，終於在廣東省南雄縣烏逕鄉將該犯捉拿歸案，驗明正身，予以正法。

　　崇義縣一個偏僻的山區有一戶戶主叫肖流熹的人家，其祖父有一妻一妾，妻生一子即肖流熹之父。妾生四子均長大成人，為了獨佔家業，早將正房之子即肖流熹之父殺害。冤案一直石沉海底，無人知道。但這幾個兇手仍不滿足，視正房之後裔肖流熹為眼中釘、肉中刺，又喪盡天良企圖將他毒死。幸及時搶救，未遭毒害。他們陰謀未逞，又設毒計。在一天深夜將肖流熹之母殺死。為逃脫罪責、嫁禍於人，多方作案，行賄收買了一個無知牧童作偽證，說是肖流熹患了精神病殺死親生母親。企圖借政府之刀，置肖流熹於死地，進而澈底滅絕正房，達到獨佔家業的罪惡目的。就這樣，孤兒肖流熹含冤入獄了。幸而這時恰巧有專署工作組沈傳蕃等在該地，經仔細調查研究，瞭解情況後，將此案寫成書面材料，向上呈報。蔣經國親閱後，怒不可遏。旋即責成剛從重慶學習回來的廖易長，迅速查明此案，將殺手繩之以法。一場駭人聽聞的孤兒之冤才算水落石出，真相大白。

　　蔣經國在贛南時沒有檢察院和法院，也沒有設律師，他處理一切案件除了聽取各地彙報之外，還規定每星期四下午親自接見群眾，瞭解民情，秉公處理。他相信群眾，但從來不做落後群

眾的尾巴。因此，有些公報私仇，企圖打擊報復，寫匿名信誣告的陰謀均無法得逞。在他親自審辦的重大案件，經調查核實後，對罪惡雖大，尚得坦白悔改的犯人，給予悔過自新的機會，遣送到東門外落木坑囚犯教養所（後改名為「新人學校」）去教育感化。該校半工半讀，經常開展各項文體活動。管教人員對犯人訓話、談心都很耐心細緻。蔣經國在百忙中還經常到該校去視察，瞭解情況，解決問題。對罪大惡極、怙惡不悛的罪犯，則以專員公署和保安司令部的名義，在贛州公園大門口張貼布告，羅列罪狀，予以處決。在他大公無私和除暴安良的方針影響下，贛南社會風氣大大好轉。

賑濟災民

1938年春，日寇開始對贛州狂轟濫炸。蔣經國來贛後，於1939年加強防衛。設立贛縣防空指揮部，並將在東門外天竺山原設的防空情報所全並為防空司令部，同時增設防護團，親自擔任司令和團長。

有一次，敵機炸贛後，彈痕累累，屍骨遍地。蔣經國親自率領防護人員到場處理善後。當時有個軍官路過該地，蔣經國動員他也來參加扛死難同胞屍體，那軍官橫掃一眼，揚長而去。當他發覺叫他的是蔣經國專員時，連忙趕回參加扛運。蔣經國當場批評他說：「你不是老百姓的公僕，而是帶勢利眼光的投機取巧者。」當即令他跪下，善後處理完畢，還傳他到專員公署狠批了一頓，才讓他回去。

1941年1月15日上午十時許，敵機十七架侵入贛州上空投擲

燃燒彈，城內原中山路、中正路、陽明路、大小華興街、曾家巷、龍船廟等地，頓成一片火海。兩千多家店房轉眼變成瓦礫廢墟，兩千多各同胞罹難，另有三千多居民無家可歸，慘不忍睹。蔣經國立即下令，城內所有旅社、客棧，一律優先收容遇害者，並免費供給膳宿。所有機關單位和幹部全部參加處理善後。其中有擔架隊、醫療隊、宣傳隊等。在瓦礫斷垣中書寫了醒目的宣傳標語和宣傳畫：「血債要用血來還」、「誓報此仇，打倒日本強盜」、「我們要在廢墟中建設新贛州」。死難同胞全由政府統一安葬。受了傷的全部送東門外五龍崗江西省衛生處第四行政區中心衛生院公費治療。

同年5月29日（農曆五月初四日），上午九時許，敵機八架，轟炸東門天竺山贛州主站，當時防護團員梅國順，堅守工作崗位，因公殉職。

蔣經國獲悉後，責成防護團馬副團長、東郊鎮李勳鎮長，對梅喪事優厚辦理，發撫恤金，開追悼會，並送挽聯張貼在烈士的家鄉，東門外梅家坑大廳堂內，書曰：梅國順同志千古，為國捐軀，蔣經國敬挽。旋即將其三個兒子，梅正球，梅正琳、梅正珊先後分別保送到江西省第二保育院及中華兒童新村念書。

嗣後，廣泛發動群眾，民建公助，將燒毀房屋全部建好。決定在次年10月31日蔣老先生大壽之日竣工。蔣經國還動員軍民力量趕修「黃金飛機場」。請示國民黨中央派美國第十四航空隊機群駐贛。同時，地面設置高射炮，在茅店洋塘壢擊落敵機一架。這樣一來，敵機再也不敢在光天化日之下肆無忌憚地來炸贛州了。

1940年，廣東省潮州災民，逃荒來贛者不少，他們初來時流離失所，生活無著，貧病交加，死者甚多。蔣經國目睹此慘景，心神不安，立即撰文號召贛南人民慷慨捐助，解囊相助。並再三強調說：「我們一定要做好救濟、撫恤工作，儘量減少他們的困難和死亡，這就是一件最大的功德。」他下令城內所有影劇院義演三天，將所收的票款，為他們在東門外馬婆嶺和水東兩地興建簡易茅棚，使他們有棲息之所；同時，由國家醫院免費為他們治病。並派當時的警察局長楊清瀛在東門外天竺公園內，召集他們開會，動員他們從事社會勞動，組織搬運隊，設置攤販點，使他們能自食其力維持生活。

愛民如子

抗日戰爭時期，物價經常波動。蔣經國為了反對投機倒把，嚴禁囤積居奇，打擊不法分子壟斷市場，創辦了交易公店，總店設在城內西津路，分店設在贛江路。將一切生活必需品實行平價供應。基本上保證了軍需民食，特別是對全體城鎮居民的經濟情況進行摸底，分類核實。凡人口多而勞力少的，一律憑證按月供應平價糧油，安定了人民生活。

蔣經國為了提倡尊老愛幼，每逢中秋佳節，邀請60歲以上的老人集合於贛州公園「可憩亭」聚餐同樂，親自向老人們敬酒祝福。社會上的鰥寡孤獨老人，統一安置在養老院（後改名為百壽堂），使他們有吃、有穿、有住，安樂地歡度晚年。

抗戰期間流浪到贛州來的災民難胞甚多，當初在街頭巷尾行乞討錢的不少。鑒此，蔣經國就設立了遊民教養所加以收容。其

中有謀生能力的就介紹工作，其餘的則根據各自不同情況，安排做一些力所能及的勞動，使他們不但有立足之地，安身之所，而且能逐步學會一些謀生技能，為今後自食其力創造了有利條件。

興文事業

蔣經國一向關注青少年一代的健康成長，對抗日當中失去父母的難童及本地貧困的孤兒尤為關切。當時，江西全省只創辦了兩所保育院，第一所設在永新縣，第二所則設在贛州，地址在贛縣西門外黎蕪背村。委任他的夫人蔣方良親任院長，陸採蓮任副院長。在贛州市南門外現贛南師院校址還創辦了一所中正義童教養院。又在現米計巷一號辦了一所貧兒教養院，這兩院均由蔣經國兼任院長。一年之後，這三所學校全部遷到虎崗，合併改名為正氣小學，行政稱號是「中華兒童新村」。委派徐昌麟暨兒童新村管理局局長。總共有兩百餘名教職員工，其中不少教師是從各地物色、抽調來的優秀教師。學生共有一千五百餘人。內設幼稚園、天才學校、感化院、兒童藝術館、兒童員警所、兒童銀行、兒童俱樂部等。其規模之大、設備之全、教學品質之好聞名於全國。因此，當時國內外知名人士前來參觀者絡繹不絕。

在創辦中華兒童新村的同時，1942年，江西省第四行政區聯立正氣中學在虎崗同時誕生。當時只招高初中新生各一班計兩百餘名，蔣經國親任校長。委吳寄萍為校務主任，楊寅初為教務主任，招聘贛南各地優秀教師任教，無論教學品質、文體活動、師生精神面貌和校風、學風均為全區之冠。其校訓是：「到天空去，到海洋去，到農村去，到工廠去，到礦山去。」其目標是：

「拿起鐵錘是工人，拿起鋤頭是農民，拿起槍是軍人；拿起筆是學生。」該校創建七年來，培養了大批人才，他們服務在祖國各條戰線上，甚至世界各地。

1941年暑假，專署為了更好地培養教育少年兒童一代，在西門外黎蕉背江江西省第二保育院內舉辦了第一屆贛縣兒童夏令營。蔣經國親任營長，社會科長彭志明兼任副營長。另有廖梅先、陳素雲等老師會同保育院陸採蓮副院長及羅教導主任艾萍老師等熱心輔導。記得在院禮堂舉行開學典禮那天，蔣經國陪同吳驤副司令等專署與保安司令部首長和三一小學校長李宗由，省民教館長蔡智傳等，親臨指導。營裡上午上課，內容有政治常識，由陸副院長講授通俗易懂的國父遺教、總裁訓示，科學常識由羅教導主任主講，日本帝國主義侵略中國史由廖梅先老師主講。下午是體育和童子軍課，有時進行爬山、游泳活動，晚上討論。因大部分同學是高小畢業生，為了照顧升學，提前五天（只歷時廿五天）結業。結業典禮在省民教館禮堂舉行，開學和結業典禮蔣經國均和大家一起合拍團體照留念。

次年，改在梅林省贛女中校舍舉辦第二屆兒童夏令營和第一屆青年夏令營，由蔣緯國先生領導。

1943年，蔣經國在虎崗創辦了第三屆兒童夏令營和第二屆青年夏令營（主要集訓全省應屆高中畢業生）。該營結束後，由蔣緯國先生率領舉行了一次聲勢浩大的青年大示威。蔣經國發表了一篇題為《虎崗送別》的文章。開頭寫道：「我們中國有句格言：『同船過渡，三世姻緣。』這次大家能在虎崗集合，那就是多世姻緣了。」文章末了還說：「你們走了，這裡還留下一千多

個小朋友，他（她）們是在戰火彌漫中失去父母的孤兒，他們將會時常想念你們。希望你們今後無論在什麼時候、什麼地方都要關懷他們。……崆峒之麓，章貢之濱，都成了我們相思的地方。……」蔣經國對青少年一代的關懷溢於言表。

抗戰時期，全國有名的音樂家程懋筠、張詠真、李中和、胡江非等彙集在贛州。在虎崗辦了一所音教會，培訓專門人才，並創作了一些優秀抗日救亡歌曲，大大鼓舞了抗戰士氣，激發了人們的愛國熱情。蔣經國自己寫了《虎崗謠》（程懋筠曲），詞曰：「太陽出來照虎崗，崗上青年臉發光。齊聲作長嘯，好像老虎叫。一嘯，再嘯，魔鬼影全消，新的時代來到了！」此外，還不定期地舉行音樂演奏會，活躍人民的文化生活。

在贛州公園設立了江西青年美術館。當時在贛的名畫家有：荒煙、張樂平、楊隆生、余白墅、趙聰、江鈞、徐廷敏、淩健、蔣承作、海風會同各中學有名望的美術老師鐘炳麟、鐘炳芳、潘君武、萬巧孫等，大搞抗日及建設新贛南的宣傳。此外，還設立了話劇團，演出了《大雷雨》、《天國春秋》、《李秀成之死》等名劇。

蔣經國很注意體育活動，1941年5月1日至10日，在贛州體育場舉行了第一屆新贛南運動大會。氣氛緊張熱烈，項目廣泛繁多。由江西省第四行政區中心衛生院院長王之瑞擔任醫療救護隊長。司令臺上，蔣經國身穿白帆布西裝，精神抖擻。他在開幕式上致辭，號召大家學習岳飛、關羽的英雄氣魄，蘇武、文天祥的堅貞志節，總理、總裁的革命精神……第二、三屆運動會在虎崗舉行，又每年元宵舉行鬧花燈、踩高蹺競賽，端午節，在章、貢

二水匯合處舉辦划龍船和游泳比賽。重陽節則舉行爬山比賽。元
旦在東門外舉行單車比賽。其夫人蔣方良每次游泳和單車比賽均
榮獲冠軍。

　　蔣經國了為提高人們的文化素質，下最大決心掃除文盲。
張貼布告說，新贛南三年和五年建設成功後，不識字的人，一律
驅逐出境。在全區範圍內的小學，一律改為國民學校，增設民教
部，委派主任一名專抓掃盲工作，並在贛縣東郊鎮（今東郊天竺
山馬婆嶺）搞試點。各保、各甲普設掃盲網，培訓大批民校義務
教師，很快在群眾中掀起了一個上夜校讀書的高潮。

大興建設

　　當時，敵機常來狂轟濫炸，所毀之房屋，在蔣經國苦心宣
導和親切關懷下很快得到恢復或重建。在章、貢兩水各建大橋，
便利城鄉人民。章水橋命名為「陽明橋」。貢水橋命名為「中正
橋」。在北門設了一座人行木浮橋，曰：「忠孝橋」（為紀念其
被炸死的親母毛福梅而命名）。東西兩城門老城牆則拆建為兩旁
碉堡式三座城門，進門書曰：「歡迎來賓駕臨。」出門書曰：
「再會，一路平安。」東、西城門口大牆上都寫了建設新贛南五
大目標。東門臨河的城牆上寫道：「除暴安良」四個特大字，西
門寫的是「大公無私」四個特大字，一到贛州就映入眼簾，給人
留下極其深刻的印象。在至聖路口，興建了一座青年精神堡壘，
作為五四青年運動的象徵。每逢大檢閱，就在對面搭設司令台。
還興建了新贛南博物館、圖書館和大禮堂。旁邊建了一座花崗石
式記功牌坊。兩邊石柱上刻著：「以吾人數十年必死之生命，立

國家億萬代不拔之根基（總理訓示）。生活的目的在增進人類全體之生活；生命的意義在創造宇宙繼起之生命（總裁訓示）。」上端碑上銘刻著的烈士姓名有：葛接福、溫世勳、王后安、王繼春等四位。

蔣經國對贛南各地的名勝古蹟和旅遊區均下令予以保護和修繕，並一再三令五申嚴禁破壞，違者予以嚴懲不貸。因此贛州的中山公園、慈雲塔、八境台、鬱孤台、光孝寺、壽量寺、通天岩、馬祖岩、獅子岩、燕子岩、崆峒山、九華山、楊仙嶺等，均保存完好無恙。

十四、運動會歌

抗日戰爭後期的1944年，遠離交通要道的江西省第三（吉安）、第四（贛州）行政區戰事比較少。受第四區「贛南新政」的影響，第三行政區萬安縣政府當局決定利用這個時機，於5月5日至7日，舉行前無先例的規模較大的全縣第一屆體育運動會。這一決定得到國民黨江西省政府的贊同。這屆運動會除當時萬安縣國民黨黨、政、公團和各區、鄉中小學校積極參加外，抗戰時遷駐萬安的國民黨第十八、二十六陸軍醫院和省立宜春師範萬安分校、樟樹中學、私立啟明中學等單位，也紛紛報名參加，共有運動員五百多人。江西省政府社會處、秘書處、公路處、賑濟會等，和永豐、興國等縣政府，江西軍管區司令曹浩森等軍政要員、社會名流，紛紛給萬安運動會贈送賀幛和獎品。一時間，贛江十八灘前，頗為熱鬧。

這時，蔣經國對鄰近的萬安縣的公益事業頗為關心。當萬安籌備第一屆體育運動會時，他就表示熱情的支持。3月，蔣經國收到萬安縣長的有關電報後，特給萬安體運會送了幅字軸，以作獎品，鼓勵奮勇爭先的熱血青年。檔案記載了蔣經國當時給萬安的複電，全文為：「江西省第四行政區督察專員兼保安司令公署代電。」

　　萬安縣縣長齊振興鑒：

　　　　寅魚代電誦悉，自應照辦。茲寄上字軸壹幅，希查收轉給。

　　　　　　　　　　　　　　　　四區專員兼司令蔣經國。

　　他還為萬安縣第一屆體育運動會寫了壯懷激烈的會歌，歌詞由張泳真譜曲後，立即在與會的青年和學生中傳唱，現將這首歌抄錄如下：

　　走上前去啊，勝利在前！
　　朋友們起來，抬走頭，挺起胸，大家一起走上運動場！
　　人人都健康，個個都強壯！
　　走起路來有精神，做起事業有力量，講起話來好像獅子叫！
　　怒吼吧，怒吼吧，怒吼！
　　中國的青年們！
　　集中力量，打倒強盜，收復失地，建設三民主義新中華！

十五、撤離贛南

　　1945年1月，日本侵略者妄圖打通大陸運輸線，調集重兵向大西南進犯，戰火已逼近贛州。一天，蔣經國在贛南大禮堂召開了一次各機關員工的緊急會議。蔣經國表情嚴肅地講了話。他回顧了建設「新贛南」的成就，分析了當前的形勢後，指出贛州勢在必失。他又說：不過，這是暫時的現象，抗戰勝利已為期不遠。最後，他下達了撤退部署：軍警必須全力維持好撤退前的地方秩序；老百姓和無必要留下的機關首先撤離；部隊與員警必須絕對服從命令列動，嚴禁騷擾地方，違者嚴懲，並強調《正氣日報》負有新聞報導之責，必須最後離開。撤離的秩序是良好的，幾天後《正氣日報》完成了最後報導，於隆隆炮聲中離開贛州城，向山區安遠縣轉移，後來又遷到了廣東梅縣繼續出報。報社的另一部分人員，轉向閩西長汀，在那裡出刊了《臨時報》。

　　蔣經國待各機關全部撤出後，在敵軍侵佔贛州的前夜，才登機飛往重慶。

十六、宋牆依舊

　　章江水從宋代古城牆外緩緩流過，城牆下面一座魚鱗板牆、板瓦屋面的俄式建築，雖然歷經六十多年的風雨滄桑，依然保存完好。這就是臺灣已故領導人蔣經國先生的贛州故居。

　　在城牆上俯瞰，這所坐北朝南的舊居是呈「凸」字形結構，

「凸」字正中是客廳與飯廳，兩側是四間居室。工整的「四室二廳」總面積約180平方米。1940年至1945年，蔣經國攜妻和一雙兒女於此居住。起居室內的書桌和兩隻椅子，是蔣經國用過的舊物。起居室牆上，掛著多幅蔣經國在不同時期與其父蔣介石、其妻蔣方良合影的黑白照片。

據介紹，蔣經國曾在此接待過張治中、白崇禧、雷潔瓊、美國代表、蘇聯顧問等各方人士。贛南六年在蔣經國一生中具有特殊意義，甫至此地，其生母毛福梅就在日軍對浙江的轟炸中身亡；與當時在公署工作的章亞若相識相戀，也是在這個時期。

另兩間房曾是蔣經國子女蔣孝文、蔣孝章的臥室，如今已作為展出其生平、政績史料的陳列室，主政贛南期間，蔣經國曾禁賭禁娼肅婚，移風易俗，發起新生活運動。展室裡存有一張當年「集團婚禮」（即集體婚禮）的結婚證。證婚人一欄裡，印著「蔣經國」的名字。

見證蔣經國在贛南作為的還有當年《正氣日報》的幾幅影本，其中一張印有「大公無私，除暴安良，保護好人，打倒壞人」的題字。另一張上可見專門收留孤兒的「中華兒童新村啟事」，以及「新贛南家訓討論專頁」等。

2005年，蔣經國與章亞若之子、前中國國民黨副主席蔣孝嚴曾參訪舊居，其所留書的「懷古思今望遠」及「贛州憶母，千絲萬縷情，海枯石爛堅」兩條字幅，也陳列於此。

飯廳外的庭院裡，有一株亭亭如蓋的白玉蘭樹。第年初夏，花朵茂盛，滿庭飄香。這株樹是蔣經國1941年手植。

自1946年蔣經國短暫逗留贛州後，便再未踐履此地。據管理

員周丹介紹，其舊居在贛南一直得到精心保護。1949年10月新中國成立後，舊居一直被用作冶金研究所的藥品倉庫，沒有受到破壞。1988年，舊居被列為贛州市文物保護單位，隨後被開闢為景點。周丹說，隨著兩岸關係的改善，這裡接待的遊人也越來越多。

舊居不遠，便是名勝鬱孤台。南宋著名詞人辛棄疾在此留下千古名句：「郁孤台下清江水，中間多少行人淚。西北望長安，可憐無數山。青山遮不住，畢竟東流去⋯⋯」

十七、「建豐同志」

蔣經國早年留學蘇聯，在蘇聯期間，他曾數次撰文譴責父親的反革命罪行，尤其是在致母親的公開信中，他曾絕情地說：「我對他（指蔣介石）非但毫無敬愛之意，反而認為應予殺戮⋯⋯他是中國人民的仇敵。」蔣經國回國，蔣介石對這個「離經叛道」的兒子頗有怨氣，不肯見他。後來在吳稚暉等人的斡旋下，父子關係才解凍。

1946年，蔣經國以「建豐同志」在幕後操控著「國防部預備班幹部局」和「鐵血救國會」，「一次革命、兩面作戰」，企圖力挽國民黨潰敗的狂瀾，然而最終他的計畫全盤落空。

1948年的中國，政局堪危，經濟秩序每況愈下，國統區的物價如同一匹脫韁的野馬。由於貨幣貶值，很多門店、學校都拒收國民政府的官方貨幣——法幣。這時，蔣介石在南京當選為中華民國行憲後的第一任總統。6月，蔣經國給父親寫了一封家書，面對國民黨軍事、政治、財政的空前大挫敗，他直言，國府存亡

絕續實已至最後關頭，要想保留實力，唯有撤退臺灣一途。

1948年8月，蔣經國被任命為上海經濟管制副督導員。8月20日，蔣經國離開南京到上海，督戰全國最大的工商業城市上海，開始進行「經濟管制」。

杜月笙故意為蔣經國端上一個燙手山芋──孔祥熙孩子孔令侃一手經營的揚子公司非法囤積大量物資，請予查處。

9月30日晚，檢查組從揚子公司查獲新型汽車100輛，配件幾百箱，西藥200餘箱。見蔣經國來勢兇猛，孔令侃也急了，當晚就打電話向姨媽宋美齡求救，宋美齡迅即飛抵上海。

蔣經國查封揚子公司，經各大報刊大肆渲染，國人都在關注蔣經國如何處置，蔣經國一時騎虎難下。蔣介石於10月8日由前線飛抵上海，聽聞蔣經國的彙報後，直言別再追究孔令侃，讓他遠赴美國，將揚子公司的物資標賣。蔣經國只能聽命於父親，轟動一時的揚子公司案就這樣草草了結。

上海經濟管制的失敗，對蔣經國的打擊很大，他對國民黨政權和自己的前途感到一片茫然，情緒極度低落。回到南京後，蔣經國一度陷入絕望，每日借酒澆愁，常常喝得酩酊大醉，時而大哭時而大笑。

1948年，為了強化自己指揮和控制力，蔣介石寄希望於愛子，親寫手諭給蔣經國，要其糾集骨幹，「成立一個能行動、有力量、組織嚴密的青年組織。」蔣經國從自己崇拜的德意志「鐵血宰相」俾斯麥那裡取了「鐵血」二字，希望這個新生的團體能夠以強硬手腕拯救政局。

電視連續劇《北平無戰事》近期熱播，故事放在了1948年國

共內戰最為膠著的北平，圍繞國民黨內的貪腐案件，國民黨各派系以及中共北平地下黨展開了角逐，情節扣人心弦，人物形象十分鮮明。

時間回溯到1910年，蔣介石妻子毛福梅在浙江奉化生下兒子，後來蔣介石又從戴季陶那裡過繼了他的私生子為次子，蔣介石對這兩個兒子期望頗高，這從取名上就能看出來；蔣經國、蔣緯國，取經天緯地、治國安邦之意，兩人的字分別是「建豐」、「建鎬」，「豐鎬房」是蔣介石溪口故居，「豐鎬」也是西周建都之名。

十八、《北平無戰事》

內戰劇《北平無戰事》熱播，從不露面、只存在於電話中的「建豐同志」，儼然成了該劇主角，「建豐」乃蔣經國之別名。內戰期間，國民政府面臨兩重艱難任務：對外，欲從軍事上擊敗中共；對內，欲從政治上刷新朽腐。「建豐同志」當日即致全力於後者。而其主要手段，乃是「祕密組織」。

蔣經國最初似利用「三青團」的力量，以抗衡、肅清國民黨的貪腐。「三青團」創建於抗戰初期，名義上雖附屬於國民黨，但受蔣介石支持長期獨立運作。以「反對黨政腐化」為其政治訴求，如1941年團中央曾發文，號召全體團員舉報當局貪官汙吏。

抗戰勝利後，對淪陷區資產的「接收」變成「劫收」，貪腐之風更烈。其時，蔣經國已出任「三青團中央幹校」教育長，在其策動下，1946年9月，三青團通過決議，號召全體團員發起以

「反貪腐、反官僚」為核心內容的「三反運動」。

此次「三反」，有對內、對外兩個層面。對內，要求「實施團員財產總登記」，全面查清團員個人資產。對外，則成立各種祕密組織，調查、揭發各地黨政軍貪腐，主要集中力量揭發「大員」。如在平津地區，曾祕密成立「燕廉」，直屬蔣經國領導，「要把平津各地的大貪汙案，……從速揭發幾件。」但可惜的是，一者，三青團當日，已擁有百萬之眾，內部組織已不單純，財產登記阻力重重；二者，三青團距權力核心較遠，在揭發「大員」貪汙問題上，往往心有餘而力不足，如「燕廉」雖耳聞諸多關於第十一戰區司令長官孫連仲的貪腐事宜，「掌握的情況又不具體」，無法舉報。

因種種派系鬥爭，1947年9月，三青團被澈底併入國民黨。次年4月，蔣經國遂又祕密成立「中正學社」。

來到臺灣後，蔣經國所思既往，認為改革欲成功，須澈底拋棄舊組織。蔣經國的上述做法，均得到了蔣介石的大力支持。蔣氏父子之所以選擇採取祕密組織的形式來刷新政治，乃是基於兩個層面的反省。如蔣介石所言，其一，在宏觀層面上，「此次失敗之最大原因，乃在於新制度未能成熟與確立，而舊制度先已放棄崩潰。」──所謂「舊制度」，乃是指國民黨一黨訓政，所謂「新制度」，乃是指1947年國民黨正式「行憲」，即結束「訓政」，開始實行民主憲政。

既然舊制度已崩潰，新制度未確立，且舊幹部「只重做官」，同時為免去不必要的政爭，蔣經國自然也就只剩下另造「祕密組織」一條路可以走。簡而言之，即國民黨已不可救藥，

非另起爐灶不可，遷台後，蔣經國曾對蔣介石明確建言，能否拋棄國民黨舊組織，是改期能否成功最關鍵的先決條件。

此節，蔣介石亦非不知。早在1937年，蔣介石即已有拋棄國民黨另造新黨之念，並希望將中共納入其中；抗戰勝利前夕，更有拋棄舊國軍，另造新「志願軍」，並親自出任軍長之計畫。但此前種種，皆未能澈底實施，反走上了一條又疊床架屋，黨內造黨，軍內造軍，加劇派系內耗的歧路。從這一角度而言，敗退臺灣，於蔣氏父子，實是擺脫舊局、另造新局的良機。（本劇榮獲中國最佳電視劇白玉蘭獎）

第四章　來臺後的蔣經國

一、血戰金門

「給我一張海棠紅啊海棠紅／血一樣的海棠紅／沸血的燒痛是鄉愁的燒痛／給我一張海棠紅啊海棠紅⋯⋯」上世紀70年代臺灣學者余光中的詩作《鄉愁四韻》，羅大佑把它唱過海峽。

海棠紅，血的顏色，金門人見過兩次。

一次是1949年古寧頭戰役，船隻擱淺灘頭後退無路的近萬解放軍被國軍全部消滅，從船身的彈孔裡，鮮血徐徐流出，染紅了整片沙灘。

一次是1958年8月23日，對岸萬炮齊發，響徹雲天。那天傍晚，從防空洞探出頭來的金門人看到，對岸天際成了一片片絢爛的海棠紅，久久不褪。

1949年那場最後一次中國人與中國人相搏的戰鬥，臺灣稱為「古寧頭大捷」，大陸稱為「金門戰役」。一戰過後，兩岸分治，乾坤暫定。

那場決定兩岸格局的戰鬥，發生在1949年10月24日晚。10月17日國軍將領湯恩伯棄守廈門之後，時任中共福建省委第一書記兼福州軍區第一政委葉飛將解放軍的32軍船隻分發給28軍，決定集中船隻進攻大金門。鑒於船隻數量不足，日期一再延後，終於在24日當晚決定下令渡海進攻大金門。解放軍登陸部隊在島上苦

戰三晝夜，後援不繼，結果全軍覆沒。

戰後，金門進入軍防戒嚴，自此成為臺灣的「反共最前線」。即使經歷了2007年11月1日起的大規模駐軍裁撤，臺軍駐金門部隊降至5000～7000人，僅占頂峰時期駐軍數量10萬人的1/20，但當地駐防火力不降反升，包括守備部隊、炮兵營、裝甲營、兩棲特種作戰營和導彈部隊等火力提高了1.5倍。

兵敗之謎

金門位於福建東南沿海，由大小金門、大擔、大嶝等12個大小島嶼構成金門群島。這裡曾是鄭成功「北伐複國」的金廈根據地，也是「國姓爺」收復臺灣及清朝攻台的跳板，歷史上清廷與明鄭之間在此發生過多次戰鬥。

國民黨遷台後，金門自然成為戰略要地，60多年前的這場戰役更被國民黨政府賦予了「匡複漢室」、「維護國基」之類的重要意義。「外島不保，臺灣門戶洞開，欲取臺灣，先奪外島」，基本是當年對峙雙方的共識。

葉飛輕敵

中華人民共和國宣布建立之時，西南、新疆、兩廣、臺灣、海南、浙江沿海部分島嶼、福建部分地區及島嶼仍在風雨飄搖的國民黨政府手中，在當時很多人看來，這些地方的「淪陷」只是遲早。

淮海戰役之後，被稱為國軍「五大主力」的新4軍、新6軍、第5軍、整編第74師、整編第44師喪失殆盡。1949年4月，解放軍

一野、二野、三野聯合發起渡江戰役,直取南京。其後,三野兵指江南,其下屬第10兵團8、9月份先後發起福州、泉州、漳廈戰役,1949年10月17日攻佔廈門。國民政府福建省主席兼福州綏靖公署主任湯恩伯見大勢已去,將總部遷往金門。此時,解放軍一野基本平定西北,「天子門生」胡宗南的第一軍已失守關中,退至四川。劉、鄧率領二野挺進川東,賀龍率領一野第18兵團南下川北,西南大局將定。

在廈門,幾乎沒有海空軍的解放軍碰到了與當年蒙古人一樣的問題——海洋。

奪取廈門之前,10兵團從沒打過設防島嶼。據10兵團司令葉飛回憶,當時雖然全國是勢如破竹,但攻佔金廈,還是心裡沒底。因此。10兵團準備了近一個月,主要任務是弄船。因為船隻問題,曾三次把攻擊時間推遲。9月26日的泉州作戰會議上,10兵團提出「金廈一並取」、「先金後廈」、「先廈後金」三個方案。反復權衡,大家一致認為,湯恩伯沒有堅守廈門的決心,應該趁敵軍士氣瓦解之際,一鼓作氣,同取金廈。不過到了10月上旬,檢查船隻,29軍和31軍只有三個團左右的船隻,28軍只有一個團的船隻,戰鬥任務緊急,立即改變方案為「先廈後金」。

奪取廈門之後,葉飛立即把兵團部移駐過來,認為廈門有永久性工事,湯恩伯部重兵都守不住,金門已不在話下。攻取金門的任務交給了28軍,29軍主力也交28軍指揮,完成此次戰鬥任務。28軍部署於漣河、大嶝島、小嶝島一線,展開攻擊準備。這支部隊從未有過海島戰經驗,因此在福州戰役結束後,葉飛有意讓他們進行海上作戰鍛鍊。

葉飛總結廈門戰役經驗，給28軍傳授戰術：登陸作戰勝敗關鍵在於首先攻佔灘頭陣地，然後快速構築工事，擊破敵人反撲，鞏固灘頭陣地，待後續部隊上來之後，再向敵縱深發展。29軍被要求在一星期內作好戰鬥準備。

　　金門這邊的守將，是葉飛的福建老鄉，黃埔一期生，22兵團司令李良榮。儘管湯恩伯是最高長宮，但具體的軍事部署事宜由李良榮負責。不過，葉飛並沒把李良榮放在眼裡，「這是被我打擊過的敵人……所謂5軍也已不是邱清泉那個5軍了，而是重建的……勝利有把握」。葉飛的看法是，小島難攻，因為防衛設施密集；大島易取，因為守衛力量分散。金廈兩島面積相差不大，但廈門沒太費勁拿下了，金門又有何難？

　　10月24日中午，28軍電告葉飛，準備發動進攻。葉飛沒有馬上同意，而是立即召集會議分析情況，因為此時有情報顯示國軍胡璉第12兵團已撤出潮汕，乘船出海去向不明。葉飛判斷，胡璉部可能有兩個去向，一是增援金門，一是回臺灣。參謀人員告之，胡璉兵團在海上徘徊。葉飛最後決定，就算胡璉部是撤往金門，但趁他還未趕到，發起登陸：戰機不可失，否則不知還會發生什麼變化。

　　然而，胡璉12兵團18軍軍部率118師已於10月21日進抵大金門。大陸多年後總結，葉飛10兵團早已發現此事，但未採取任何措施。從葉飛的回憶來看，他只判斷出胡璉主力可能會增援金門，但沒想已經登陸，而後續部隊還在陸續抵達。如果沒有胡璉部隊抵達，也許戰鬥會有所不同。

　　此時，第28軍82師255團、245團、246團，84師251團，29軍

85師253團，87師259團，六個團兵力，已在同安石井附近集中，等待向金門進擊。山野炮20多門，部署在金門島以北大小嶝島，掩護部隊登陸，對金門已形成三面包圍態勢。

雖然28軍只備齊了能運送三個團的船隻，還是決定發起進攻。10月24日黃昏，28軍82師244團（加強246團3營）、84師251團、29軍85師253團作為第一梯隊，從勞河、大嶝島等地登船，向金門進發。計畫送這三個團登島後，船隻返回，再送兩個團上去，使島上雙方兵力達到一比一。

1949年10月25日凌晨，天空漆黑，潮水逐漸上漲，登陸部隊分別在金門的壠口、後沙、古寧頭一帶上岸，大小嶝島向對岸開炮掩護，一場慘烈的登陸與反登陸戰就此打響。

為全殲登島人民解放軍，蔣介石特派蔣經國於10月26日赴金門督戰。

防衛態勢

三大戰役失敗，李宗仁、白崇禧為首的桂系在美國支持下，要求蔣介石下臺。蔣於1949年元月通電下野，李宗仁代理總統之職，自此國民黨整個黨政軍指揮體系全部陷入混亂。李、白二人只指揮得動桂系人馬，而蔣介石雖有最高權望，但已下野，只能以國民黨總裁的名義行事，其命令在軍政系統不具有「合法性」，無法公開下達。當時，所有黨政軍人員，誰能調動誰，那就看人脈了。

9月，舟山、漳州、廈門、廣州同時告急，華南軍政長官公署命令胡璉調防廣州，而在臺灣的東南軍政公署長官陳誠也派副

長官羅卓英攜蔣之命，要求胡璉增援舟山和金門，保衛臺灣。胡璉很有些為難。此時國民政府已遷至廣州，從合法性來說，華南軍政長官公署的命令自然不能違抗。但從情感和道義上講，一生以「誓死追隨民族領袖總統蔣公」為目標的胡璉又不能不聽臺灣的命令。於是胡璉先派了18軍開赴廈門。後經陳誠運作，15日國防部才正式下令12兵團歸東南公署節制，胡璉這才安排部隊悉數乘船出海，本人則去臺北覆命。

解放軍進攻前夕，金門地區防務布署狀況大致為：第12兵團18軍指揮第11師和45師守金門東，第25軍指揮第40師和201師（缺603團）守金門西，第5軍（缺166師）指揮200師及隨後增援的第53團，駐小金門及大二擔島，後面趕到的19軍主力進駐金門城，另一部進駐瓊林附近。為增加防衛力量，9月12日，裝甲兵司令部派戰車1營第1和第3兩連駐防金門。該戰車營官兵除軍官和車長是老兵，其餘士兵皆未完成初級訓練，抵金門後，臨時日夜進行車輛保養和戰車兵科學習。

12兵團及原司令官黃維，皆在淮海戰役中覆沒，只有副司令胡璉化裝成士兵突圍，收容殘部共6000餘人撤到江南。1949年5月胡璉奉命重組12兵團，並進行了數月休整。因此金門地區國軍除胡璉部較為強壯外。其餘部隊編裝殘缺，人員不足。

李良榮的22兵團，1949年7月以福建龍溪第一編練司令部改編而來，8月份開赴金廈，原擬編入該兵團的第25軍在福清覆沒，改為用空軍警備旅改編的第45師及臺灣開來的青年軍201師補充，所轄的第9軍編為166師，從廈門後撤至金門，僅剩1100多人，原在小金門的該兵團第5軍所屬的200師和45師加起來共1900

多人。隨後三師合編為200師，也就3000多人，因有大量幹部和勤務兵，戰鬥力還不及一個團，青年軍201師約有5000人，因此22兵團上下加起來就萬餘人。「18軍若不先到金門，19軍亦不續到，則金門存亡，實難逆料。金門若失，則此萬人亦不得撤回臺灣了！蓋海島作戰，殊難安全脫離，成則全勝，敗則全沒。」這是胡璉事後的感慨。

將戰車3團1營送上金門對後來的戰鬥起到至關重要作用。當時該營配備兵力420人，M5A1坦克22輛，汽車22輛。這支裝甲部隊的布置如下：戰車1營1連（缺第三排）配屬給18軍118師352團，於金門東的沙美附近，為機動部隊：第3連（缺第三排）配屬給118師353團，在金門西頂堡附近保持機動；兩個連的第三排位於金門西村附近，由營長陳振威直接指揮。別看只是一個營，可是國軍中的「嫡系貴族」部隊，上島的這第1和第3兩個連是從戰車1團改編過來，蔣緯國是前任團長。出發到金門前，裝甲兵司令徐庭瑤本來想換上更老成持穩的王守成當營長，但戰車3團團長張廣勳堅決反對。他認為兩連官兵被蔣緯國寵壞了，調皮搗蛋得很，必須要性格剛烈的陳振威才鎮得住。臨行前，徐庭瑤、蔣緯國召見陳振威，囑其上島後對坦克部隊「分區控制、統一指揮、集中使用」三原則。

戰鬥的開始很湊巧。10月24日下午，戰車1營3連在壟口海灘一帶演習，黃昏結束時有一輛坦克陷進沙灘，召來另一輛坦克拖拉，卻又把履帶拽壞，連長即命1排排長楊展就地等待保養組到來修復。25日凌晨2時，楊展與士兵在海灘邊準備吃飯，忽見對岸閃閃發光，然後炮聲大作，瞬間硝煙彌漫，楊展遂令大家上車

備戰。十分鐘後，正值漲潮，聽見前方有涉水聲，該排三輛戰車一字擺成橫隊，三炮六機槍向正前方海灘掃射，正好一發曳光彈引燃解放軍一艘登陸船，1排附近的青年軍201師602團3營，藉著火光全面開火，金門戰役打響了。國軍其餘增援部隊聞訊隨即加入戰鬥，最先登陸的解放軍244團在重火力壓制下，傷亡慘重。

解放軍251團在古寧頭登陸，253團在湖尾登陸。遺憾的是，解放軍3個團登陸，卻沒有一名師級指揮官隨同，缺乏統一指揮。據葉飛回憶，登陸部隊沒按他事先交代，先鞏固灘頭，而是只留了一個營兵力控制古寧頭，隨後就向縱深處猛插。更沒有想到，由於不明水情，正欲回航運送第二梯隊的船隻，卻遭遇退潮全部擱淺，隨後被國軍炮火擊毀。後援部隊只能望洋興嘆，登島部隊遂陷入絕地。

為解登島部隊之圍，10兵團下令緊急調動船隻，但老百姓手上的船隻已經寥寥無幾。加上時間緊急，只徵到運送兩個營的船隻。雙方激戰至26日早上，下午又送了四個連在湖尾鄉登陸，一下船又遭包圍。27日，10兵團與島上部隊澈底失去聯繫，到了28日，島上槍聲已經稀疏，戰鬥基本結束。10兵團趕到，登島部隊全軍覆沒。

戰役前半期國軍坐鎮金門最高長官是湯恩伯，戰地指揮官是李良榮，具體組織作戰的是18軍軍長高魁元；胡璉受命接防金門，25日晚乘船抵金門料羅灣，但因風浪太大，直到26日上午才登島接過指揮權，組織全面反擊。整個戰鬥過程，還有海軍中榮艦和空軍戰機協助，炮擊對岸和登島的解放軍。

解放軍244團、253團一度佔領雙乳山、觀音山、湖尾高地，

但都被擊退，251團突圍進至古寧頭一帶，踞守林厝工事，與國軍14師和118師對峙。反攻古寧頭的14師師長李光前衝鋒時戰死，為此役國軍陣亡最高銜軍官。李光前事蹟當地聞名，後被追贈少將，金門西浦頭村村民還為之興建了一座廟，稱為「金門守護神」。

解放軍最後登陸支援的四個連，其中有兩個連突破包圍，到古寧頭與踞守的友軍會合。26日深夜，解放軍後援不繼，已漸不支，戰役接近尾聲。27日拂曉，國軍118和14師清掃戰場時，突然發現古寧頭西北角斷崖下還隱藏著饑寒交迫的千名解放軍，立即展開進攻。戰至10時，解放軍傷亡400餘人，彈盡糧絕，剩餘部隊只得投降，至此金門戰役結束。

解放軍246團團長孫雲秀陣亡，244團團長兼政委邢永生被俘，251團團長劉天祥、政委田志春被俘，253團政委陳利華下落不明。比較傳奇的是253團團長徐博，躲在山洞裡，過了三個月的「野人」生活，靠夜間出來偷地瓜維生。後被村民舉報，胡璉派兵搜山才將其俘獲。

據臺灣不同時期公布的數字，此役俘虜主要有5000至7000餘人兩種說法，自稱國軍有1267人陣亡失蹤，1982人受傷。有國軍軍官回憶說，當時發現，被俘者有不少是原中央軍或青年軍的戰友，願意重回國軍，就地編入部隊，這些資料因此並未統計。還有一些解放軍高級軍官幹部，被認為有情報價值，先用飛機送回臺灣，也未計算在內。最後有3000餘人，送到臺灣宜蘭進行「再教育」後，1950年5月起，分四批遣返在閩江、寧波等地登陸。被28軍和7兵團海防部隊收容後，轉送10兵團處理。據大陸多年

後的教訓總結稱，以前雖有失利之時，但像此次這般成建制三團覆沒的戰例，十分罕見。

據蔣經國日記記載：「十一時半到達金門上空，俯瞰全島，觸目淒涼，降落後乘吉普車赴湯恩伯司令部，沿途都是傷兵，俘虜和運輸東西的士兵，複至最前線，在炮火中慰問官兵，遍地屍體，血肉模糊。」

跌宕命運

返回大陸的戰俘們，走上了另一條曲折的人生道路。10兵團接收後，成立招待處，一面進行生活照顧，一面進行教育和審查。剛回來的日子最令歸俘難忘，首長接見，慰問演出，還每人發了5萬元（舊人民幣）慰問金。

歸俘們在臺灣受過「再教育」，必然要進行針鋒相對的「再再教育」，大致分幾個步驟：先進行時事教育，瞭解當前形勢，認清美帝的真面目和抗美援朝的意義；接下來是政治教育，提高政治理論水準，揭穿敵人欺騙宣傳，如「中國革命是國民黨領導的」為謬論；三民主義教育──主要是認清其歷史作用和局限性；中蘇友好教育──瞭解蘇聯是世界人民的朋友，蒙古獨立是蒙古民族的解放，自古就是獨立國家；氣節教育──學習劉胡蘭、趙一曼等事蹟，應具有堅貞不屈，自我犧牲精神；三評活動──評思想、評學習、評團結，用批評與自我批評方法來檢查。

到了反省和審查階段，有人講述自己如何在戰俘營英勇「對敵鬥爭」，但明顯這樣是不好過關的。很多人交代自己為了爭取活著回來看到「新中國建設」，犯了怕死的毛病，曾經在臺灣戰

俘營唱過反動歌曲,辱罵過黨和領袖。隨著審查和反省越來越嚴,有很多人就開始對自己無限上綱,拼命給自己扣大帽子。認為把自己說得越壞,越容易得到寬釋、深挖靈魂深處和每個行動中的「罪惡」,甚至還互相「幫助」回憶及指出每個反動軟弱細節……其中真真假假,假假真真,以今人的目光來看,這些戰俘不管是在臺灣還是在大陸的表現,都是人類求生欲望驅使下的正常表現。

隨後華東野戰軍對歸俘制訂了處理決定,按照不同情形,從黨籍到各種待遇作出了規定,然後召集歸俘宣布處理結果。據歸俘回憶,宣讀每個名字時,每個人的心都要咯噔一下。處理結果宣布畢,那一夜很多人哭濕了枕頭,有人喊「如這樣,還不如『光榮』了」,還有人說「早知道留臺灣了」。不過除了精神上受些挫折,每個歸俘都很快回到了新「崗位」,但隨後到來的歷次政治運動及每個前途關口,這段經歷全都成了困擾自己和家人命運的幽靈。

海軍正軍級離休幹部張茂勳90年代為《金門戰俘浮沉記》作序時寫道:當時,我在253團任政治處主任,黨委分工我帶二梯隊,因無船不能增援,得以倖存……戰鬥戰束後,由於眾所周知的原因,那些歸俘受到了不公正的對待,直到1983年中央74號檔下發後,部分人員的境遇才開始改變。但由於歸返人員散落在全國各地,尤其是生活在農村的人,不知此號檔,直到90年代還有少數沒得到落實。

回來者多是懷著與家人分離的擔心而回歸,但據說也確有帶著「任務」被派遣回來的,留下者也未必都是受國民黨再教育

的影響。留在臺灣的戰俘，雖未遭受政治運動洗禮，前途命運各異，不過也很低調地生活著。

2008年，臺灣的陳心怡女士拍下一部紀錄片——《被俘虜的人生》，講述他父親陳書言，一個小人物在動盪大時代下的故事。陳書言19歲時作為共產黨員在金門被俘，後留下被編入國軍，金門「823炮戰」時，還被派到金門作心戰廣播，這個經歷致使陳一直難以晉升尉官。

多年一直把這段經歷深埋在心，致使性格多少變異，家庭不和。直到近年，陳心怡才走入父親心靈深處，挖掘出這段故事。從陳書言的訪談來看，他仍然情繫共產黨。

軍人憶述

大金門島西浦頭上佇立著一個廟宇，奉祀的是一位將軍。大概沒有大陸人會想到，這個將軍竟然不是關羽等古代名將，而是古寧頭戰役中陣亡職務最高的國軍將領李光前團長。

金門人視其為地方守護神，自行追認他為將軍，並於1951年建廟塑像。每年農曆九月初九，當地民眾都會舉行慶祝活動。

除了李光前外，與金門有緊密聯繫的抗日名將胡璉也在此受到祀奉和愛戴。民眾尊他為現代金門「恩主公」，在其逝世後便將全島最長的中央公路以其字改名為「伯玉路」（胡璉字伯玉），並興建「伯玉亭」以示紀念。而每年的農曆十月十一日，胡璉冥誕紀念日，金門各界都會舉行公祭胡璉將軍冥誕祭典，祭典一般由縣長擔任主祭官。

當然最隆重的活動當屬古寧頭戰役紀念活動，「總統」親自

參加，還會與健在的老兵們一同公祭陣亡將領。在臺灣紀念古寧頭戰役60周年活動的現場，數百位當年國軍參戰老兵在太武山公墓的千人塚上，以一炷清香，遙祭故人。由於年歲已高，多數老兵早已言語不清。臺灣「國防部」安排接受媒體採訪的數個言談清晰的老兵和眷屬被記者們團團圍住。

臺灣媒體不分藍綠，幾乎以同樣煽情的方式轉述老兵們的回憶。雖然古寧頭戰役規模並不大，只是師級規模，但其深遠的影響，卻遠非普通的一場師級規模戰鬥可比：在不少大陸人看來，「古寧頭大捷」更像臺灣官方的宣傳口徑，但是鮮少有人能理解金門人乃至臺灣本島人對於「古寧頭大捷」的感恩和崇尚。

一炮打響

1949年10月24日下午，金門古寧頭沙灘上，國軍戰士熊震球和他的排長楊展正在束手無策。

他們所在的青年軍201師後方的戰車，第3團第1營所屬的半數M5A1戰車，已經在這片海灘上與201師進行聯合演習3天了。

這天下午，演習剛結束，楊展與熊震球的座車66號戰車竟然在回防時出現故障，履帶脫落，卡在海灘往內陸的要道上。楊展只好下車修車，但是怎麼都修不好。65號和67號戰車被命令前來拖故障車，但仍是拖不動。

最後，天黑下來，整營的人都回駐地了，就剩三連一排這3部戰車停在沙灘上。

突然，在漆黑的夜空裡，前方海灘突然出現一發紅色信號彈。「奇怪，這個時候還有部隊在演習嗎？」熊震球正納悶時，

接著又見到兩發信號彈筆直地鑽入夜幕裡。楊展也覺得事有蹊蹺，要求所有弟兄立刻上戰車待命。

楊展與熊震球並不知道他們的66號戰車正好就拋錨在這場戰役中最關鍵的火力支持點上，而且由於壞掉的只有履帶，這既讓他們沒有辦法逃離戰場，卻又能正常使用火炮。在接下來的激戰中，正是他們發發命中解放軍的要害，從而扭轉了局勢，也讓企圖由壟口登陸並截斷金門島峰腰戰略要地的解放軍無法越雷池一步。

在排長下令開始射擊後，熊震球在伸手不見五指的情況下，隨手抓了一發穿甲彈，填入彈藥室，將這發穿甲彈打了出去。他怎麼也沒有想到，這第一炮竟然剛好打到了解放軍的指揮船。

時隔60年，熊震球回憶，正是這種陰差陽錯成就了自己「第一炮」的美譽。他對記者回憶說，那艘船裝滿了彈藥，被擊中後發生大爆炸，解放軍許多高級長官都受傷了。而那一發炮彈，奠定了金門大捷的基礎。

「雖然解放軍一上岸就踢到了鐵板，但是雙方還是打得很激烈。他們上來的時候，前面有人打鑼、吹口哨，還有打鼓、喊殺的，很是熱鬧。」

不過，後來，副駕駛曾紹林被解放軍子彈擊中，倒在他眼前。最後，在他懷裡合上了眼睛。

而國軍的運氣不僅僅至此。

凌晨1時多，201師的突擊排排長卞立中在查哨時，竟踩到地雷，當即引發爆炸。整條防線上的士兵都在夢中被驚醒，以為解放軍上岸了，紛紛全副武裝，帶著彈藥衝入戰壕。炮兵營甚至迅

速將各炮位的炮彈都推入炮膛，開始備射。

臺灣前大法官、立委李志鵬正是當年的機槍手，位置最靠前，正好與第一波搶灘的解放軍面對面。他回憶稱，當初被地雷爆炸聲嚇醒後，與副射手枯坐在黑暗裡警戒已過半個小時，突然照明彈開始照明，他一眼看到前方的解放軍正在下船，扣下扳機就開始掃射。

李志鵬後來撰文回憶，幾十分鐘內他竟然射光了5000發子彈，這挺機槍也讓第一波搶灘的解放軍被殺得措手不及。全線火力在解放軍還沒有爬上海灘時就一陣猛打，解放軍失去午夜奇襲的優勢，第一波搶灘就傷亡慘重。

不少解放軍腳還沒有踏上金門海灘就遭到火力壓制，死於海中，許多裝備遺落在海底，而僥倖爬上岸的也被火力盯死在海灘上，動彈不得。

解放軍的指揮船被擊中後，引起的大爆炸挾著大火，把緊鄰停靠的一大排民用船隻燒盡。原本指望靠這些船隻返回廈門載運過岸的第二波登陸部隊，現在只有在岸這邊，看著船隻毀於大火，把海灘照得如同白晝，卻無力救援被困在海灘上的第一梯隊，只能眼睜睜地看著三個加強團在對岸被全殲……

待古寧頭戰役結束後，登陸的解放軍幾乎全軍覆沒。但是國軍也付出了傷亡代價，國民黨方面公布的陣亡人數為1267人，傷1982人，共3249人。

此後，臺灣官方建立了太武山公墓，熊震球的戰友曾紹林就葬在太武山公墓。參加60周年紀念活動的熊震球，特地來到曾紹林墳前，讓老戰友好好安息。難掩悲痛的他，頻頻落淚。

隨著尚在人世的參戰國軍老兵老去，這段歷史的見證人越來越少。據臺灣「國防部」稱，當年參與古寧頭戰役，至今還在世的將領，只剩下一人，是當時擔任18軍軍長的高魁元將軍。

「兩岸不管是各自努力也好，各自表述也罷，1949年來，大家相安無事。今天雙方都往和平這條路在走，我不希望再有戰爭，因為太殘忍了。」熊震球稱。

同根同脈

重返故地的國軍老兵中，程川康或許是最年輕的一位。古寧頭戰役爆發那年，他年僅18歲。

程川康是金門守備部隊青年軍201師警衛營第二連第六班的上士班長。「那時的201師弟兄平均年齡才18、19歲，都是來自四川重慶、瀘州及湖北的大學生，棄筆從戎隨國軍來臺。」

對當年戰爭的情形，程依然記憶猶新。不過至今都令程難以釋懷的是，他「射殺的是自己的兄弟」。「很多第一波搶灘的共軍，都是在徐蚌會戰（大陸稱為淮海戰役）時被俘虜的我軍官兵」，程川康邊殺邊哭，久久無法自已。

程川康說，戰爭結束後，為了保持戰場原狀，等候從臺灣本島前來的長官蒞臨巡視，沙灘上的屍體並未立即清除。敵我官兵殘破的身軀，曝露在豔陽及海風的吹蝕下，那情景永生難忘。

除了國軍射殺國軍外，戰場上還出現「解放軍射殺解放軍」的悲劇。有回憶文章稱，金門國軍當時陣亡人數達3000多人，其中，除了金門的國軍駐軍，還包括當時就地補入金門守軍的解放軍俘虜2000人。

不過對這段歷史，無論是大陸還是臺灣官方都鮮有提及。對國軍來說，太武山上的公墓只有1200多人，遺忘這些陣亡的解放軍戰俘是筆不光彩的記錄。而對解放軍來說，這或許更是不堪回首的經歷。

　　想想死去的戰友，心氣就順了。

　　廈門集美的一個干休所中，解放軍老兵張振宇（化名）依然記得1949年的那場戰爭，他曾經是解放軍3野第10兵團85師253團的一名士兵。幸運的是，他是金門戰役中解放軍的第二梯隊中的一員，第一梯隊的船隻全部被炸毀時，他們只能眼睜睜看著第一梯隊的戰友們在對岸廝殺，無可奈何。

　　「沒船了，我過不去，3個團加1個營，全完了。」張振宇曾到金門旅遊，他看到了無數的烈士墓，可惜那些都是國軍陣亡官兵的墳墓，並沒有刻著自己戰友的名字。

　　相比600國軍官兵在古寧頭自豪地回憶60年前的往事，當年倖存的解放軍戰士寥寥無幾。臺灣方面稱，最終留臺的1000多名俘虜絕大多數是國軍前投共人員。

　　張振宇算是幸運兒，因為被遣返回大陸的3000多名解放軍俘虜們的命運極其悲慘。原北京軍區空軍政治部主任、空軍中將劉亞洲在《金門戰役檢討》一文中稱，這3000人於1952年被臺灣用漁船分批遣返大陸後，除一部分人被定為叛徒判刑外，一律被開除黨籍、軍籍，遣返老家種地。「文化大革命」中，這些人統統受到批判，縱是農民也不能倖免。用他們自己的話說就是：「苦戰3天，受苦30年。」

　　1983年後，為這批苦難將士「落實政策」，也只是補發一點

錢物，恢復黨籍，按復員處理軍籍問題。其中不少人由於挨餓、生病、批鬥、年邁等原因，早已不在人世。

當年年僅20歲的胡清河便是這3000人中的一員，當時他是助理軍醫。「我是金門戰鬥失利後一個特殊的倖存者，也是攻金部隊唯一從金門泅海遊回大陸的戰士。」胡清河事後回憶稱。

1949年10月27日，古寧頭戰役的最後一天，被包圍俘虜的解放軍最後一批人員大約有230人，其中有胡清河所在的251團團長劉天祥、政委田志春，其餘大都是傷患和勤雜人員。

「後來聽說劉團長、田政委等被押往臺灣，劉團長絕食抗爭，英勇犧牲，田政委威武不屈，被活活打死。」國軍無奈，只好把其他人員補進了國軍的衛生連。

後來胡清河抱著兩個籃球驚險泅渡逃脫回大陸。經過12小時的漂遊，他終於遊到了廈門東南部。被離岸不遠的一個地堡內的哨兵發現了他。這時有個幹部走過來，見他對答如流，叫來自己單位的連長出來看他，「他拉著我的手說：『同志，你受苦了』這句話引出了我一大串淚水」。

不過：這位連長並不能代表組織。此後，胡清河被保衛部門審查了三個月，儘管沒有查出任何變節行為，組織還是作出了如下結論：因對該同志被俘後的情況不十分清楚，暫保留原職級，留黨察看。這一察看，就是30多年。和所有解放軍、志願軍戰俘一樣，在「戰俘」這根恥辱柱上捆縛30多年的日子裡，胡清河曾被打成叛徒、特務、反革命，被開除公職。

胡清河在接受媒體採訪時稱，他曾參加過孟良崮戰役、萊蕪大捷、渡江戰役、解放華中南等70多次戰鬥，從山東打到福建，

四次負傷，四次立功。已經退休的他，每月退休費192.6元，不得不種幾畝地養家糊口。

「看到那些揮金如土的大款們，想想自己，有時也覺得冤得慌，真想找組織反映反映。可晚上做夢，夢見在金門島上犧牲的戰友，我的氣又順了。」

二、被遺密使

1949年蔣介石敗退臺灣後，臺海兩岸曾建立了持續四十多年的密使制度，李次白、曹聚仁、沈誠、南懷瑾，這些密使的名字都被銘記在了兩岸祕密交往的歷史中。他們為兩岸之間和談穿針引線，傳達心聲，成為潛行在兩岸之間的重要人物。

李次白本不是一個會被載入史冊的人物。只因家中的一門姻親，在中國面臨改天換地的關口中，李次白被歷史、被命運選中。這一段經歷直到1991年李次白去世四年後，才在一本大陸出版的書籍上首次得到公開承認。這本書不厚，薄薄一頁紙的篇幅記載了李家坎坷命運的開端。

1950年5月初的一天，在臺灣高雄市凱歌飯店，老闆李次白接待了三位不速之客。他們都是「國防部總政治部」主任蔣經國心腹，為首的是蔣經國屬下的廳長胡偉克。

許念婉（李次白夫人）：胡偉克是他的同班同學，到飯店來找李次白說，你是黃埔六期的，應該出來擔當一點。你跟陳毅是姻親，你到大陸去。

1950年的臺灣正處於風雨飄搖之中，共產黨已解放了中國大

部分地區。這一年的1月5日，美國總統杜魯門發表聲明，表示美國將不會使用武裝部隊干預臺灣局勢，也不願捲入中國的內戰，美國不會向在臺灣的中國軍隊提供軍事捐助或顧問。這一聲明被看做是美國對臺灣的「袖手旁觀」政策。國民黨失去了最重要的朋友，蔣介石會在此時興起與中共求和的念頭嗎？

1994年，也就是李次白去世七年後，一本由原國民黨中央常務委員、時任全國人大常委會副委員長程思遠主編的《中國國民黨百年風雲錄》在大陸出版。厚厚的三大本、兩千多頁，其中有一頁記載了李次白的經歷。

胡偉克開門見山，講起了形勢：「……目前黨國非常困難……次白兄，令妹是陳毅的大嫂子，這就是請你和共產黨對話的資本，你如能出山，到大陸走一趟，就等於救了我們的性命，不，應該說是整個黨國的命運。」

而在臺灣，李次白的密使身分直到1998年才得以首次披露。當時李次白已去世11年，李夫人許念婉在臺灣前駐義大利經濟專員萬更年的協助下，於臺灣《傳記文學》上發表了一篇回憶錄。

> 先夫出身黃埔軍校第六期，與戴笠將軍為同期同學。畢業後一直在戴笠將軍麾下工作，出生入死，奮不顧身。戴笠將軍在南京郊區飛機失事後，先夫毅然脫離軍籍，於臺灣光復後舉家來臺……蔣主任為什麼要派先夫李次白去大陸試探和平？最重要的是陳毅的哥哥陳孟熙是次白的七妹婿，他早年與陳毅也有來往。
>
> 李文谷（李次白二兒子）：當時由胡偉克出面，還

有蔣經國到胡偉克家，我媽媽陪著我爸爸一起到胡偉克家裡。當然，三個人談細節的時候，媽媽是沒有在旁邊聽，整個過程都是在私下進行。

但也正是這次蔣經國的接見，讓李次白對這項任務產生了疑慮。兩本大陸出版的風雲錄，都有回憶他當時的心理活動。

蔣經國對李次白說：「現在談國共合作，我看希望不大，共產黨席捲大陸，躊躇滿志……你和陳毅是至親，我看可以深談，最低限度，希望不進攻臺灣。」李次白應允之後，蔣經國又說：「這次請你出馬，並非我的意思，而是胡偉克他們三位的設計，以後諸事均直接與胡聯繫。」李次白聽了心中有些犯堵：蔣經國既要國共接觸，又不敢承擔責任。不過他沒有將不滿表露出來。

還未出發，蔣經國已要推脫責任。李次白此番密使之行不但大陸上吉凶難料，回來臺灣怕也會被扣上「通敵」的罪名。1950年6月1日，他還是登上了開往香港的輪船，並於幾天後抵達上海。對於這次決定，李次白在1982年的一封家信中說過這樣幾句話：多年來同學胡偉克、蔣經國害我，叫我把陳搞過來，許我以財政部。官迷心竅，冒險前往，到而今我落得妻離子散。

李文吉（李次白小兒子）：我母親經常抱著我去找胡偉克要錢，後面還拖了四個。我記得最清楚的是我們開始的時候坐黃包車去，可能後來沒錢了，就開始走路去。

與陳毅的會面改變了李次白的一生，但其過程卻十

分簡單，當時陪同的還有李次白的妹夫，也就是陳毅的大哥陳孟熙。對於國共和談，陳毅說了這樣一番話：國共合作的話題，現在先不提，現在提為時尚早……孟熙兄和次白是要立即進革命大學學習，明天就去，你們的親友們都去，你們把名單開來，我明天就告訴市委統戰部……

雖然和談的計畫沒有成功，但密使任務至此本應功成身退。只是歷史戲劇性的轉折將李次白推入了命運的深淵。1950年6月25日，朝鮮戰爭爆發，美國第七艦隊迅速進駐臺灣海峽，臺灣重新獲得了美國的援助，借助第三次世界大戰反攻大陸的夢想似乎又指日可待。胡偉克連忙向李次白發出急信，指示他「國共合作之事不必說了」，並讓他留守上海相機行事。此時距李次白離台尚不足一個月。這一月之差致使李家31年來分隔天涯。

李次白從此斷了音訊，許念婉靠著每個月從胡偉克那裡領來的500元台幣支撐著全家。但是一年後，這僅有的經濟來源也沒了著落。五個孩子被先後送去救濟院和孤兒院，一個原來殷實富有的家庭從此流離失所。

許念婉：一句話，這錢我沒辦法給你了。我一時呆住，哭了出來，我說那我們一家六口怎麼辦啊？

李次白其後的命運可謂一波三折。他先是以「特務」的罪名被關押在青海的監獄裡，4年後刑滿釋放，被送回四川老家，借住在陳毅三弟陳季讓的家中，直到1978年才得以離開大陸來到香港，並與妻兒取得聯繫，此時的李次白已年過七旬，垂垂老矣，只希望能回臺灣安度晚年，但

他這最後的請求卻被臺灣拒之門外。

　　李文古：有一次他們跟我們家說，能不能拿出來當時被派出的證明。一個被派出去做密使的怎麼可能開出證明？這種要求是非常荒謬的。

　　1987年，李次白在香港去世，終其一生都未能回到臺灣。

三、大罵經國

　　胡適與蔣經國的來往，源於蔣介石的指示。1948年年底，蔣介石派飛機將胡適從北平送到南京。此後不久，蔣介石「下野」。「下野」之後，蔣介石多次派蔣經國去看望胡適。當時，胡適選擇了支持蔣政權，這也讓蔣經國對胡適非常感激與敬重。

　　然而，1950年代初期，隨著以胡適為首的《自由中國》知識份子群與蔣經國所主管的情治部門屢屢發生衝突，兩人表面上總是彬彬有禮、一團和氣，表現得非常得體，但是實際上，兩人卻有很多暗鬥，也可以稱之為隱形的交鋒。

　　比如，在對國際形勢與中國前途的認識上。1952年，胡適從美國回到臺灣講學。講學期間，1952年11月30日，胡適在臺北做了《國際形勢與中國前途》的演講，其中說道：

> 我們中國國家的前途，當然是連繫在自由世界前途上，整個自由世界有前途，我們有前途，整個自由世界有力量，我們也有力量。

對胡適的這種觀點。《自由中國》的同仁非常同意，這篇文章也發表在《自由中國》半月刊上。但是，國民黨的軍隊中對此則有不同意見，「總政治部」辦的《青年戰士報》針對這一觀點，展開了批評。其中說道：

> 胡適的話完全說錯了，應該顛倒過來說，中國有前途，世界才有前途，現在「蔣總統」複職了，那就表明中國已有了前途，那麼，世界就會有前途的。

　　晚年的胡適，一直將「自由中國」的希望寄託在自由世界的整體形勢上，尤其是美國對「自由中國」的支持上，而國民黨軍隊中的判斷是，「自由中國」的希望完全在蔣介石身上，他們甚至將世界的前途與命運也寄託在蔣身上。

　　《青年戰士報》是蔣經國主辦的。為了讓胡適知道《青年戰士報》批判了胡適的觀點，蔣經國還派人將這份報紙親自郵寄給了胡適。據范泓《雷震傳》描述，胡適看到這篇文章後，非常生氣地對雷震說：

> 這張報紙是蔣經國辦給青年和軍人看的，我看編輯人員太無常識，完全自誇自大，不知世界大勢，讓這班人搞下去，其前途則不堪設想，大陸搞丟了，還不曉得時時反省。

　　此後不久，為了讓蔣經國認清國際局勢，不要再在軍隊中搞個人崇拜，胡適還將〈國際形勢與中國前途〉一文中的主要觀點

說給蔣介石本人聽，希望他能有所參考。

不過，蔣介石對此並不認同，1952年12月13日，蔣介石在「上星期反省錄」中斥之道：

> 此等書生之思想言行，安得不為共匪所侮辱殘殺。彼之今日猶得在臺高唱無意識之自由，不自知其最難得之幸運，而竟忘其所以然也。

在這件事上，蔣介石不認同胡適的觀點，當然也就不會責怪自己的兒子蔣經國。

表面關係

這一時期，胡適還有一次提到蔣經國讓蔣介石很不愉快。

那是胡適回臺灣的時候，已經知道胡思杜在大陸言辭激烈地批判胡適的蔣介石，向胡適詢問了胡思杜的近況，以示關切。孰料胡適卻說：「我的小兒子天性愚鈍，實不成器，不如『總統』令郎迷途知返」。

原來，早在1927年，當蔣介石選擇「清黨」時，遠在莫斯科的蔣經國就寫文章罵蔣介石是「革命的叛徒」、「帝國主義的幫兇」、「我的敵人」。

蔣經國的這一做法，與胡思杜痛罵胡適如出一轍。胡適以彼之道還施彼身，蔣介石自然如鯁在喉，很不痛快。

1953年1月16日晚，蔣介石約胡適吃晚飯，胡適針對臺灣的獨裁專制，向蔣介石說出了自己的心裡話。他說：

臺灣今日實無言論自由。第一，無一人敢批評彭孟緝。第二，無一語批評蔣經國。第三，無一語批評蔣「總統」。所謂無言論自由，是「盡在不言中」也。

從臺灣「保安司令部副司令」彭孟緝說到蔣經國，再由蔣經國說到蔣介石，在當時的臺灣，也就只有胡適敢這麼說蔣氏父子了。對此，蔣介石不置可否。

第二天，胡適即從臺灣飛往日本轉往美國。為了維持表面上的關係，蔣介石還派蔣經國為胡適送行。

此時的蔣經國，對胡適表面上恭恭敬敬，實際上卻心有防備，對胡適的主張非常厭惡。不過鑒於胡適的聲望，為了讓胡適從道義上支持臺灣的「國民政府」，蔣經國還必須維護他跟胡適在表面上的良好關係。1954年3月，當胡適再次來到臺灣後，蔣經國還親自宴請了胡適。

不斷惡化

到了1956年，隨著《自由中國》與蔣氏父子矛盾的不斷激化，蔣經國與胡適的矛盾也越來越大。這一年，利用為蔣介石祝壽的機會，胡適寫了〈述艾森豪總統的兩個故事給蔣總統祝壽〉的文章。在這篇文章中，胡適通過寫美國總統艾森豪的兩個故事，明確表達了希望蔣介石能夠做到「無智、無能、無為」，進而做一個「無智而能馭眾智，無能無為而能乘眾勢的元首。」胡適的這篇文章，激怒了蔣經國。

1957年1月，由蔣經國控制的「國防部總政治部」印發了

《向毒素思想總攻擊》的小冊子，此書向全軍下發。這本小冊子毫不客氣地指出：此書批判的是「一位長居國外的所謂知名學者」。而在字裡行間，此書含沙射影地攻擊胡適「名為自由主義，實際卻是共匪的幫兇。」文中，蔣經國的御用寫手寫道：

> 他說這種話，目的在散播和推廣個人自由主義思想。好讓人們尊崇他為自由主義的大師，由他領導來批評現實，批評時政，批評當政者，促進所謂政治進步，造成與自由民主的英美國家一樣。這是他不瞭解中國當前革命環境，完全近乎一種天真的妄想。同時他還受某些失意的官僚政客包圍利用，因此，就更故作高論，以為他們搖旗吶喊，助長聲勢。

當時「中央研究院」的李濟曾把這本書拿給胡適看；《自由中國》的主編雷震也曾將這本書以及《胡適和國運》拿給胡適看。胡適看了之後，非常激憤。這一時期，胡適的心臟病屢屢發作，可能就與這些批判他的小冊子有關。

胡適與蔣氏父子矛盾積累的最終結果，就是1960年雷震案的發生。雷震被判10年冤獄，而胡適也在黯然神傷中死去。

四、星光部隊

雖然刻意穿著臺軍制服，但留有臺軍禁止的鬍子、皮膚黝黑、操著口音奇怪的閩南語或蹩腳的英文，以及右駕作訓車輛等

等，都彰顯著這支部隊在臺灣的與眾不同。作為去世的新加坡總理李光耀與臺灣地區前領導人蔣經國的「友情」結晶，星光部隊是臺灣想要高度保密的機密。

求助代訓

上世紀60、70年代，臺灣因被孤立而渴望尋找朋友，而剛被馬來西亞驅逐的新加坡，急需穩固國防。1967年新、臺雙方經初步討論，臺灣提交了幫助新加坡建立空軍部隊的計畫。從1970年代開始，臺灣陸續抽調教官和技術人員協助新加坡訓練飛行員等，一些教官更留在了新加坡，成為高級軍官，新加坡空軍司令還一度由臺灣人擔任。

1974年12月，當時擔任新加坡總理的李光耀第二次訪臺，他向時任「行政院長」的蔣經國尋求協助，希望能在臺灣訓練新加坡武裝部隊，以解決新加坡因為空間有限，不利部隊演訓的困境。李光耀的提議立刻獲得蔣經國正面回應，雙方在1975年4月簽署了一項絕密的軍事交流與合作計畫「星光計畫」，這項計畫是讓新加坡武裝部隊以「星光演習」為代號，到臺灣進行軍事訓練並參與演習活動。

按照「星光計畫」，新加坡組建了一支由步兵、炮兵、裝甲兵和突擊連隊組成的「星光部隊」，這也就是所謂的「星光部隊」的由來。自雙方合作以來，在臺灣的「星光部隊」會定期輪流到臺軍的三軍聯訓基地、鬥六的炮兵基地和湖口的裝甲兵基地進行基地訓練，與臺軍所謂的「下基地」訓練模式相同。

民國待遇

上世紀80年代，星光計畫達到頂峰，每年約有1.5萬新加坡軍人到臺灣進行大規模演訓。他們大都是搭新航班機來臺，著便服，由臺方先發給個人身分證明，以團體觀光名義入境，後來更是搭乘C-130軍機或搭軍艦直接在左營軍港登臺。

媒體援引台灣「國防部」匿名官員的話說：「『星光部隊』也須支付與訓練有關的費用，但被問及每年支付金額時，軍方卻表示無法查到。」言下之意，新加坡軍人來臺享受「國民待遇」，即便掏錢也是「意思意思」。據報導，臺當局只對新加坡部隊所消費的物資收費，其他分文未收。反觀臺軍自身與美國的合作，無論赴美接收裝備還是接受訓練，費用都貴得「嚇死人」，相關經費都是臺灣當局與五角大樓事先談好並編列預算，再支付給美方的。

歷次臺軍軍事演習，星光部隊也多有參加。臺軍為確保星光部隊的訓練效果，甚至出動旅級部隊充當假想敵。事實上，不僅新加坡陸軍有「星光部隊」常駐臺灣進行訓練，新加坡空軍和海軍也經常在臺灣活動。在上世紀的80年代期間，新加坡空軍經常派戰機到臺灣東南部的臺東志航空軍基地，利用這個基地完善的空戰訓練設備進行相關訓練。

戰事可用

而對提供服務的臺軍方來說，星光部隊過來訓練，好處更大：可以見識某些只聞其名未見其貌的武器裝備，為日後的軍購

提供參考。一個有代表性的例子是，星光部隊曾在臺灣使用過一款歐洲產的探雷器，不僅輕便靈敏，而且能準確區分鐵屑和地雷，其後，台方訂購了同型號裝備。

中國大陸影響力日增之後，許多國家對臺灣實行武器禁運或嚴格控制軍售範圍，新加坡便成了臺灣進口武器的中轉站。在李登輝主政時代，不少敏感的武器裝備零件，就是由新加坡出面向美歐供應商採購，再祕密轉交臺灣軍方的。此外，臺灣與新加坡還存在直接的軍事技術合作。如上世紀80年代，臺灣為了提高空中偵察能力，將自家的F-104G戰機交給以改裝戰鬥機聞名的新加坡宇航公司，改裝成RF-104G偵察機。1990年代，臺軍又將10架F-5E戰機交給新方，改裝成具有跨海偵察能力的RF-5E偵察機。

甚至，1996年台海形勢緊張時，新加坡默許臺灣軍方，若有戰事可以使用星光部隊寄存的武器。

不過，隨著中國大陸與新加坡在1990年建交，臺新軍事交流逐漸冷卻。但至今「星光部隊」仍在實施，不過近年來「星光部隊」人數已有減少。

五、誰助接班

晚年的蔣介石有一塊心病，那就是總是擔憂自己去世後大權旁落，所以對自己身後事可謂處心積慮，為了能使兒子蔣經國自己百年之後順利接班，他確實煞費苦心，這一歷史過程鮮為人知，長期以來屬於臺灣當局的機密。

1971年年底，蔣介石覺得兒子接班的阻力已基本清除，決定

將接班之事提上議事日程。但讓兒子來接班，老子說不出口啊！這個事還得由別人來提比較好，尤其是由臺灣本土人士提出更有說服力。

1972年2月底，蔣介石召見了臺灣省議會長、臺籍政客謝東閔。蔣介石在聽完謝的工作彙報，似乎漫不經心地問到，蔣經國隨他來臺工作了一二十年，社會上對蔣經國的看法怎麼樣。謝東閔借機對蔣介石和蔣經國大大歌頌了一番。蔣氏父子認為，謝東閔是一個對蔣家忠誠可靠的人，可以信任和利用。過了一段時間，蔣介石召見了總政戰部副主任王升上將，告訴他說，這段時間，社會各界紛紛要求蔣經國出任「行政院院長」。他還對王升說，你去找一下謝東閔，讓他正式寫一封舉薦信給黨中央。很快，王升找來一個大筆桿子，以謝東閔的名義草擬了一封舉薦信。謝看後，知道是蔣介石授意，當即表示願為「國家」舉薦人才。

1972年5月26日，國民黨舉行中常委會議。會議開始前半小時，蔣介石讓人把舉薦信遞給「副總統」兼「行政院長」嚴家淦看。嚴家淦看了信，知道這是蔣介石要兒子接班。雖然心裡有點不高興，但他想這種事自己想擋也擋不住，還不如做個順水人情，他說：「總統，那我今天就在會上辭去副總統和行政院長，並力薦經國先生接替我的職務。」蔣介石見嚴把話說明瞭，就說：「副總統就職才6天，不能辭，你只辭行政院長。」

就這樣，這次中常會在會前搞了一個臨時議程，討論謝東閔的舉薦信和嚴家淦辭去「行政院長」職務，並提名蔣經國出任「行政院長」。會上起初沒有人表態，蔣介石見冷了場，便提議說：「贊同提議的，請站起來！」與會的中常委都站了起來。

於是，世界政治史上罕見的老子做「總統」，兒子做「行政院長」的特殊的政治架構出現在臺灣。一時間，中外媒體對蔣氏父子的這種做法紛紛進行抨擊。

對蔣經國接班立下大功的謝東閔，蔣經國自然要投桃報李。1972年6月1日，蔣經國到「行政院」宣誓就職時，任命謝東閔為臺灣省主席。1975年4月，蔣介石病死，嚴家淦繼任「總統」。1978年3月，蔣經國出任第六任「總統」。

蔣經國成功地「子承父業」，1978~1988年，10年內連任兩屆（第六任和第七任）所謂「總統」，直至1988年1月13日病逝。對於當年與蔣家做的這椿政治交易，謝東閔一直守口如瓶，直到1999年4月，進入暮年的謝東閔才將這件「最高機密」披露給為他寫傳記的臺灣學者邱家洪。

六、經國感恩

2011年是中國共產黨建黨90周年。縱觀這90年的發展歷程，國民黨始終「伴其左右」。兩黨有過歷史性的合作，也有過重大的分裂。

蔣介石之子、原國民黨主席蔣經國，更是與共產黨有著特殊的淵源。他加入過共產黨、反對過共產黨、感謝過共產黨，由於特殊的身分地位，他對共產黨態度的變化，直接影響到國共兩黨和海峽兩岸關係的變化。

1986年由沈誠擬定的經蔣經國默認的「國是建議備忘錄」中就有「國家至上，民族第一」、「國家一定統一，手段必須和

平」、「實行國共兩黨第三次合作」等的重要內容。

陳立夫先生也曾撰文特別呼籲「能『以小事大』，不計前嫌，效仿北伐和抗日國共兩度合作的前例，開創再次合作的新局面。」

1987年，蔣經國次子蔣孝武的前妻汪長詩與其父汪德官從瑞士日內瓦回臺灣探望病重的蔣經國。途經香港時，時任新華社香港分社臺灣事務部長的黃文放到賓館探望，並托他們帶一盤錄影帶給蔣經國。

對汪德官父女的到來，蔣經國非常感動，仍以「親家公」和「兒媳」相待。汪德官瞅準時機，將黃文放所托的錄影帶親手交與蔣經國，並說：「這是那邊一位朋友托我帶給您的。」

蔣經國知道這位老親家與國共兩邊都有交情，馬上讓侍從退下，獨自與汪德官父女一起播放觀看。電視螢幕上，出現了一幕幕在蔣經國記憶中既熟悉又模糊的場景：秀美的浙江奉化溪口鎮、蔣介石出生地玉泰鹽鋪及其成長時居住的地方豐鎬房、蔣氏宗祠、蔣經國曾住過的洋房……白岩山上蔣經國祖母的墓地更是修葺一新。

看到這一切，蔣經國情緒非常激動。當螢幕上出現當地官員和民眾紛紛向其祖母、母親墓祭拜的鏡頭時，他的眼淚止不住流淌下來。看完錄影帶，蔣經國對汪德官父女動情地說：「共產黨的情我領了！」

蔣經國與蔣介石一樣，一生奉行「一個中國」立場。他在不同場合多次提到：「兩岸是血脈同根，政治歧見難道一直能夠讓臺灣海峽成為阻隔民族來往的鴻溝嗎？重建一個自由、民主、統

一的中國，既不是夢想，也不是幻想。」是啊，「我們只有一個家，他的名字叫中國！」

七、不准獨立

在國人記憶中，自從1959年西藏叛亂後，達賴便開始與中央政府勢不兩立。實際上，在對峙背後，達賴派出的特使始終保持著與中央政府的祕密接觸。

獨特「郵差」

達賴喇嘛的二哥嘉樂頓珠，是達賴與兩岸祕密接觸中至關重要的仲介角色。

嘉樂頓珠娶了漢族女性為妻，不僅能說一口流利漢語，還曾在達賴位於印度達蘭薩拉的「流亡政府」內閣任職，與國共兩黨、康巴遊擊隊、美國中情局等接觸甚深。從國民黨的蔣介石、蔣經國，到共產黨的毛澤東、鄧小平、胡耀邦……都與他打過交道。

嘉樂頓珠畢業於國民黨南京中央政治學校。1947年之前，該校的名譽校長一直是蔣介石。嘉樂頓珠能讀這所學校，國民政府的用意不言自明。新中國成立後，中央政府也向嘉樂頓珠伸出了橄欖枝。1952年，毛澤東希望嘉樂頓珠率西藏青年代表團進京，參加中國青年代表大會，然後加入中青代表團出席奧地利維也納的世界青年大會。但出人意料的是，嘉樂頓珠卻取道西藏山南地區流亡印度，這正是達賴幾年後出走的通道。儘管嘉樂頓珠後來

解釋，他之所以出逃，是不想反對共產黨，也不想幫共產黨做事得罪一些藏人。但自此，嘉樂頓珠被中央政府認為是藏獨勢力中的頭號人物。與此同時，海外激進藏獨分子則指責嘉樂頓珠拿了中共的錢，往北京跑得特別勤。

訪臺訪京

　　嘉樂頓珠複雜的政治角色，與二戰後中外局勢的風雲變幻密不可分。早在1955年西康出現騷亂後，美國中情局就找到人在印度的嘉樂頓珠，希望他能聯絡康巴人，物色人員出國受訓，策劃藏區針對中共的遊擊戰爭，並承諾給予大力援助。在與美國祕密接觸的同時，嘉樂頓珠也看中了當時臺灣在聯合國的席位。他曾寫信給「中華民國」駐聯合國代表，希望借助其在聯合國的發言權和投票權，幫助西藏獨立。然而，1959年3月，蔣介石在臺發表了《告西藏同胞書》，這份文告把達賴等人視為「反共愛國（指中國）」的「難胞」，並不認同「藏獨」的訴求。1960年，蔣介石更指示臺灣方面不再與嘉樂頓珠聯絡。

　　1963年和1964年嘉樂頓珠三次秘訪臺灣，與蔣經國會面進行溝通，希望臺灣承認和支持達賴領導的政府。嘉樂頓珠的溝通沒有取得成效，他只帶回了一封蔣介石給達賴的親筆信。信中，蔣介石仍然把西藏問題視為「反共抗暴」，而不是支持其獨立，這自然不能令達賴滿意。此後，雙方斷絕聯繫，直至李登輝上臺。

八、經國無奈

蔣經國原本也是想傳位給兒子的，怎奈何，幾個兒子一個不如一個。

孝文阿斗

1935年12月14日，蔣經國夫婦第一個愛情結晶在前蘇聯烏拉爾機器製造廠呱呱墜地了。1937年4月，蔣經國回到中國，蔣介石為自己的長孫賜名蔣孝文。

起初，蔣經國對蔣孝文的管教非常嚴格。有一次，學校一位老師因不知道蔣孝文的父親是誰，便向他詢問。蔣孝文頑皮地回答說：「我父親在做專員，我祖父在中國當皇帝。」蔣經國知道後，大發雷霆，狠狠地揍了蔣孝文一頓。但是蔣介石卻對蔣孝文十分寵愛。

在蔣孝文隨父親到贛州的那段日子裡，蔣介石每天都要打電話詢問蔣孝文和蔣孝章的情況。蔣孝文知道祖父疼愛自己，便經常在電話裡告狀：「父親又打我了！」每當這個時候，蔣介石總是對蔣經國說：「你不應該這樣粗暴，要好好誘導。」這樣一來，蔣經國也不好再管教孩子了，這就給日後蔣孝文的成長悲劇留下了隱患。

由於蔣孝文沒能考上大學，蔣介石便叫他改換門庭，進入設在鳳山的國民黨臺灣陸軍軍官學校學習。但是，即使在軍校，蔣孝文仍劣習難改。有一天，臺北市的警方接到報案，說有一名年

輕軍官在第一舞廳為爭奪舞女而鬧事。當員警趕到現場時，才發現揮舞手槍驅趕顧客的竟是「皇太孫」。經過這件事後，蔣孝文在軍校再也待不下去了，於是蔣介石又把他送到美國讀書。蔣孝文到了美國柏克萊商業學校後，更加無法無天，不僅一個學位也沒拿到，還因為駕車違規而成為名噪一時的新聞人物，美國《新聞週刊》以〈誰丟了面子〉為題，對蔣孝文進行了無情的披露。柏克萊待不下去了，蔣孝文又轉到三藩市，但是他仍然沒有吸取教訓。在一次酒醉之後，蔣孝文向警方報案稱自己財物被竊。警方經過調查，發現他謊報案情，意在訛錢。最後，蔣孝文被列為不受歡迎的人，被美國移民局驅逐出境。

蔣孝文回到臺灣後，蔣介石父子雖有恨鐵不成鋼之感，但栽培之心始終不死。為了讓蔣孝文取得行政和經濟管理方面的經驗，先後派他擔任了臺灣電力公司桃園區管理處處長、國民黨桃園縣黨部主任委員之職。但是，蔣孝文根本不理解父親和祖父的一片苦心，事情沒幹一點，卻整天在外面鬼混，惹是生非。

酒色無度使蔣孝文在害了別人的同時也害了自己。他患了嚴重的糖尿病，經過精心治療，病情雖有所好轉，但只是恢復了肌體的功能而已。1989年4月14日，蔣孝文因患喉癌去世。

蔣孝文的妻子徐乃錦出身名門，祖父是中國近代史上赫赫有名的革命家徐錫麟。徐家對這門婚事並不高興，據說是蔣經國親自提著一籃水果到徐家提親，才最終促成了他們的結合。婚後，徐乃錦育有一女，即蔣友梅。

孝章遠離

1937年，蔣經國夫婦攜一子（蔣孝文）一女（蔣孝章）回國，蔣介石一見中俄混血的愛理（蔣孝章的俄文名）便十分喜歡。按照中國的舊習俗，生子是弄璋之喜，生女只是弄瓦之喜。但是，蔣介石卻一反常態地為她取名蔣孝章。蔣經國對愛女也是呵護有加，只要蔣孝章不高興，蔣經國家裡的空氣就會變得十分凝重，蔣經國想方設法讓她高興起來才會安心。

1957年，蔣孝章去美國讀書，攻讀英國文學。臨行前，蔣經國生怕愛女在異地他鄉受委屈，就委託當時「國防部長」俞大維的兒子俞揚和照顧她。隨著時間的推移和瞭解的深入，兩人深深相愛了。1960年，蔣孝章和俞揚和在三藩市結婚，翌年兒子俞祖聲出世。

蔣孝章結婚後，隨丈夫定居美國，並取得了美國國籍，但她每年都會回臺灣兩三次，每次一兩個月，看望祖父母和父母。但每次蔣孝章都是悄悄地來，悄悄地走，不願大肆聲張，甚至連親友都不知道。至於蔣孝章的丈夫俞揚和，臺灣的報刊和廣播電視從未對他進行過報導，這在蔣氏家族中是絕無僅有的。因此，有關他們夫婦的流言非常多。有的說他已與蔣孝章離婚，有的說他已不在人世。

蔣介石去世後，蔣經國公開發表了《守父靈一月記》。在文中，蔣經國寫道：「上午領章女、揚和婿再到慈湖……」這個文字材料一出，那些流言自然也就煙消雲散了。

孝武失意

1945年4月25日，蔣孝武出生在浙江奉化溪口，從小他的心眼就特別多。蔣介石每每端坐在沙發上看著孫子們嬉鬧時，就常對身邊的人說：「這個孝武啊！眼睛動不動就眨呀眨的，可見他主意多，是個計謀多端的『鬼靈精』。」

蔣介石對後代的培養可謂煞費苦心，很早就把蔣孝武送到德國的軍事學校學習。但蔣孝武對軍事的興趣遠不如對政治那麼濃厚，於是他自作主張改到慕尼克政治學院政治系研究政治。蔣孝武回到臺灣後，蔣孝文已因身體狀況而被判了「政治死刑」，於是蔣介石和蔣經國便將希望寄託在蔣孝武身上，設法培植。

從一開始，蔣經國就相當有系統有章法地讓蔣孝武在國民黨中央各部門擔任要職。短短幾年，蔣孝武就在「行政院國軍退役官兵輔導委員會」、國民黨「中央政策會」和「組織工作委員會」及國民黨「中央委員會」工作過。同時，蔣經國還安排蔣孝武進入文化新聞界。不過，他在文化界演出了不少鬧劇，「二太子」的霸名不脛而走。

1979年，蔣經國對蔣孝武又進行了特殊安排，讓他進入「國家安全會議」，這個機構是國民黨最重要的一個部門。在父親的監管下，蔣孝武的行為比過去規矩多了，再加上父親是「總統」這樣的背景，他的政治行情一路看漲。但「天有不測風雲」，1984年的「江南命案」掀起軒然大波，外界盛傳蔣孝武是幕後指使人。為了改變蔣孝武的形象，儘快平息這場風波，蔣經國不得不在80年代中期宣布不由蔣家人繼承「總統」，並於1986年3月

將蔣孝武派往新加坡任「臺灣駐新加坡商務代表團副代表」。

1988年1月，蔣經國去世。同年4月，臺灣部分「立委」就提議叫蔣孝武到「立法院」去澄清「江南一案」。蔣孝武頓感世態炎涼，失去蔣經國這座大「靠山」後，他在政治上再也不能「春風得意馬蹄疾」了。此情此景，使蔣孝武萌發了退隱之意，1991年他終於卸下職務，回到臺灣，但此時病魔卻又朝他走來。同年7月31日蔣孝武患慢性胰腺炎去世，年僅46歲。

蔣孝武的私生活比較放縱，緋聞很多。他一生曾結過三次婚。原配夫人是瑞士籍的華僑汪長詩，結婚七年後兩人離婚，汪長詩為蔣孝武留下了一雙子女：蔣友蘭和蔣友松。蔣孝武的第二任夫人是曾被列為全球十大最有身價未婚女性之一的鄭綿綿。這段婚姻十分神祕。根據傳聞，這是一樁極富政治意味的婚姻，由於家世的因素和其他政治方面的原因，蔣孝武和鄭綿綿的婚禮只能以「地下」的方式祕密舉行，除了鄭家和蔣孝武的極少數心腹人員知道外，外界鮮有人知。蔣孝武的第三任夫人是臺灣美女蔡惠媚，據說蔣孝武用了近十年的時間才得以「獨佔花魁」。

孝勇富有

蔣孝勇於1948年10月27日出生在上海，因是家中最小的孩子，他從小就備受寵愛。在蔣介石的悉心教育和點撥下，蔣孝勇的行為和哥哥們比起來要收斂得多，而且他善於掩飾自己的真實意圖。

1964年，蔣孝勇考取了陸軍軍官學校預備學生班。蔣介石十分高興，以為自己的孫子輩會出個將軍。但是，事與願違，在一次受訓操作時，蔣孝勇把腳扭傷，先後動了兩次手術，迫不得

已，只好離隊而去。不久，蔣孝勇就轉學到臺灣大學政治系，學習政治理論。1973年7月，剛剛大學畢業的蔣孝勇和臺灣公路局副局長方恩緒的女兒方智怡舉行了婚禮。婚後，兩人育有三個兒子：蔣友柏、蔣友常和蔣友青。

蔣經國念念不忘扶植自己的兒子。蔣孝勇先在鴻霖公司任董事長，爾後又先後擔任了中興電氣公司和中央玻璃纖維公司的總經理和董事長等職，後兩個公司是國民黨黨營企業的兩大支柱。蔣孝勇憑藉特權，利用這些公司大撈特撈，很快就成為腰纏萬貫的大富翁。蔣家第三代中，就數他的錢最多，據說僅臺灣島內屬於他的資產就高達三百億元新臺幣。

蔣經國在世時，蔣孝勇很少在政壇露面，只顧埋頭撈錢。蔣經國去世後，臺灣島內盛行翻案，蔣氏家族頓時感到失去權力的痛苦。為了重振家族「雄風」，蔣孝勇通過各種手段擠進了國民黨第十三屆中央委員會。

但是，令人感到意外的是，剛剛當選「中央委員」的蔣孝勇突然請長假出國進修，並將全家遷往加拿大定居。1997年1月，蔣孝勇因患癌症去世。

九、接班受挫

綽號「白狼」實為臺灣最大黑幫竹聯幫「精神領袖」的張安東，在逃亡大陸17年後重返臺灣。當初，張安樂在「江南案」中曝光的錄音帶致使蔣經國之子蔣孝武被「謫放外地」，從而導致蔣經國的「接班人計畫」澈底破產。

培養「三代」

1978年3月，年近古稀的蔣經國出任臺灣地區領導人，成功地「子承父業」。而他培養接班人的計畫，已早早開始。

蔣經國有三個兒子，長子蔣孝文，次子蔣孝武，三子蔣孝勇。蔣孝文從小嬌生慣養，是出名的紈绔子弟、不良少年。在蔣家三公子中，蔣孝武是最被看好的。他生性沉穩，年少時很少惹是生非，因此深得蔣介石父子的歡心。當年，蔣介石滿懷希望這個孫子能夠進入軍界，掌握軍權，所以給他取名孝武。為了讓他接受正規的軍事化教育，蔣介石還將他送到德國，後來因為蔣孝武對軍事不感興趣，又轉學政治。

蔣經國對蔣孝武的培養路數，一開始就基本是對蔣介石培養他的路數的複製。蔣經國從1976年起便讓蔣孝武進入情報部門，之後使其擔任多個部門要職，涉足了黨務、軍特、宣傳等重要系統。並用為了不使兄弟爭權，蔣經國沒讓三子蔣孝勇涉足政界，而是安排他進入商界。

躊躇滿志

在接班的問題上，蔣孝武也曾躊躇滿志，甚至在形象設計上也很費心思。蔣孝武遺傳了母親蔣方良的黃髮藍眼，但是為了讓自己看起來具備「炎黃子孫」的血統，他把頭髮染成了黑色，同時，還讓專家特地設計了一種隱形眼鏡，只要戴上它，眼睛就變成了黑色。這樣，在接「中國人」的班時，就不會顯得不倫不類。

當然，蔣孝武也不是沒有「缺點」，蔣孝武的私生活比較放縱，緋聞很多。1968年8月，正在德國留學的蔣孝武與年僅17歲的瑞士籍華裔姑娘汪長詩邂逅相遇，半年後兩人即在美國結婚，並生下一兒蔣友松，一女蔣友蘭。但很快，汪長詩察覺丈夫身時有女影星出沒。於是爭吵隨之蜂起。在汪長詩離家出走以後，蔣家所有人都極力挽回汪長詩。而結婚7年的蔣孝武與汪長詩，最終選擇了離異。

此事曾使得蔣孝武在蔣經國心目中的地位跌落谷底。在蔣經國的想法裡，一個連家裡都擺不平的孩子，有什麼資格談接班？

江南命案

為使蔣三世接班，蔣經國開始重用既無個人班底又對蔣家絕對忠誠的第三代人物，如陳履安、宋楚瑜、連戰等人，目的就是讓他們逐步抓到實權，以便為蔣孝武接班護航保駕。然而，「江南命案」的發生直接導致蔣經國傳子部署失控。

江南（原名劉宜良）曾是《臺灣日報》記者，後以《臺灣日報》特派員身分來到美國，並加入美籍。在美國期間，江南開始撰寫《蔣經國傳》並在洛杉磯《論壇報》上連載，書中透露了蔣家的不少「秘辛」，令蔣經國惱羞成怒。1984年10月15日，江南在三藩市遭槍殺。美國警方迅速破案，查明刺客是「竹聯幫」幫主陳啟禮等3人，他們是按照臺灣當局「特工」部門的指示行事。當時，陳啟禮留給「白狼」張安樂一卷保命錄音帶。張安樂攜帶錄音帶，在洛杉磯公示：「江南案」幕後另有指使者。多年後，張安樂透露，當時要救兄弟，也要顧全大局，就把矛頭對準

了蔣孝武，讓他替父受過。

　　頓時，蔣經國和臺灣當局在國際上名聲掃地，美國人的態度也對蔣經國造成了強大壓力。蔣經國只好將蔣孝武「流放」到新加坡任「商務代表」，請好友李光耀代為看管。蔣孝武從此淡出政壇，蔣經國的接班人計畫也就徹底破產了。

十、百姓有錢

　　2009年，在蔣經國誕辰100周年紀念日裡，臺灣領導人馬英九積極主導臺灣當局推出系列活動，隆重紀念這位臺灣前領導人。在當時舉行的座談會、演講會上，馬英九和臺灣當局高層都親自參加，他們共同追憶了當年跟隨蔣經國在一起的種種故事。其中就有「老百姓有錢蓋屋」的故事。

　　蔣經國最為臺灣民眾熟悉的是他的親民作風。臺灣《聯合報》報導說，1971年蔣經國到日月潭考察時，路過一家檳榔店。蔣經國好奇地問：「檳榔有什麼好？為什麼那麼多人愛吃？」隨行回答說：「勞動基層、農民工作很累，吃檳榔可以提神。」蔣經國立馬拿一顆往嘴裡塞，安全人員都沒來得及制止。蔣經國咬了咬，皺眉說：「不好吃嘛！」一旁的人全笑起來。

　　蔣經國當年在臺灣有很多民間朋友，比如在臺中賣草湖芋仔冰的老闆。在接受媒體採訪時，健在的老闆娘回憶說：「經國先生去我們家的時候我們很窮，也沒有錢弄屋頂，都只是用鐵皮搭的，他來之後，讓我們賺很多錢，我們就蓋起了大樓。」有一天孫子問她：「奶奶，你跟爺爺在哭什麼？」她說：「因為經國

先生，我們已經看不見了，永遠都沒辦法跟他講話了。」孫子聽完也一起哭。馬英九有一次陪蔣經國視察屏東，看到前來歡迎的年輕人，蔣經國便問：「你在哪工作？」年輕人回答：「報告院長，在當兵。」「在哪裡當兵？」「報告院長，這是軍事機密，不可以告訴你。」

　　臺灣媒體此次還披露，蔣經國生前非常喜歡看二戰電影，其中反復看的一部片子叫《東京上空30秒》。該片內容描述的是二次大戰期間，美國飛行員杜立德在珍珠港事件後，執行轟炸東京的任務。轟炸任務完成後，轟炸機群轉飛中國大陸，但因地形不熟，迫降的迫降、墜毀的墜毀，所幸靠著當時中國提供的醫療協助，才救回這些美國英雄。

第五章　民主轉型

　　有人講蔣經國是主動在順應自由民主的時代大潮；也有人講
這種順勢而為其實是被動性質。但通觀其在臺灣主政的20餘年，
「主動」與「被動」其實都是偽命題，蔣經國本身，就是這自由
民主大潮的一部分。

一、以民為本

　　一個威權領袖的政治信仰如何，在某種程度上，決定了其威
權統治的實質。蔣經國自然也不例外。他早年所受的家教，是父
親所信奉的傳統儒家經典；青年時代一度長期滯留蘇聯，深受共
產主義影響；回國後又接受其父為其量身打造的「思想改造」。
1956年，蔣經國在《我所受的庭訓》中，如此回憶父親早年對自
己的家教：

> 「父親指示我讀書，最主要的是四書，尤其是孟子；對
> 於曾文正公家書，也甚為重視。後來又叫我看王陽明全集等
> 等。民國十一年，父親要到福建去的前一天，還寫信告訴我
> 說：『孟子須熟理重讀，論語亦要請王先生講解一遍，你再
> 自習，總要以徹底明白書中的意義為止。你於中文如能懂
> 一部四書的意義，又能熟讀一冊左孟莊騷菁華，則以後作

文就能自在了。每篇總要讀三百遍，那就不會忘記了。』」

「不久又來信叮嚀地說：『孟子文章之好，異乎他書，你如將來要做好文章，必須熟讀孟子。』」「父親所以特別提示我要熟讀孟子，不但要我學會他的筆調，能做好文章：同時更教我從思想上注重下列的幾段文字：

（一）五畝之宅，樹之以桑，五十者可以衣帛矣。雞、豚、狗、彘之畜，無失其時，七十者可以食肉矣。百畝之田，勿奪其時，數口之家，可以無饑矣。謹庠序之教，申之以孝悌之義，斑白者不負戴於道路矣。七十者衣帛食肉，黎民不饑不寒。然而不王者，未之有也。

（二）自暴者，不可與有言也，自棄者，不可與有為也。言非禮義，謂之自暴也。吾身不能居仁由義，謂之自棄也。仁，人之安宅也，義，人之正路也。曠安宅而弗居，舍正路而不由：哀哉！

（三）天之將降大任於斯人也，必先苦其心志，勞其筋骨，餓其體膚，空乏其身，行拂亂其所為；所以動心忍性，增益其所不能。人恒過，然後能改；困於心，衡於慮，而後作；征於色·發於聲，而後喻。入則無法家拂士，出則無敵國外患者，國恒亡。然後知生於憂患，而死於安樂也。

1956年的蔣經國，已經能夠充分理解父親交待自己特別注重的那些文字的深刻思想內涵，他如此解釋：

「這裡第一段的意思是指出：一個革命救國的遠景和藍圖。也就是說，我們從事革命工作的目的，一切要為著人民安樂和國家富強，力求達到老者衣帛食肉，黎民不飢不寒的境地。第二段指出行己立身，不可自暴自棄，定要居仁由義。第三段指出革命事業及人格的完成，並非一蹴而就：必須經過許多艱難困苦的環境。和各種難堪和不可忍受的磨折；甚至遭人污辱謗誹，亦當逆來順受，然後可以達到。⋯⋯古人說：『能受天磨方鐵漢，不遭人忌是庸才。』確為經驗有得之言。」

在同一篇文章裡，他還回憶起自己從蘇聯回國後，父親對自己的「思想改造」：

「父親因為我童年就已出國，而在外國時間又太久，怕我對於中國固有的道德哲學與建國精神，沒有深切理解；所以又特別指示我研讀國父遺教。民國二十六年五月十二日來信說：『你以後看書，應多注重中國固有道德，建國精神與其哲學。孫文學說一書，實為中國哲學之基礎：而三民主義則為中國哲學之具體表現，譯文絕不能澈底闡明其精神。俄文譯本更將其中之精華捨棄未譯，故你應將孫文學說看完二遍之後，即看三民主義中民族、民生與民權各講之原書全文：並應將其心得批評之點摘記另錄，以備呈閱。民生主義中，批評馬克思主義各節，尤為重要；應切實用客觀態度，悉心研究看完。主義之後，再看軍人精神

教育一書，亦在中山全書之中；如能瞭解以上各書，則中
國之政治、社會、經濟與哲學，皆可得其基礎矣。』

　　蔣介石的努力顯然沒有白費。這位宋明儒學的信徒，最終
也把自己的接班人培養成了一個儒家「民本政治」的信仰者。宋
楚瑜曾多年後還能回憶起蔣經國對自己說過的一番話：「政府不
要跟民眾斤斤計較」。這話背後不見得有「民主」，但很顯然有
「民本」。1950年代，臺灣修築中部橫貫公路，蔣經國深入一
線，與築路工人同吃同住，同在水龍頭上喝生水，同在工棚裡啃
饅頭；年近古稀仍下到臺灣各處窮鄉僻壤裡去探求民隱，像尋常
老農一般脫鞋涉水，像尋常路人一般直接在路邊小飯館買盒飯
吃……這背後也不見得有「民主」，但很顯然有「民本」。

二、創造「均富」

　　蔣介石對蔣經國的「思想改造」是成功的；但再成功的「思
想改造」，也無法消磨掉所有曾經的「共產主義」痕跡。30年代
蔣經國在贛南的實驗，仍帶有明顯的蘇聯色彩；到臺灣後所啟動
的「十大建設」，更有明顯的蘇聯集中力量辦大事的計劃經濟色
彩。蔣經國早已不是一個「共產主義戰士」，但以「平等均富」
為主旨的「社會主義」，顯然與他的「民本」政治信仰，已完全
重合在了一起。
　　宋楚瑜多年後曾如此回憶蔣經國政治理念裡的「社會主義」
因素：

「經國先生一直記得上海打老虎的經驗，那是他一生難忘的痛苦教訓。他經常強調：『改革要兩面作戰，比革命還難得多。』他親自向我說過，當年上海報紙一漲價，就代表物價堤防破了，隨之物價飛漲，根本擋不住。所以他主政期間，對民生基本物價的穩定，特別是米價、油價，非常重視。

　　在臺灣經濟改革的過程中，他一直很廣泛地傾聽各方意見，維持著發展與穩定間的平衡，小心拿捏其中的分寸。經國先生篤信孫中山先生的三民主義，堅守著民生主義均富的理想，所以一方面開放市場經濟與自由貿易，另一方面卻不准民生必要的物資掌握在財團手中，水、電、油、交通、金融、煙酒等，均透過國營事業嚴格控制價格。

　　經國先生很清楚，穀賤傷農，穀貴傷民，所以他透過『稻米保證收購價格』來保障農民收入，同時用農產品平準基金等措施，因應國際糧價波動，平抑島內糧食價格。

　　中國征了幾千年的田賦，也在經國先生『行政院長』任內停徵，用以照顧農民。國際油價波動，臺灣什麼油都可以漲，漁業用油、農業用電不准隨便漲。臺灣什麼煙酒都可以漲，基層在抽的『新樂園』牌香煙不准漲；原住民深山取暖、家家煮菜要用的米酒不准漲，但高價位的煙酒可以多漲一些，用來貼補中低收入者，並維持穩定民生物價。這不就是具有中國特色的社會主義嗎？

　　我要藉此澄清一個觀念，外界談『臺灣經濟奇蹟』多半只講經濟成長這部分。但真正的『奇蹟』，是既能經

濟成長，同時又讓人人賺到錢、注意到『均富』。從1972年經國先生擔任『行政院長』，到1988年過世，臺灣的人均所得從482美元成長到5829美元。但同時間，最高所得五分之一家庭與最低所得五分之一家庭的收入差距，僅從4.49倍微調到4.85倍。全世界沒有一個國家或地區，能同時讓人均所得成長12倍，但貧富差距卻能限縮於8%。這代表著經濟成長的果實是由全民共用的，財富不是集中於少數人手中的，這更是『均富』理念的澈底實踐。

經國先生所主導的這一段臺灣經驗，至今仍被臺灣人民津津樂道。『臺灣錢，淹腳目』這句俗諺，便在形容當時臺灣的普遍富有。你可以稱之為『臺灣特色的資本主義』，但也不妨就視為另一種『中國特色的社會主義』。」

三、引路護航

一個以「民本」為政治信仰的溫和的威權統治者，一個崇奉「均富」的社會主義者，當然不會逆民主自由大潮而行；更何況，蔣經國本身，就是這民主自由大潮的一部分。

1950年代臺灣的「基層自治」，黨外力量在參與選舉時總不免受到體制內的種種刁難。著名黨外人士高玉樹1954年第一次競選臺北市長時，國民黨輕敵，不認為他夠份量，因此允許自由選舉，誠實計票。讓國民黨大吃一驚的是，他竟然乾淨俐落贏得多數票。國民黨中央黨部及警備總部本來想宣布選舉無效，可是

美國「大使館」已經報告高玉樹贏了。蔣介石調閱了他的背景資料，最後說服蔣介石批准這次選舉結果的人，則是蔣經國。

同樣也是蔣經國，在1969年批准了「基層自治」選舉中，可以實行演講制度，候選人被允許通過演講來闡述解釋自己的政策。由此開啟了一條獨特的臺灣民主轉型路徑：「自由先行」。從這個意義上來講，蔣經國是臺灣民主轉型的引路者，臺灣此後20年的轉型路徑，始終沒有脫離「自由先行」這樣一個基本思路。

引路者之外，蔣經國更是臺灣民主轉型的護航者。他的這個身分，宋楚瑜描述得最為貼切：

> 「在政治改革的過程中，經國先生對我講過：『這事急不得，也緩不得，我有我的步驟，不可以讓臺灣人心浮動。』」我相信，如果再多給經國先生一點時間，他會一邊推動警總人力轉型與現代員警的訓練，一邊加強民主化、法制化的進程，抓緊改革的方向盤跟油門，讓臺灣過渡到民主的過程中民眾與文官系統，都先經歷更好的訓練，擁有相當的經驗，充填了足夠的認識，培養了良好的習慣與價值，在保有良好體質與穩定社會的狀況下，平穩過渡。很可惜的是，經國先生走得早了點，臺灣在尚未完全準備好的狀況下，直接用跳躍的方式進入了民主化進程。不是不可以，也幾乎很難擋，但確實一路走得很辛苦。接下來十年，我們花了相當的力氣去適應和解決這些問題所造成的內耗，雖說這是民主必經的陣痛，但這段歷程的成本也的確不低。經國先生時代，政治革新方案最難處理的就是

『國會』改造、資深民代退職，我後來接任國民黨秘書長，一一走訪資深民代，婉言勸退並建立機制，一方面不能搞法理臺獨，一方面又要推動落實臺灣本土民主。在過程中，借由我從經國先生處學到不少終生受用的處世準則，而這些準則讓臺灣社會和平穩健地完成了臺灣民主史中不流血的『寧靜革命』。」

　　1960年代，蔣經國和黃傑同赴金門巡視。黃傑曾任警備總司令，蔣經國被民間稱作「黨政軍特」一把抓，兩人關係密切。臺灣的「白色恐怖」，主要是從1949到1954五年期間。黃傑是1958年擔任警備總司令。

　　臺灣的民主轉型，是一條「自由先行」的特殊途徑。50年代的「基層自治」，給予了臺灣民眾有限度（維持國民黨的「全國性」）的政治自由；同時期開啟的對私營經濟的扶植，則開啟了與大陸迥然相異的經濟自由。這兩大自由先行之後，距離和平抵達1986年的開放黨禁、報禁、開放言論自由，就只欠缺一個真正能掌控局勢的開明領袖了。

　　1978年5月20日，蔣經國出任第六屆「總統」。就職的當天下午，即對外發布三點「指示」：第一，今後不希望再有「蔣經國時代」這一類名詞出現在報紙雜誌上。「今天是一個民主的時代，不應再有個人英雄主義的色彩，如果真有時代的話，只有群眾的時代，而沒有個人的時代」。第二，今後不希望稱呼他為「領袖」。「個人只是一個普通的黨員，一個普通的國民，只願以黨員與國民的身分，與全體同志及全國同胞一起共同奮鬥」。

第三，今後不希望有「萬歲」的口號出現。「只有國家民族的萬歲，只有三民主義及國民黨的萬歲，沒有個人的萬歲」。

蔣家人「不能也不會去競選下一任總統」，國民黨「不能也不會」搞軍政府。

在1985年的國民大會行憲紀念日慶祝大會上，蔣經國有一個公開的聲明，其內容是：其家人「不能也不會去競選下一任總統」；國民黨「不能也不會」以實施軍政府的方式來統治國家。次年，被外界揣測得最厲害的所謂接班人蔣孝武被外放新加坡，以示其不傳子的決心。隨即又在國民黨第十二屆三中全會上，將「軍系中常委」縮減到四人，這是蔣氏父子統治以來，名額最少的一次。四人當中，袁守謙和高魁元早已不再統兵；實際掌握軍權的國防部長宋長志和參謀總長郝柏村，其在「中常委」中的排名，則從上一屆的第十四、十五名，降為第十七、十八名。蔣經國顯然希望以這樣一種人事安排和名次調整，來宣示未來的臺灣，絕沒有出現軍政府的可能性。

「先選擇最重要的來做，而且要快做，不要拖」

1986年的4月，蔣經國指定國民黨中常委嚴家淦、謝東閔、李登輝、谷正綱、黃少谷、俞國華、倪文亞、袁守謙、沈昌煥、李煥、邱創煥、吳伯雄十二人組成專門研究和平民主轉型的「革新小組」。蔣經國要求他們：「先選擇最重要的來做，而且要快做，不要拖。」

5月，蔣經國又發出指示，讓國民黨體制內人士主動與尤清、康寧祥、謝長廷等「黨外公共政策研究會」人士進行溝通。

這是國民黨承認「黨外」勢力組織化的開始，此後，國民黨對「黨外」的政策，明顯地轉向以溝通為主，而不再是壓制。

當改革遭遇掣肘遲遲不能有大的進展時，蔣經國果斷啟用了新的改革旗手李煥，在跟李煥的長談中，蔣經國明確地表示自己對改革行動遭到掣肘遲遲不發動，已經失去耐心，他將自己設想的三個改革目標交待給李煥（據陶涵《蔣經國傳》）：

第一，國民黨需要澈底改造才能在完全公開的政治制度裡競爭。他說：「如果我們不重振國民黨活力，人民會拋棄黨，甚至黨員都會流失。」——這一條，其實早在60年代，蔣經國就已經開始著手了，國民黨從大陸來臺時，是一個帶有強烈的列寧式色彩的政黨，這種政黨，很顯然不能適應現代的民主政治生活，只能在專制或者威權環境下生存。自60年代開始，蔣經國已開始了對國民黨本身的年輕化、現代化的改造，到80年代，這種改造已經相當有效，大部分國民黨在中央和地方的代表，都是通過競爭選舉上來的，而不是依賴威權體制的賜予。

第二，推動「全面政治民主」，也就是取消「戒嚴」、允許民眾自由組黨「國會」全面改選、解除「報禁」。——取消「戒嚴」，實際上就意味著政府需要回歸到憲法層面去施政，也就意味著四六憲法所規定的組黨自由、言論自由等等，都將重新啟動。

第三，「兩岸統一」。這是他最明確、最強烈的一點，顯示他見到在可預見的未來，甚至在他闔目之前的有

限時間內，有必要、也有機會獲致名義上的統一。他說：「我們必須採取主動，踏上統一之路。臺灣和大陸終究必須統一。兩岸若不統一，臺灣恐怕將越來越難獨立存在。」對這個問題，蔣孝勇晚年有一段澄清的論述：

「他強調，父親辭世之前，實際上已通盤檢討了大陸關係及整體施政，並且已有相當雛型，『這包括兩岸統一在內，父親是絕對不會放棄這件事的。』至於這幾年有人表示曾擔任過密使，為兩岸領導人傳過話一事，蔣孝勇表示據他所知，曾經表態過，但沒有正式接觸。在臺灣，兩蔣主政近四十年。蔣經國於1987年，也就是他在世最後一年的七月間，邀約地方父老茶敘時感慨地說，他在臺灣住了將近四十年，已經是臺灣人了。蔣經國當時希望，大家『超越一切地域、派系、小我利益之上，開闊心胸，把眼光放到大陸。』蔣孝勇說，他父親講『我已經是臺灣人』這句話的意思，其實是『除了認同臺灣之外，更希望在臺灣的人民，瞭解自己也是中國人。』後來卻被斷章取義。寧靜革命，在蔣孝勇的心目中，早在他父親辭世之前就展開了。他強調，除了人事布局尚未完成之外，蔣經國的一連串民主改革措施，為臺灣社會日後的安定祥和開創了先機。」（引自《蔣孝勇的最後告白》，蔣孝勇口述，王力行，汪士淳整理）

「大陸人民有權選擇是要共產黨、國民黨，還是其他政黨來主持政府」

李煥在1987年10月，以國民黨中央黨部秘書長的身分，公開宣布國民黨的政策不再是尋求在大陸取代中國共產黨，而是推動「政治改革、言論自由和經濟自由化」，國民黨內的保守派的憤怒因此一度達到了巔峰。蔣經國卻向那些來到七海新村向自己抱怨的黨內大老們表示：「大陸人民有權選擇是要共產黨、國民黨，還是其他政黨來主持政府。」

承認大陸人民擁有選擇自由，也就給了國民黨更大的轉型自由。

「時代在變，環境在變，潮流也在變」

1986年9月28日，135個反對派人物在臺北市圓山大飯店集會，組建起了「民主進步黨」，並一致通過民進黨黨綱，主張臺灣人民有「自決」權。

> 「副官聞訊，跑進蔣經國臥室向他報告，他點點頭，沒有回應，過了半小時才交代副官通知幾位核心高級官員到官邸開會。黨政軍要員迅速趕到七海新村接待室。蔣經國坐在輪椅上出現，開口就說：『時代在變，環境在變，潮流也在變。』接下來又講了幾分鐘這類有哲學意味的話。他說，國民黨過去『太驕傲、太自負』，現在起，不能再跟從前一樣。雖然警備總部已準備一份抓人名單，蔣經國卻

說：『抓人解決不了問題……政府應該避免衝突，保持鎮
定。』他指示『行政院新聞局』起草一份公開聲明說，組
織新政黨的問題已在研究中，尚待做出決定，目前的政策
不變：亦即沒有所謂合法的反對黨。因此『政府』在此時
並不承認民進黨。他又說，國民黨中常會應加快研究政治
革新，公布一個時間表，讓民眾瞭解黨的改革方向。」
（據陶涵《蔣經國傳》）——不承認，不鎮壓，這實際上
等於已經默認了黨禁的解除，所差的，不過是一道正規的
手續而已。

「時代在變，環境在變，潮流也在變。」這樣的講話，在
1986年前後頻繁地出現在蔣經國口中，他還說過：國民黨「必須
以新的觀念，新的做法，在民主憲政體制的基礎上，推動革新措
施」，因為「唯有如此，才能與時代潮流相結合，才能與民眾永
遠在一起。」

這個以「民本」為基本政治信仰的「社會主義者」，其實也
是不斷變化的潮流中的一部分。他已經很明白，僅僅從「民本」
出發「愛民如子」，已經不再適應這個時代的需要了；這個時代
的民眾，早已不再滿足於做「被愛」的「子民」，他們已經覺
醒，他們已懂得「自愛」，他們不再需要一個政府或者一個黨來
做自己的「保姆」，他們希望自己成為政府本身，他們要自己治
理自己。這是「民本」與「民主」的大區別。蔣經國很清晰地看
到了這種區別。所以，他在解除黨禁的那一刻說：

「世上沒有永遠的執政黨」，但世上必然有「與民眾永遠
　　在一起」的政黨。

四、結束語

　　此處用了幾個專題來解讀臺灣的民主轉型。但很顯然，我
們沒有也不可能窮盡臺灣民主轉型帶給我們的所有歷史經驗。但
在這個小系列完結之際，還想著重強調這麼一點：臺灣民主轉型
的開啟者，不僅僅是「美麗島」一類的黨外反對派，也不僅僅是
「自由中國」一類的體制內反對派，更應該包括國民黨政權自身
蔣氏父子的獨裁，從來都不是某種意識形態意義上的獨裁，也從
來都不是某種利益集團意義上的獨裁，它僅僅是一種基於現實政
治需要（反攻大陸）的獨裁，這種獨裁最重要的目的有二：1.防
止政權喪失「全國性」而迅速臺灣化；2.保持足夠的組織動員能
力以便「反攻大陸」。正因為國民黨在臺灣是這樣一種特殊的獨
裁政權，沒有意識形態包袱，所以它能夠實現本黨的「去列寧
化」；沒有蛻變成特殊利益集團，所以能夠開啟一條「自由先
行」的獨特民主轉型之路。國民黨，既是臺灣民主轉型的障礙，
也是臺灣民主轉型的推力。

第六章　暗戰十五

　　1926~1927年鄧小平與蔣經國是蘇聯中山大學的同窗，1973年兩人幾乎同時掌握大事。之後數年間，在臺灣回歸和國共合作等重大問題，兩人展開了多次的較量。

　　作為蘇聯中山大學同窗的鄧小平和蔣經國，誰也沒想到畢業幾十年後的1973年，鄧小平再次復出，蔣經國接棒掌權臺灣，歷史將他們推向了新的起點。在接下來的15年間，有過鄧小平給蔣經國「重重一擊」的「鬥爭」，更有聯手搭建兩岸平臺的合作。但可惜的是，鄧小平寄希望於國共之間的第三次合作來推動祖國統一的設想，只因蔣經國的突然離世而落空。

一、復出掌權

　　1973年，老蔣把許多事情都交給兒子蔣經國。1973年，毛澤東決定：讓鄧小平復出。

　　鄧小平，1926~1927年與蔣經國是蘇聯中央大學的同窗，那時候的鄧小平，是蔣經國所在共青團小組的組長，他那時的名字叫鄧希賢。已經掌握臺灣大權的蔣經國，密切注視著他在蘇聯留學的這位老同學。

　　1973年3月，鄧小平回到中共中央，周恩來首先把大部分涉外事務交給了他，鄧小平立刻宣布：北京已經準備好，可以跟臺

北直接談判統一的問題。鄧說，在現階段，「優先考慮用和平方式……（統一）」。

　　滯留大陸的老國民黨人，透過公開、私下的管道，向蔣家父子不斷招手。臥病在床的老蔣顧不了這些，負責臺灣黨政軍大事的蔣經國，同樣不予理會，他親口告訴《紐約時報》記者：「與中國共產黨接觸（談判），就是自殺行為，我們沒那麼愚蠢。」

　　1975年，蔣介石死了。1978年3月11日，蔣經國被選舉為「總統」。兩個月後，他在盛大典禮中正式就職。

　　對岸，他的老同學鄧小平雖然沒有重新擔任黨的總書記，但卻第三次在政壇上站了起來，並牢牢地握著中國的改革方向。

二、重重一擊

　　毛澤東因為在北京迎接了尼克森，給了老蔣重重一擊，蔣介石曾憤怒地說：「尼克森不是東西！」鄧小平同樣給了蔣經國重重一擊：蔣經國在美國國內的各個部門都安插了「親臺朋友」，可是，卡特總統和鄧小平的建交祕密磋商，蔣經國竟毫不知情。

　　1978年12月15日晚10時，即中美建交消息公布之前12小時，美國駐「中華民國」的大使安克志忽然接到華盛頓的專線祕密電話，這位特命全權大使於是奉命在凌晨三點的時候，撥通蔣經國助手宋楚瑜的電話，說是有緊急公事，必須立即面見「總統」。

　　蔣經國只得在半夜爬起來見了安大使，知曉了中美建交的消息。臨別時，安大使按照美國國務院的要求，請求蔣經國先生在第二天早晨8點之前，暫時不要對外洩漏這一消息。蔣經國強忍

怒氣，始終不肯答應。消息公布當天，新臺幣黑市交易（兌換美元）價格大跌，臺北股市大跌近一成。鄧小平和中國共產黨在全世界聲勢大振。

三、聯手搭臺

　　1979年1月1日，國防部長徐向前發布消息，稱金門炮擊正式停止。

　　同一天，全國人民代表大會發表《告臺灣同胞書》示好。北京對台辦負責人廖承志也發表發致蔣經國「老弟」的一封公開信。提議國、共第三次合作。

　　蔣經國對鄧小平的這一和平攻勢，反應相當敏銳。

　　臺北方面一方面很堅定地謝絕廖承志來訪，蔣經國說：共產黨提議兩岸對話，是「舊瓶裝新酒」。他宣稱，「中國人民唾棄共產主義，而臺灣的成功卻激發人民渴望自由、民主和繁榮的生活方式」。

　　但在另一方面，蔣經國也認為：北京現在熱切鼓勵兩岸之間擴大經濟、社會、文化交流，長此以往，對臺灣必然是利大於弊。如果兩岸人民旅行、貿易往來審慎發展，必可提升臺灣在全中國的形象和影響力。

　　因此也可以這樣說：早在20世紀80年代即將開始的時候，兩岸修好的舞臺，已經由鄧小平和蔣經國「聯手搭建」完畢。

四、向蔣示好

進入1981年後，鄧小平進一步向蔣經國「示好」。中共中央下達指令給浙江溪口地方黨委，修繕豐鎬房以及蔣經國母親、祖母的墳墓。因為鄧小平、廖承志清楚知道，蔣經國是個大孝子。溪口墓地修葺一新的照片，被迅速但又祕密地送進了臺灣「總統府」。

鄧小平還就他的「一國兩制」統一模式，提供法理架構。他指示修訂中華人民共和國憲法，賦予臺灣和香港「特別行政區」的特殊地位。「特別行政區」享有「高度自治」，亦即對它們現有的經濟、政治、社會和司法制度有控制權。

五、「中間人」李

隨著時間推移，蔣經國認為兩岸談判的時機已經慢慢成熟，但在臺北和北京之間進行正式對話之際，「中間人」是不能缺少的。蔣經國把這個敏感角色託付給了新加坡總理李光耀。

1980年，李光耀二度訪問中國，翌年，鄧小平派出中國總理率領大批官員訪問新加坡，考察新加坡的成功和經驗。李光耀試圖讓鄧小平及其他中國高級官員瞭解臺灣的情勢。

蔣經國與李光耀，更加意氣相投。李光耀每次到臺北，都和蔣經國單獨交談好幾個小時，交換彼此對中國、對兩岸議題的看法。蔣經國認為：李光耀對兩岸議題的瞭解，比任何人都深入。

鄧小平透過李光耀，向「我在莫斯科的同學」蔣經國致以問候。

六、背叛王朝

到了1983年，蔣經國私下指出：由於鄧小平推動經濟改革和務實外交，中華人民共和國將日漸茁壯強大。如果臺灣和大陸能夠結合，「中國的未來，必定會有偉大的前途」。

1984年9月26日，中、英達成了關於香港未來的協議。在這種大背景下，1986年夏天，李光耀又在臺灣訪問了三天，與蔣經國私下長談，這一次，蔣經國明確告訴李光耀，對於改造臺灣的政治體制，他已經有了全盤的計畫和最新的想法。

1987年，臺灣發生多種變化，其中最富戲劇性的當推1987年10月14日，國民黨繼開放黨禁、報禁之後，再全面開放島內民眾前往大陸旅行，這一舉動，等於背叛了蔣家王朝整個的反共鬥爭。

七、死得太早

接下來兩個月裡，申請到大陸探親的臺灣居民有幾萬人，蔣經國很滿意，事實上，這也是他鼓勵大陸內部演變的策略之一部分。他對部屬說：「不需要擔心。到大陸看看，可以讓臺灣人民瞭解大陸的情勢；大陸人民也可以瞭解臺灣的情形。」

1988年元旦，在蔣經國的指示下，臺灣正式結束對報紙的限證（維持在29家）、限張（維持在每天對開3張）的禁令；數天之內，就有200家左右的新出版物，向有關機關辦理登記，街頭

立刻出現許多新興畫報。同時，也有60多個政治團體申請註冊成
立政黨。後來，包括民主進步黨在內，共有20個政治組織獲得通
過，正式成立政黨。

　　1月12日，由馬英九主持起草的結束大陸人掌控臺灣政治過
程的草案，獲得通過。馬英九準備翌日晉見蔣經國，報告這個好
消息。可是，13日下午，這位「總統」卻突然撒手人寰。

　　鄧小平聽到蔣經國逝世的消息，立刻召集中國共產黨中央政
治局擴大會議。聽取了臺灣事務辦公室對臺工作小組的報告後，
鄧小平表示，中國的統一是一件世界大事。鄧小平宣稱，當蔣經
國依然健在時，「中國的統一就不會像現在這樣困難和複雜。國
民黨和共產黨過去有過兩次合作的經驗。我不相信國共之間不會
有第三次合作。可惜，經國死得太早了」。

　　鄧小平是對的。天若假年，讓蔣經國多活幾年，他或許就會
「推動統一的原則」。

第七章　政治遺產

　　蔣經國逝世將近30年，這位被稱為「臺灣威權政治的終結者，民主體制奠基人」的名字，30年前，或許不曾像現在這樣被兩岸人士頻繁提起。

　　盤點蔣經國的政治遺產，在人們心目中，可能有更多人不解，縱使臺灣藍綠對抗如此兩極化，蔣經國為何在民意調查中，始終是排名第一的領袖人物？他何以能備受臺灣民眾肯定？他究竟是一個什麼樣的人？

　　風燭殘年佝僂著坐在輪椅中，受多年糖尿病折磨、臉浮腫得不成樣子的蔣經國，已不能親自宣讀「總統」致辭，只能聽著秘書長何宜武代讀。突然，臺下有「國大代表」扯起白色橫幅衝著他大聲抗議，然後是更多人響應起鬨。他從沒想到，重申推進民主改革決心的「總統致辭」，得到的回應，竟然是臺下急不可耐的民主人士喧嘩。在被手下擁離主席臺前，他孤寂無力的雙眼朝著喧嘩嘈雜的方向停留片刻，說不出一句話，緩緩扭過頭去，滿臉的落寞茫然。

　　這是在臺灣擁有絕對權威的蔣經國留給世界的最後一個鏡頭。時間定格在1987年12月25日的「行憲紀念」大會。19天後，他告別人世。

　　他剛剛撥出關著民主的魔瓶的塞子，就戲劇性地目睹了專制強力統治下的井然有序到民主之初的喧嘩沸騰，領略了民主時代

人們對舊權威的不知感恩和不屑一顧。這是日後臺灣社會場景的第一次預演，歷史為他安排的這次彩排，蔣經國茫然無以應對，無人知曉他那一刻心中的感受，無人知曉他是否擔心身後的評價。

（一）

1970年4月24日，美國當地時間中午12時10分，時任臺灣「行政院副院長」的蔣經國在嚴密護送下抵達紐約廣場大飯店，在這裡四樓等著他的是「東亞——美國工商協會」的一場午宴和飯店外幾十個舉著橫幅的『臺獨「分子」一對這類稀稀拉拉的抗議，見慣了世面的蔣經國早已不以為意。

當他在簇擁下即將進入酒店旋轉門時，突然一穿風衣的男子從側邊的大理石柱後閃出，撥出手槍，緊挨刺客的美方便衣員警沙德閃電般托起其手腕，子彈偏高射入牆壁，刺客未及開第二槍，就與同夥被一起制服。風衣刺客是1937年出生於臺灣新竹的黃文雄。

「Let me stand like a Taiwanness!」（讓我像一個臺灣人一樣站起來！）被一群員警壓在身下的黃文雄，不斷從那些彪形大漢的身體裡鑽出頭部或上半身，朝蔣經國大聲呼喊。他的妹夫鄭自才企圖上前營救，也迅速被制服了。

黃文雄對臺灣的「獨裁政權」恨之入骨，源於其老實巴交做公務員的父親黃耀輝在早年島內「白色恐怖」中入獄，而「特務頭子」即蔣經國。

「來來來，來臺大；去去去，去美國」。隨著冷戰加劇，利用獎學金從「自由陣營」的國家和地區招收吸引優秀學生到美國

留學，也成了冷戰策略之一。1965年，黃文雄考取美國康乃爾大學社會研究所博士班。此後，在同樣在美留學的鄭自才等人的介紹下，成為「臺獨聯盟」的一員。

雖然蔣經國神態從容鎮定：「這些懷有異見的人，他們如果有什麼不同意見，可以向我陳述，我一定接見。至於這兩個被逮捕的無知青年，我希望美國把他們釋放。」兩個被捕者不久分別以10萬美元和9萬美元交保獲釋。但「424槍擊事件」是蔣經國一生中遭遇的最大危險之一，尤其是「Let me stand like a Taiwanness!」也是當時站在旋轉門後方，親歷親聞這一場景的蔣經國無法忘記的一句話。

蔣經國在臺灣公眾面前的形象，始終與牢牢掌握著軍警憲特力量的獨裁者無緣；相反，在公眾印象中，他樸素猶老農，豪邁如老兵，親民若鄉老，赤誠堪比苦行僧。他是一位可以與任何人握手，永遠滿面笑容，永遠與民同樂，能讓人認為他是人民一分子的獨裁者。

集權柄於一身的獨裁者大都勤政近乎自虐，而蔣經國的勤政，並非事無巨細統攬大權的案牘批閱之勤，作為一個理想主義時代的前共產黨人，他比任何人更深明「深入基層工作」的方法和意義；作為一個在中國大陸江山丟棄最後時刻曾試圖挽狂瀾於既倒的「太子」，失去民心的教訓，他的體悟來得比旁人更深刻。

蔣經國的早年蘇俄經歷和其後蔣介石要其苦學儒家先賢大哲，使他身上有中國傳統儒家「人心惟危，道心惟微；惟精惟一，允執厥中」執政思想，與列寧主義群眾路線結合醇化後的雙重特質。

1956年7月，臺灣修築西起臺中縣谷關、東到花蓮太魯閣的東西橫貫公路，直到1960年通車時，參與工地建設的蔣經國與築路的「榮民」同甘苦。渴了，與工人一樣嘴對著水龍頭喝生水，或直接用炊具打水喝；餓了，隨手抓個饅頭就啃。他年近古稀方接過大位後，在臺灣各窮鄉僻壤探求民情，常會脫下鞋子涉水而過。即使身遭糖尿病的苦痛折磨，外出視察時，依然會餓了直接向小飯館買個盒飯吃。

（二）

「臺灣人為什麼要殺我？」在那次一生最危險的遭遇之後，蔣經國經常自言自語。

與蔣介石敗退臺灣後認為殺人太少是最沉痛的教訓之一不同，蔣經國認為，政權的穩固首先在民生。

蔣經國掌權後，於1974年提出包括高速公路、國際機場、港口、鐵路電氣化、大鋼廠、大造船廠、石化工業和核能電廠等振興臺灣的「十大建設」，有些項目，今天看來也許無甚了得，但在40年前都算先進事業，無意中為臺灣的經濟騰飛奠定了基礎。

「十大建設」加上「新竹科學園區」，使臺灣工業在世界市場取得了地位，國際社會稱許臺灣創造了經濟奇蹟，臺灣也進入了「亞洲四小龍」的行列。這已成為今日臺灣人描述那個時代的最好象徵。

1951年到1970年的20前，臺灣人均GDP僅從137美元上升到364美元，但從1970年到蔣經國離世的1988年，近20年間的人均GDP已變成7097美元，1978年人均國民所得1400美元，城市人

口占到41.9％。尤為難得的是，蔣經國主政年代，社會始終未出現貧富分化隨經濟增長而加劇的情形，在幾乎整個70年代和80年代的大部分時期，吉尼係數一直低於0.3，中產階級占全民總數51％，為世界人均收入分配差距最小的社會之一。

以今日眼光看，蔣經國固非經濟內行，臺灣經濟奇蹟亦不應過分歸功於他，而忘卻那個時代每個客廳都是工廠、每個家庭都參與「標會」融資的全民奮鬥。但蔣經國超撥任用大批留洋歸來的專家人才，為漸培臺灣根本，也為政權從專政型政府過渡為服務型政府打下堅實基礎。他持之以恆的勤政更給那個時代所有臺灣人留下了深刻印象。

蔣經國政府中有很多財經大員，如李國鼎、孫運璿等人，都擔任過「經濟部長」、「財政部長」或「行政院長」，對建設臺灣貢獻卓著，他們退休後，上無片瓦，下無寸土，手無股票，住在公家宿舍，靠政府一點兒顧問津貼過日子。

蔣經國的施政原則，政府幫助企業界賺錢，但官員不能和企業家「打成一片」，以維政治風氣之清明。他不是只要求別人，而是自己也以身作則，當時有位「立法委員」，是他莫斯科大學同學，平時會在一起喝酒聊天。但此公應一銀行之請，掛名擔任董事長，蔣立即與他劃清界限，不再往來，以免外界猜測他與金融界有何瓜葛。

蔣經國深知金融業與民眾生活息息相關，1981年底，「財政部長」徐立德接事時，蔣經國叮嚀他，凡事都要想到百姓的生活。

1985年初，因官商勾結、坑害數千儲戶的臺北市「第十信用合作社弊案」發生，牽扯到的大小官員達到200多人。假離婚

案、夫妻財產分別登記案紛紛出現。也有債務人家屬，因不堪巨額負債的壓力而跳樓自殺。蔣經國得知事後異常震怒，有人說：此案讓其看到的是整個國民黨權力核心以及中層黨工極度腐敗的真相。他在2月3日的高層首腦參加的軍事會談中強調：在經濟方面反對壟斷！反對特權！反對投機倒把！對於「政府」官員涉入「十信弊案」及財政官員的錯誤做法，蔣經國再一次強調「政府官員一定要憑良心依法辦事」。隨後，因「十信弊案」，前後任「財政部長」的徐立德和陸潤康雙雙解職，「中央委員會」秘書長蔣彥士引咎辭職。

即使終生與蔣氏父子為敵的臺灣學者李敖亦做過統計，1978年到1981年，蔣經國下鄉197次，「與民同樂」155天。為視察一條建設中的公路，他竟進山21次。1980年，永安礦難，蔣經國挨家挨戶慰問。

那是一個臺灣全社會積極向上的振奮時代，企業的第一單海外業務，家庭添置的第一台電視機、第一台摩托車，個人第一次到海外當觀光客，國民第一次分享到棒球隊奪得世界冠軍的揚眉吐氣……

（三）

蔣經國一直對「臺灣人」這個稱呼深具戒心。

1949年，蔣氏父子兵敗大陸，退守臺灣，蔣介石不思「滅六國者，六國也，非秦也；滅秦者秦也，非天下也」之訓，卻稱「過去一年，實為平生所未有最黑暗、最悲慘一年，惟自問一片虔誠，對國家、對人民之熱情赤誠，始終如一。」

不過，島上的民眾並沒有感受到兩蔣的「熱情赤誠」，一紙「戒嚴令」讓臺灣陷入38年的「白色恐怖」。當然，長期戒嚴還有更重要的具體需要，那就是退居到臺灣的國民黨，如同驚弓之鳥，不能承受任何政治上的風吹草動，要用手上掌握的一切工具壓制真實或想像的敵人。

　　最可怕的敵人，當然是海峽對岸的中國共產黨，因而戒嚴下主要的副產品，也就是對於「紅色思想與組織」的嚴密監控。在戒嚴下，國民黨採取了「寧可錯殺一百，不可錯放一個」的神經質反應模式，到處調查、搜捕「匪諜」。

　　戒嚴時期常見的匪諜無所不在，「保密防諜，人人有責」的標語口號普及全島。臺北新店溪畔附近的馬場町，取代了上海的龍華鎮、南京的雨花臺。

　　從鄭成功時代開始，當臺灣被光復時，只是個從大陸敗退，對抗大陸的據點和重返大陸的跳板，兩岸一統時，臺灣又是個可隨便讓與外人的化外之地。在長期孤懸海外的時代，淪為「二等公民」的臺灣人稱自己為「亞細亞的孤兒」。

　　臺灣光復，國民黨部隊的槍炮又造就了「二二八」的流血記憶。事件中的高雄衝突，議長彭清靠率民意代表到高雄國軍司令部，要求撤走在市區濫殺民眾的巡邏隊，其中一位民代大罵蔣介石，惹怒蔣系寵將彭孟緝，三位民代被當場槍斃，彭清靠也被捆綁入獄。

　　事後，彭清靠之子彭明敏在回憶錄中說：「到了這個地步，父親甚至揚言為自己身上的華人血統感到可恥，希望子孫能與外國人通婚，直到後代再也不能宣傳自己是華人。」受父親影響，

彭明敏後來成為「臺獨教父」。

　　事件之後，一群又一群的民國軍政要員、社會名流和家眷從基隆港下岸後，直接搬進臺北後來被命名為「南京路」、「杭州路」的街道⋯⋯

　　上至「總統」，下至「警總」，沒有一個人能聽懂台語，卻擁有這座小島至高無上的權力，「外來政權」和「外省族群」從一開始就被貼上「原罪」的標籤。

　　子承父業的蔣經國深知臺灣島內巨大的族群隔膜，當年剛遷臺灣時，他的兒子蔣孝文與伴讀的同學一起進入一家以本省人為主的學校，結果被師生集體孤立，小小蔣原本成績不佳再加上語言不通，被迫轉到外省子弟為主的學校。

　　只把這裡當作「反攻大陸」跳板的兩蔣，對消除族群隔閡的重要性不以為意。

　　蔣經國低估了本省人的憤怒，他一面「清剿」島內異議分子，以維護臺北的正統地位，同時也強力壓制「臺獨」分子。

　　從1960年代起，蔣經國就明白，「反共複國」已淪為無法現實的口號。但為壓制「臺獨」，蔣經國多次公開以「我是臺灣人」為抨擊對象。

　　蔣經國說：「有一個人去國外旅行，海關問他是不是中國人，他說：不是，我是臺灣人。這算什麼？⋯⋯今天我們一千六百萬中國人，明明是黃帝的子孫，而自己竟然否定自己是中國人，天下還有比這個更可羞恥的事情嗎？」

　　他告誡臺灣人：「中國人就是中國人、中國人就是黃帝的子孫，中華民國的國民，就是三民主義的信徒，我們確定這一原

則。」

　　儘管，國民黨政府宣稱「中華民國」是中國唯一的合法政府，然而，到了70年代，國際社會拋棄了「中華民國」，這個名不正言不順的「中華民國」，日益陷入自欺欺人的窘境。

　　現在，輪到蔣氏政權成為「亞細亞的孤兒」。

　　但直到1978年，美國《讀者文摘》記者大衛・瑞德問蔣經國，選謝東閔做「副總統」，「是否會有更多臺灣省籍的人擔任要職？」蔣經國依然回答說：「我提名謝東閔競選副總統時，從沒去想他的籍貫，我只知道他是中國人。事實上，在臺灣的都是中國人，誠如謝先生所說，我們都是中國人，只不過有些人來得早、有些人來得晚一點兒而已。」

　　雖然，檯面上依然保持著民族大義，但在美國遇刺的那一刻，深深地刺痛了蔣經國，他外表波瀾不驚，但那掠過頭頂的一槍，讓他聽懂了臺灣本省人的聲音。而1973年，李光耀訪台時，李能用閩南語與臺灣鄉民交談，更讓素來只通江浙語的蔣經國感慨萬千。

　　1987年，蔣經國與12個「臺籍耆老」談話時，身段已較當年大為柔軟：「我已經是臺灣人」在臺灣住了近40年的蔣經國終於承認自己「是中國人，也是臺灣人。」

（四）

　　「總統，安克志大使和班立德參事已到。」

　　1978年12月16日淩晨2時，睡夢中的蔣經國被侍從搖醒。時任美國駐台「大使」安克志宣讀卡特總統致蔣經國的信：臺北時

間16日上午10時，也就是7個多小時以後，卡特將宣布美國與中華人民共和國自次年1月1日起，開始建立外交關係。

突如其來的消息讓蔣經國大發雷霆，痛罵卡特不講信義：「我跟你美國是這麼親密朋友，怎麼可以7個半小時前通知我，又不許我宣布？我告訴你，我此刻就要宣布。」當天清晨，蔣經國即發表公開談話。

一度沉寂的島內言論伺機而起，蔣經國根據《動員戡亂時期臨時條款》，簽發「三項緊急處分事項」：全面加強軍事戒備；維持經濟穩定；延期舉行增額中央民意代表選舉。

此時的黨外人士受1977年「中壢事件」許信良勝選的鼓舞，蔣經國的決定讓他們感到「無法生存」的危機感。島內黨外人士攜中壢餘威，組成聯合戰線，《美麗島》雜誌成為黨外人士的變相機構。

1979年12月10日，「美麗島事件」爆發，幾乎所有《美麗島》雜誌社的核心人員都受到「軍法大審」，島內民憤激揚。剛剛就任「總統」不到七個月的蔣經國遇到空前的執政危機。

20年前，時任《自由中國》半月刊發行人的雷震先生也曾對蔣氏父子的統治發起挑戰，民間一片叫好。在蔣經國主導下，思想對戰首先發起，特務控制緊隨其後，軍法制裁奠定勝局。

1960年9月4日，蔣介石下令「警總」，以「涉嫌叛亂」為由，逮捕了雷震等人，籌組中的「中國民主黨」也胎死腹中。10月8日，當局以「知匪不報」、「為匪宣傳」兩項罪名，判處雷震有期徒刑10年、褫奪公權7年。出版了260期的《自由中國》雜誌也正式停刊。

憑藉，《動員戡亂時期臨時條款》建立起來的軍事獨裁統治，人民的權利所剩無幾，在政治專制化、政權一黨化、軍隊政黨化、社會員警化的狀況下，剩下的只有「蔣總統萬歲」的聲音，臺灣進入「沉默的十年。」

再次遇到危機的蔣經國深知，對雷震等一小撮外省籍異議分子的手段，已無法用於本省人風起雲湧的政治訴求，「鎮壓」不是辦法，外省人壟斷政權的時代必將結束。

早在遷台之前，蔣介石就曾致告「臺灣省主席」陳誠，要他多選拔素質高的臺灣人擔任要職，以化解「二二八」所造成的仇恨，但「口惠而實不至」，直到1962年11月的國民黨第八屆四中全會，才有兩名臺籍人士進入常會。

1975年，蔣經國就任國民黨主席，為了讓臺籍人士進入體制內發展，儘量不讓體制外精英從事反政府活動，國民黨中常委由20人增加到22名，臺灣人由3人增為5人；中央委員由98人增為128人，臺灣人從7人增加到23名。

在黃文雄向蔣經國開槍的第二年，他的康乃爾大學校友、臺灣本省人李登輝，因農業問題被蔣經國當面諮詢後，受邀加入國民黨，第三年，李登輝成了「行政院」政務委員，這個一貫安排退居二線的老同志的位置，成了李登輝邁入政壇快速通道的起點。

與李登輝一起走上飛黃騰達之路的本省籍政治精英還有林洋港、吳伯雄、陳正雄等人。李登輝這批第三梯隊的本土幹部，因善於演講表達，被本地人稱為「吹臺青」（會吹牛的臺灣青年）。

「吹臺青」畢竟是黨體制內的解決方法，只是部分解決了精英的政治上升通道，無法根本解決本省人和普通外省人的政治權力要求。

而且即便是「吹臺青」運動，蔣經國還是放不下「大陸人為主、臺灣人為輔」的原則，對臺灣人開放地方政權，中央則只開放次要部門。同時，這些本土精英必須遵守國民黨黨內的規定，採用嚴格「梯隊」培養。

若有人耐不住論資排輩的煎熬，很容易就會與黨離心離德，與日後蘇共叛逆葉利欽頗為相似的許信良就是其中一個。

本省籍的許信良很早就被國民黨刻意栽培。1973年，在國民黨組織部部長李煥的推薦下，許信良獲中國國民黨提名參選臺灣省議員並順利當選，被列為黨內「第三梯隊」。

但許信良經常拒絕執行黨的政策，公開批評與反對當局的多項提案。1977年11月，因未獲省黨部提名，許信良不顧國民黨多次警告，回到家鄉桃園脫黨參選桃園縣縣長。選舉中，國民黨涉嫌作弊被選民抓贓，引發了一場大規模群體性事件，參與者高達兩萬之眾，他們焚毀了中壢市（桃園縣的城區）警察局，燒毀鎮暴車、摩托車數十台。最終，許信良高票當選桃園縣縣長，也因此與國民黨澈底決裂。

受「中壢事件」鼓舞，黨外聲勢上升，接下來又爆發了「美麗島事件」。儘管「美麗島案」幾乎將黨外運動核心人物一網打盡，但審判過程中媒體連篇累牘的報導，更使國民黨聲名掃地。

蔣經國執政以來，臺灣最值得炫耀的是政治安定和經濟繁榮，這「歸功於戒嚴法和嚴密的情治」，還有「經濟的高增長

率」。但新興的中產階級和新生代選民卻根本不買「生活比過去更富裕」的賬,將政治改革熱情灌注於選舉,再不能容忍國民黨的「選舉威權」。

此時的國民黨,在日益高漲的黨外運動風潮中,像汪洋中的一條破損的大船。

(五)

1986年9月28日,在一直是蔣經國接待外國政要「國賓館」臺北圓山大飯店內,剛剛被選為主席的游錫堃用顫抖的聲音宣布:「民主進步黨正式成立!」

數天前,蔣經國表示要解除已實行了38年的「戒嚴令」,開放黨禁、報禁,消息傳出,生恐萬一蔣經國發生意外,形勢或許急轉直下的黨外人士,急不可耐地匆忙組黨。

「情治部門」立即向蔣經國呈上公然非法組黨的反動分子名單,蔣經國深知此為大勢所趨,淡淡說道:「使用權力容易,難就難在曉得什麼時候不去用它。」

民主就是妥協,妥協需要胸懷,尤其需要手握大權的專制統治者具有妥協甚至容忍不同政見、政敵的廣闊胸懷,完成這一步觀念的跨越,蔣經國用了近兩年時間。

1984年10月15日,《蔣經國傳》的作者、旅美華裔作家劉宜良(筆名江南。1990年,其家屬獲得臺灣當局145萬美元「人道賠償金」。筆者注)。在美國三藩市市郊住宅的汽車庫門前遇害,聯邦調查局迅速偵破此案,並對新聞界披露:此是臺灣情治人員所為,蔣孝武難逃干係。全世界輿論立即指向蔣經國父子。

（「竹聯幫」分子陳啟禮、吳敦、董桂森所為，以共同殺人罪，各判無期徒刑等重刑。後經美臺司法聯合調查，證明是情報局長汪希苓指派。）

儘管幾年前，蔣孝武在其第一任妻子汪長詩負氣出走時，蔣經國派人攔下飛機，蔣孝武竟拔槍命令飛機起飛的粗野魯莽，讓蔣經國深感此兒不堪繼任大統，但多年來，蔣孝武一直按照接班人的路數在培養。

但是，「江南命案」澈底讓政權父子相傳的可能被擊得粉碎。

美國官方稱：「這是一件非常嚴重的事情，絕不能容忍。」這是蔣經國第二次被美國人敲打。

1953年，蔣經國第一次踏上美國。美國國務卿杜勒斯告訴蔣經國，他聽了一些美國駐臺灣代表說，蔣將軍的手段「有點兒厲害」。當翻譯未將此意傳達給蔣經國後，杜勒斯又重複強調一次，並指明是蔣在處理安全事務上的手段，他建議在美國實地考察一下人權經驗。

蔣經國聽後只是喃喃自語，以幾乎聽不到的聲音說：「知道了」。

那時的蔣經國對美式民主那套頗不以為然，但江南命案的千夫所指，使蔣經國不得不考慮未來的另一種選擇。

他專門詢問時任英語翻譯的馬英九，「戒嚴令」（martial law）一詞在英語世界的含義？馬英九答：「戒嚴」的英文意義是「軍事管制」、「沒有法律」。蔣經國連說：「我們沒有這樣啊！」

蔣經國深知身負「獨裁者二世」及「外來政權」雙重原罪，

若不行憲政，即使他比任何一個民主社會的政客更親民，更公正廉明，要在身後留下一個守成的獨裁者的名聲都極難。

近在身邊的菲律賓總統馬科斯的垮臺、韓國獨裁者樸正熙的下場，迫使蔣經國在最後的時光為身後之事做出重大調整和安排。

（六）

1986年10月7日，蔣經國在接受美國《華盛頓郵報》董事長葛蘭姆女士等人就「民進黨」成立的採訪時說：「我不認為（反對黨）是一種挑戰。它只是政治過程中的一種現象。」

10月10日，他在「雙十節」發表對歷史、對同胞、對全體華僑負責的講話後，指示修訂「人民團體組織法」、「選舉罷免法」、「國家安全法」，開啟臺灣民主憲政之門。

一直在時勢的擠壓下被迫讓步的蔣經國，開始轉而失去時勢。開放黨禁、報禁，令國民黨要人紛紛質疑，「國策顧問」沈昌煥乾脆點題道：「這可能使我們的黨將來失去政權。」

蔣經國晚年對中國人真正的大貢獻，是開放老兵返鄉探親，從此打開了兩岸隔絕數十年的通道，也才有往後的「大三通」、「兩會對話」、「九二共識」，以及和平發展的演講。

「世上沒有永遠的執政黨。」蔣經國說。

於是，生怕錯過蔣經國這個突然歷史推動時刻的「民主進步黨」匆忙誕生。

1987年7月15日，世界上實施時間最長的「戒嚴令」宣布解除，臺灣人民真正擁有了自由結黨、結社、辦報刊的權利。開放報禁並非這位威權時代最後領袖的臨時起意，而是在社會轉型過

程中，善意、寬容應對民間的政治訴求，經過深思熟慮後拆開了保守、仇恨壘築的禁錮，使朝野力量向良性互動博弈的方向發展。

是年11月9日，臺北的深秋雖然闊葉樹木綠色依舊，但早晚已些涼意。因數千名退役多年的「榮民」聚集在「行政院」大樓門前的水泥空地上請願造成附近的交通癱瘓達8小時之久。

人所共知，臺灣老兵退役後所以身為「榮民」，其中包含有他們對臺灣建設揮灑的血汗；現在，世界各地的遊客來到臺灣，飛機降落的桃園機場、出機場到市區的高速公路、在市區移動的捷運和抬頭仰望的臺北101大樓等，都有「榮民」的印記。

此時，正忍受病魔錐心之痛的蔣經國在聽取了「中央黨部」副秘書長宋楚瑜的彙報後指示：「政府與榮民的關係，絕非僅止於法而已，更重要的是情的關係。」停一會兒，曾擔任過「國軍退除役官兵就業輔導委員會」主任的蔣經國緩緩道：「你們有父母，他們也有父母。」

當天深夜，宋楚瑜偕同「文工會」主任戴瑞明，趕到「行政院」與「榮民」代表協商，僵局得以化解。

蔣經國在公共場合的最後一次露面，馬英九一直在他身邊揪心地盯著他，15年後，馬英九在《蔣經國時代的啟示》中這樣描述自己的感受：

> 「經國先生離開會場前，特別轉頭深深看了看鼓噪的人群一眼。當時經國先生的表情和現場情境，讓英九留下永難忘懷的印象。」

20年後，馬英九大選中擊敗民進黨，為蔣經國那句「世上沒有永遠的執政黨」賦予更深意味的詮釋。

　　1996年5月，為紀念那些推動歷史進步的新聞業殉職者，人們在華盛頓勒石立碑，江南是名列此碑的唯一華人。因《蔣經國傳》殉身的江南，曾在書中評價蔣經國是「一位有良心的獨裁者」。

　　這位姓名被刻入紀念碑的歷史推動者，大約想不到，因他的死而觸動的蔣經國，也會成為一位歷史推動者。只是蔣經國的名字沒有留在類似的紀念碑上。

（七）

　　1988年1月13日，以專制手段來結束專制制度的蔣經國在落寞中病逝於臺北市「七海官邸」。是日臺灣，天氣晴朗，陽光和煦；臺灣全島，鮮花售罄，一枝難求。成千上萬的臺灣人自發地在街頭列隊向蔣經國致哀。

　　如果說從前的臺灣有太多的「悲情」和恐怖的話，那麼如今的臺灣則多有「願景」和福祉。今日之臺灣已不是某個家族或者某個社團的臺灣，而是2300多萬臺灣民眾的臺灣。美國前總統小布希按照自己的價值觀，稱臺灣為「亞洲和世界民主的燈塔」。如今，「裸體運行」的權力已經被關入法律的牢籠，鄭智化所抨擊的「貪官汙吏一手遮天」已成往事。一個首位因為貪腐案入獄的臺灣地區前領導人陳水扁，被法律裁定應執行有期徒刑18年6個月，併科罰金1.56億元（台幣），罰金得易服勞役。2011年歲末，當無數炎黃子孫看到馬英九、蔡英文、宋楚瑜等三位「總

統」參選人的電視辯論直播，心中一定五味雜成。

紫薇尚在，故人已去。無論臺灣還有著這樣、那樣令人不滿意的地方，我們都不得不承認，那是一個彌漫著活力的社會，一個多元的社會。與人類無數民主歷程一樣，臺灣的民主絕不僅僅是蔣經國良心發現的恩賜和施捨，而更多的是臺灣民眾不屈不撓奮力抗爭的結果。

從某種意義上說，民主不僅是一個有良心的政治家的責任，而且也是每一個有良心的公民的責任。

臺灣TVBS電視臺曾做過一次廣泛的民調，問他們誰是心中最好的領導人？結果，蔣介石得票9％，蔣經國高過49％，李登輝12％，陳水扁8％。常被人誤解有「省籍情結」的臺灣本地民眾，給李登輝的支持度不到蔣經國的四分之一，給陳水扁的只是小蔣的零頭。也有人說，蔣經國不可能不想自己未來的歷史定位。夠資格作此想的人不可忘記：歷史對他的任何記載，都是他自己寫上去的。

第八章　經國失誤

　　蔣經國統治國民黨13年，用過四位搭檔，分別是「副總統」謝東閔、李登輝，「行政院長」孫運璿、俞國華。四人中，用謝，是為貫徹任用臺籍幹部政策；用俞，則是安撫對政治改革不滿的元老派和保守派；蔣經國有意培養接班的則是孫運璿、李登輝。

　　有意思的是，蔣挑中的兩位接班人，孫為工業管理專家，李為農業理論專家。李登輝獲得的學位有臺灣最高學府臺灣大學農經系學士和美國康乃爾大學農業經濟學博士。1972年6月，自在美國獲獎以來一直忙於各種島內外學術活動的李登輝，一步跨入「行政院」，出任「政務委員」。1978年6月，蔣經國就職「總統」後，又把李登輝調任官場最敏感的臺北市市長，1981年12月調任「臺灣省主席」。1984年3月出任「副總統」。從李登輝上臺後的所作所為看，在祖國統一問題上，他令兩岸人民失望，令所有的中國人痛心。此外，李登輝把國民黨視為「外來政權」，上臺之後就開始了削弱國民黨、乃至讓國民黨下臺的陰謀，終於在2000年3月18日的選舉中變成事實，國民黨候選人連戰敗於民進黨候選人陳水扁之手，國民黨成為在野黨。

　　蔣經國去世後，「副總統」李登輝宣誓就任「第七屆總統」。李登輝在同日本作家司馬遼太郎談話時聲稱：「這之前為止掌握臺灣權力的，全都是外來政權。最近我已不在乎如此說，就算是國民黨也是外來政權呀！只是來統治臺灣人的一個黨，所

以有必要將它變成臺灣人的國民黨。」李登輝在《亞洲的智略》
中更是把他上臺以後的心情如實托出：對於「外來政權」支配臺
灣問題，「我早有所感，也決心要加以解決」。原來，身為中國
國民黨主席的李登輝，對給他本人帶來多少政治權力和榮耀的中
國國民黨有如此大的怨恨！所以，當人們看到他自1988年以來對
國民黨的所作所為時，國民黨為何在他領導下一衰再衰、一敗再
敗，也就不難理解了。

　　堅持要把臺灣從中國分裂出去的李登輝，他的祖先曾生活
在祖國大陸福建永定地區，在清代中葉時移民前往臺灣桃園縣龍
潭鄉三河村，後定居在臺北縣淡水三芝鄉埔坪村埔頭坑154號。
令人遺憾的是，他出生在中國，卻對一個中國原則有著刻骨的仇
恨，要把中國的臺灣分裂出去。國民黨讓他當上黨主席，他卻一
直在進行破壞黨的活動。

　　他是一個接受日本教育、深受日本軍國主義影響的人。李
登輝出生於1923年1月15日，先是在日本控制下的學校學習，後
是在日本京都大學學習，正如他在與司馬遼太郎談話時承認的，
他「22歲以前是日本人」。他具有強烈的「皇民化意識」，表現
為：一是接受了軍國主義者瘋狂的自大心理；二是在此基礎上經
過時間的歷練變成對中國的敵視；三是保留有殖民者的劣根性。

　　李登輝長期在臺灣大學任教，後到美國康乃爾大學留學，
1972年6月突然被蔣經國提拔為「政務委員」，以後任臺北市
長、臺灣省主席以及1984年2月16日成為「副總統」候選人並當
選，可以說他的一切榮耀都是他後來背叛的國民黨給的。

一、代理之爭

李登輝上臺後把目標定在出任黨的主席上。李登輝對時局感到最為擔心的是親蔣勢力。親蔣勢力為阻止黨內和社會上立即出現政治轉向風，有意限制李登輝的權力，阻止其出任黨主席，避免黨權落入其手中。以宋美齡為首的官邸派和親蔣派，準備以歷史上黨政分開的慣例來實現不讓李登輝出任黨主席的目的，並且寄希望於由「行政院長」俞國華代理國民黨主席。

李登輝及親李派非常清醒，李本人資歷淺薄、資本不足，沒有本錢搞黨政分開，如果不任黨主席，只是個被架空的「空頭總統」，在沒有建立自己團隊控制國民黨中央的情況下，無權無勢不說，被更換下臺只是時間問題，因此在黨主席問題上絕不退讓。雙方準備在決定李登輝出任代理黨主席問題上一拼高低。

1988年1月19日晚，宋美齡給李煥送來一封親筆信。信中借元老級中評委陳立夫建議，應該考慮集體領導模式。26日晚，俞國華本人也接到蔣經國的三兒子蔣孝勇的電話，轉達宋美齡的意見，並建議推選黨主席推遲到預定於7月7日召開的第十三次代表大會進行。一封信一電話，表明蔣家和宋美齡的勢力不甘心退出政治舞臺。

俞國華立即與主管黨務的李煥進行會商。兩人經過與關鍵的中常委聯繫後，取得的共識是按原定計劃，推選李登輝代理黨主席。中常委內出現「擁李風」，並非是李登輝的威望有多高，也不是李登輝的勢力有多大，人們當時只是覺得李登輝沒有過大

的危害性，選李也無妨。而宋美齡的干涉，實質助長了「擁李風」。黨內外不滿幾十年的蔣家獨裁，對蔣家勢力存在的逆反心理，頗有你說好我就說壞、你說壞我就說好的對抗心態，宋美齡的活動當然起不到應有的效果。

中常會按計劃於1月27日召開。其中，嚴家淦、谷正綱因病請假，宋長志「駐節」巴拿馬，李登輝請假，共有27名中常委與會。上午8點，和往常的中常會一樣，會議正常召開，直到9點，會議因為進行其他議程，推舉代理黨主席案還沒有人提出。此時，有一個人跳了出來，為李登輝勸進，這就是宋楚瑜。

宋楚瑜，祖籍湖南湘潭，其父曾在蔣介石手下服務多年，本人為美國喬治城大學政治系博士，1974年返台後不久出任蔣經國的英文秘書，以後官職直線上升，1979年出任「新聞局局長」，1984年出任國民黨中央文化工作會主任，蔣經國去世前夕轉任中央黨部副秘書長。宋楚瑜是蔣經國挑選的青年才俊中的代表人物，深獲蔣經國的信任和重用，他的見解和取捨引人注目。

宋楚瑜在會上突然請求發言。他身為中央黨部副秘書長，在中常會上只有列席權，如果不被點名則不能發言，對於宋楚瑜的唐突行為，與會者感到驚訝，作為會議主席的余紀忠出於禮貌同意宋講話。郝柏村是這樣記述宋楚瑜講話的：「然而坐在列席人位上的宋楚瑜心急如焚，突然要求發言，陳述推黨主席案如不提出，『對黨、對國傷害一天大過一天』、『多拖一天，多對不起經國先生一天』，然後憤然退席，留下在場中常委一片愕然。」

宋楚瑜的發言，影響極壞，等於把全體中常委逼到只有同意李登輝出任代理黨主席的邊緣。結果擁護李登輝代理黨主席成為

一邊倒，會議一致同意李登輝出任國民黨代主席。至於宋楚瑜的舉動，他意識到在李登輝時期已無多大揮灑空間，只有及早劃清與蔣經國的關係，漂洗身上的親蔣味，為迎接「李登輝時期」的到來、為投靠李登輝而創造條件。

「代理黨主席之爭」的實質是權力之爭，是失去蔣經國後的蔣家勢力還想捲土重來，控制國民黨。但是，蔣經國信任的親信紛紛背叛而去，無力再戰。師出無名、戰而無將，結果輕而易舉地被蔣經國所挑選的「接班者」李登輝所擊敗。李登輝也趁機打擊自己上臺後的最大威脅——蔣家勢力，使得親蔣勢力失去了主要旗幟。「代理黨主席之爭」，揭開了蔣經國去世、李登輝上臺後國民黨內政之爭的序幕，也成為李登輝削弱國民黨的第一仗。

二、重組核心

李登輝抓到「總統」和代理黨主席大權後，開始了鞏固權力與政治清算的鬥爭。一是鞏固擁李派的權力，盡快佔據權力峰層；二是削弱親蔣派的權力，消除威脅。在這一場實質是國民黨內蔣經國去世後的權力大轉移中，李登輝運用「本土化」、「民主化」策略，見招拆招，鬥而有序，爭而不敗，將親蔣派為主體的非主流派澈底擊潰。

臺灣最高權力中心「總統府」，國民黨第十三次代表大會，是國民黨退據臺灣近40年來面臨重大政治轉折和空前挑戰的背景下召開的一次會議。

李登輝的重點是如何實現權力中心的大轉移，把權力中心

由蔣家陣地轉移到李家陣地。為此，他一是嚴把黨代表關，出席會議的大部分代表必須是切斷蔣家臍帶、能夠支持李登輝的人；二是嚴把中央委員關，李登輝通過對半數中央委員候選人的提名及操控選舉，控制中央委員會的目的已經達到；三是嚴把中常委關，親蔣的中常委中有12人被換掉，中常會完成自第七次代表大會以來規模最大的一次改組。上述一切，都是在發揚「黨內民主」的旗幟下進行的。

此時，親蔣勢力出現分化。最為關鍵的中央黨部秘書長李煥倒向李登輝，蔣經國信任的宋楚瑜更是充當倒蔣與擁李的先鋒。而且第十三次代表大會的「本土化」趨勢十分明顯，首次由本省籍人擔任黨主席，首次在中常委中本省籍成員超過半數，首次中央委員中本省籍成員超過1/3、由上屆的近20％上升到38.3％。「本土化」開始於蔣經國上任之初，當時是為了緩和已經相當激烈的省籍矛盾。李登輝的「本土化」，著眼點是把國民黨視為「外來政權」，為了改造「外來政權」，必須以本土勢力來取代外省籍，鞏固權力基礎，同時為推行「兩岸分裂分治」、建立「臺灣中華民國體制」做準備。

第十三次代表大會後，李登輝在黨內的領導地位得到鞏固，他開始全方位、多層次打壓黨內的所謂非主流派勢力，國民黨內從此不得安寧，臺灣政壇從此不得安寧。

三、耍弄權謀

被蔣經國當做「鎮島大將軍」的郝柏村，已成為李登輝不

得不防的人物。郝柏村於1981年12月調任「參謀總長」，1986年
3月進入國民黨中常會，成為中常會中惟一的職業軍人。按照島
內軍界的規定，「參謀總長」任期2年，可郝柏村竟然連任4屆8
年。李登輝擔心的就是郝任職「參謀總長」時間過長、積累人脈
資源過多。更讓李登輝不放心的是，在蔣經國去世後，蔣家成
員、特別是宋美齡對郝柏村分外信任，來往甚多，頗有把郝柏村
當成減緩「非蔣化」進程保護神的涵義。郝柏村成為李登輝整治
的重點對象。

　　1989年11月22日，郝柏村的「參謀總長」任期再次到期，李
登輝用國民黨中常會的名義決定郝柏村出任「國防部長」，遺缺
由「空軍總司令」陳齡接任。李登輝把郝柏村從具有調動、指揮
軍隊權力的最高軍令長官「參謀總長」的職位上拉了下來。

　　李登輝全方位、多層次地清理異己、鞏固權力行為，激化
了黨內矛盾，逼得一再遭到排擠的親蔣勢力起身反撲。1990年2
月21日，又是國民黨臨時中央全會提名新一屆正、副「總統」的
日子。「總統」換屆，成為親蔣勢力反撲的極好時機，當然會以
「民主選舉」、「參選競爭」為名進行拼死一搏。

　　在整個「總統」選舉過程中，李登輝很有章法，步步為營，
將親蔣勢力的進攻一一擊潰。李登輝先是在1990年元月2日放風
要讓李煥出任「副總統」，在遭到痛恨李煥投靠李登輝的親蔣派
的激烈反對後立即終止。再是阻止蔣緯國競選「副總統」。親蔣
派利用此次機會準備把蔣緯國扶上臺，以限制李登輝的權力，在
擁蔣一方為蔣緯國大造聲勢、廣泛活動的喧鬧聲中，李登輝宣布
將與「總統府秘書長」李元簇搭檔參選正、副「總統」。

對此，親蔣派決定公開抗爭，這就是在國民黨演變史上影響深遠的權力鬥爭「二月政爭」。在政爭熱潮中，親蔣派被稱為非主流派，李登輝的親信勢力被稱為「主流派」。在2月11日舉行的國民黨第十三屆臨時中央全會上，非主流派提出要以「不記名投票方式」決定候選人，主流派提出依照慣例「起立、舉手方式」決定候選人，最後主流派的意見獲得通過，「雙李配」獲得黨內通過。這次會議是國民黨在臺灣40年來黨內爆發的一場最大的公開權力鬥爭。以這次會議為標誌，國民黨內部分裂成「主流派」與「非主流派」兩大政治派別。

1990年3月21日，李登輝、李元簇在「總統」、「副總統」選舉中分別以高票當選。這是臺灣在結束蔣氏父子「強人政治」後第一次「總統」選舉。李登輝在「國民代表大會」間接選舉投票中高票當選，標誌著大陸籍「法統」勢力主政時代的結束，以李登輝為首的「本省臺獨」勢力主政時代的正式確立。

李登輝當選「總統」後，立即改組任期還不到一年的「李煥內閣」。原因很簡單，那就是要李煥退出政治中心。非主流派為了保住本派的利益，為了防止本派地盤再度縮小，所以不能再讓出「行政院長」的職位。在整體利益面前，非主流派只有一致對付主流派。李煥及其支持他的人馬，採取一連串「院長保衛戰」。4月28日，「立法院長」梁肅戎出面邀約李煥、林洋港、郝柏村等非主流派大老餐敘，以迂迴手法向李登輝表態支持李煥。以中生代增額「立法委員」為主體的「新國民黨連線」，也頻頻展開造勢活動，發動一百多名資深和增額「立法委員」連署，向李登輝展示李煥在政壇的影響和實力，聲援李煥連任。林

洋港也三度公開表示支持李煥留任，向李登輝挑戰。

　　李登輝一年前調升李煥到「行政院」，並非是重用李煥，主要目標是為了先除掉「接班四人幫」中的俞國華，再把李煥調出黨務系統予以架空，為最終撤換李煥埋下伏筆。李登輝見非主流派反對情緒過強，只有利用非主流派來打擊非主流派這一用過多次但十分有效的手法，接受元老陳立夫提議，任命內心極為反感的郝柏村出任「行政院長」。

四、清除柏村

　　1990年5月2日，在星期三的國民黨中常會例會上通過郝柏村出任「行政院長」的提名。郝柏村出馬，讓絕大部分媒體和關心政治的人士跌破眼鏡，民進黨和一些輿論都抨擊這是「軍人干政」、「恢復軍事統治」。但是人們馬上從李登輝的決策中覺察到了李登輝的用意：堵住非主流人士的嘴，拔出眼中釘李煥，封殺林洋港，可謂是一石三鳥之計，這正是李登輝政治手腕高明之處。他不顧民進黨和社會上的反對，在5月20日宣誓就職時，提名郝柏村為「行政院長」。自此，李煥離開決策中心，如俞國華那樣，開始過起「政壇閒人」的日子。

　　郝柏村上臺後，針對臺灣社會治安持續惡化、民眾普遍感到不安和恐懼的情況，以「強勢治安內閣」為口號，實施鐵腕統治。一時間，治安狀況有所改善，社會秩序漸入正常，「臺獨」氣焰有所收斂。「李郝體制」在這一時期的合作，正如李登輝早先對「立法委員」所說的達到「肝膽相照」的境界，「總統府」

與「行政院」度過一年多的「蜜月期」。但是，對於郝柏村，李登輝並沒有就此住手，還是要澈底清除。

俗話說「欲加之罪，何患無辭」。李登輝為實現「一石三鳥」，把郝柏村扶上臺，並違心地對郝大加讚揚，現在要郝下臺，何患無辭。1991年8月以後，因為李登輝不讓郝柏村參加軍事簡報會議兩人開始起矛盾。1991年下半年，「立法院」總質詢時，「立法院」次級團體「新國民黨連線」明顯支持郝柏村，主流派的「集思會」若干「立法委員」則以猛烈炮火攻擊郝柏村。臺灣政壇上特有的「代理人戰爭」打響了。在關於蔣仲苓的授銜「一級上將」和劉和謙出任「參謀總長」問題上，兩人發生直接衝突。1991年6月，就職剛滿一年的「郝內閣」爆發「華隆案」，李登輝信任的「交通部長」張建邦因與翁大銘有財務上的糾葛被傳訊而辭職，新任「交通部長」簡又新上任不過半年，又因「榮工處承包十八標工程案」，所屬八人被法院提起公訴，主流派趁機大做文章。

李登輝和郝柏村的矛盾正在不斷加深。1992年3月，兩人終於在關於「修憲」中的「總統選舉」問題上，是用民進黨主張的「直選方式」、還是用國民黨主張的「委任投票直選方式」問題發生嚴重對立。李登輝站在民進黨的意見一邊，郝柏村站在國民黨意見一邊，這讓李登輝十分不滿。「總統選舉方式之爭」，是國民黨內主流派與非主流派自1990年「二月政爭」以來最激烈的一次政爭，郝柏村的轉變深深激怒了李登輝。同年12月，李登輝又準備把「閣員」、「國防部長」陳履安調任「監察院長」，直到三個星期後才由「總統府秘書長」蔣彥士通知「閣揆」郝柏

村，此事則是深深激怒了郝柏村。至此，雙方的誤解和對立已經很深，李、郝關係到了攤牌的地步。李登輝暗中部署，籌畫逼郝下臺方案。1月18日至1月28日，李登輝和郝柏村10天見面三次，屢屢正面交鋒。李登輝面逼郝柏村下臺，郝柏村當面抵制。

然而，李登輝運用手中的大權，結合民進黨勢力，還是擊敗了「軍事強人」郝柏村。1993年元月29日晚，一敗塗地的郝柏村只得發表辭職聲明。2月4日，郝柏村率「內閣」總辭，同時出任國民黨「中央政策小組召集人」。2月10日，國民黨中常會通過了連戰出任「行政院長」的決議，連戰在李登輝五年間主導的第四次「內閣」改組中成為新的「閣揆」。李登輝與郝柏村由「肝膽相照」到「肝膽相裂」，是一場活生生的權力鬥爭，其結果，以郝柏村被迫繳械而告終。

郝柏村的下臺，是李登輝策劃、推行的「非蔣化運動」的結果，是非主流派的重大挫折。自此，非主流派全面退出國民黨決策圈，國民黨內失去了有效制約「國民黨臺灣化」、「李登輝獨裁化」的力量，失去了避免國民黨在「兩個中國」、「一中一台」路上越滑越遠的剎車功能。自此以後，李登輝利用國民黨，放手推行「本土化」和「臺獨」政策，也埋下了日後國民黨失去政權的重要根源。這才是國民黨的悲哀，這才是臺灣人的悲哀。

附錄一　張蘇專訪

　　蔣經國先生在1988年1月13日逝世後，關於章孝嚴、章孝慈這一對攣生兄弟的身世，立刻成為新聞追蹤的「熱點」。近幾年，儘管香港、臺灣、美國有幾家報刊對蔣經國先生在贛南時期與「青幹班」學員章亞若的羅曼史有過一些描述，但眾說紛紜，出入不少。章孝嚴、章孝慈也未公開承認過與蔣經國的父子關係。有位外國記者曾直截了當地問章孝嚴：「你父親是誰？」章頓時臉色大變，憤然指責這位記者無禮，是對他人格的侮辱。直至1988年3月，章孝嚴在接受臺灣《遠見》雜誌的記者採訪時，才首次親述他的童年、成長與抱負，承認了他與蔣經國的血緣關係，但他對父母的一段戀情以及生下他們兄弟倆的情景也瞭解甚少，特別是母親生下他們後不久突然「暴病死亡」一事，至今在心頭仍是一個難解的「謎」。

　　在贛州赤珠嶺參加過「三青團幹部訓練班」的人，現在在臺灣尚有不少，但對蔣經國與章亞若的戀情最知情的人現在則居住在上海，她就是章亞若的義姐與同學桂昌德女士（又名桂輝）。當年，她和章亞若同在第一期「青幹班」受訓。後來章亞若懷孕是她伴送到桂林去分娩的。章亞若後來在彌留之間，也是她記下了章的遺囑。也是她，和章亞若的妹妹章亞梅一起，抱著出生才半年的麗兒、獅兒（即章孝嚴、章孝慈），從桂林送到江西萬安的外婆章老夫人身邊。不久以前，她曾向來訪的香港記者對蔣經

國與章亞若的一段羅曼史作了權威性的澄清和補充。

桂女士和她的老伴吳鵬先生曾特地到桂林鳳山腳下憑弔章亞若女士的墓，並且找到了四十六年前蔣經國先生和章亞若女士在麗獅路上居住過的那幢房子，隨著海峽兩岸出現祥和的氣氛，桂女士期待章孝嚴、章孝慈兄弟能來大陸祭掃母親的墳塋，她還要將章亞若的臨終囑託面告他們呢！

筆者曾經幾次採訪桂女士，得到了第一手的材料。桂女士是南市區政協委員。七十多歲的她，仍然滿腔熱情參加社會活動，是位大忙人。她知道我的來意後，先取出照相簿給我看了她保存了四十多年的一張照片，指點著說：「這個就是章亞若，抱在她懷裡的兩個孩子即麗兒、獅兒。這是她產後五個月時照的。」

我在報刊雜誌上曾看到過介紹章亞若的文章，都說她長得秀麗多姿，是贛州地區公認的一位風頭最健的女子。現在一看照片，果然風韻不凡。圓圓臉蛋，小甜酒窩，鳳眉杏目，鼻樑挺拔，秀髮披肩。她坐在椅子上，左手抱著麗兒，他似乎有點手舞足蹈，顯得活躍，右手抱的是獅兒，他依偎在母親懷裡，看來比較文靜。然而照片上栩栩如生，微微含笑的章亞若，卻長眠鳳山，魂牽海峽。談到章亞若臨終還想見一見「慧風」（她與蔣經國以「慧風」和「慧雲」的情名互稱），還囑託要照料好麗、獅兩兒時，桂女士禁不住熱淚盈眶，泣不成聲。

採訪了桂昌德女士以後，筆者又去採訪了徐匯區政協委員李白江先生。李白江在贛州參加過第二期「青幹班」，結業後在蔣經國倡辦的《青年報》任記者，後升任總編輯。他與章亞若也常有交往，對蔣、章的戀情有一定的瞭解，可說也是位知情者。

感謝居住在上海灘上的這兩位老人，他們以親身的見聞，詳實的材料，為讀者介紹了人生舞臺這一幕過去鮮為人知的悲劇。

一、多才藝，青年專員倍欣賞

1939年隆冬，抗日的烽火燃燒著遼闊的中華大陸。自京滬淪陷、武漢失守，洪都（即南昌）陷落後，不少熱血青年紛紛流亡到贛州城，他們在河山破碎、民族受侮的生死存亡關頭，發出了打倒日寇、保衛中華的怒吼！

章亞若，這位縣長的千金，就讀於南昌葆靈女子中學中途退學以後，懷著一腔抗日救國的激情，於1939年初從南昌來到贛州，在贛南行政區專員公署抗日動員委員會擔任文書。她剛到贛州以後不久，就成了全城引人注目的人物。這不僅僅由於她長得一表人才，更主要的是她能唱、能演、能寫，並有演講的才能。她常和「動委會」和「宣慰會」的同事們一起上街，向群眾宣傳抗日。只要有她在場，宣傳氣氛就特別活躍，觀眾也特別的多。逢到敵機突襲，她總是勇敢地去搶救傷患。

當時在贛州，蔣委員長的公子蔣經國先生擔任贛南行政區專員兼保安司令。蔣經國宣導的「建設新贛南」活動，給章亞若留下了深刻的印象。她十分欽佩這位公子，認為他有才幹、有魅力。每當蔣經國發出什麼號召，章亞若都是熱烈響應。這年的11月上旬，蔣經國在贛州公園前面召開了「新贛南建設三年計畫誓師大會」，她和專區公署、縣政府的工作人員都去參加了。她看到蔣經國站在檢閱臺上，以洪亮的嗓門提出了「吃苦、冒險、創

造，建設新贛南；奮鬥、犧牲，實現三年計畫」的口號，號召人們向「人人有工做，人人有飯吃，人人有衣穿，人人有屋住，人人有書讀」五大目標奮進！這對於當時有愛國熱情的青年自然有很大的吸引力，章亞若的心被鼓得熱乎乎的。

章亞若還十分讚賞蔣經國敢在太歲頭上動土的膽略，那就是蔣經國1939年剛到專區走馬上任不久放的「三把火」——禁賭、禁煙、禁娼，以及他宣布的「除暴安良」的政令。

當時，儘管戰爭風煙彌漫全國，國難當頭，日軍佔領南昌之後正在準備進犯贛南，贛州和專區所屬的十幾個縣城的一些富紳，顯貴們仍在過著醉生夢死的荒淫生活，他們嫖女人、入煙館、上酒樓、迷賭窩，到處烏煙瘴氣。蔣經國到贛南出任專員以後，這些人依然我行我素，並不買帳，他們一方面向江西省主席熊式輝告狀，指控蔣經國搬用「異黨」口號，在贛南的做法有「赤化」味道：另一方面，他們對蔣經國發出的政令則陽奉陰違。蔣經國當然也察覺到了，他在向專員公署和縣府的官員們訓話時，毫無懼色，而且口氣嚴厲。他提出對「禁煙、禁賭、禁娼」要用霹靂手段，不能菩薩心腸。

蔣經國一聲令下，章亞若就帶頭積極行動起來。她上街貼標語、作演講，宣傳「三禁」的意義。她的行動，逐漸傳到了蔣經國那裡，得到了蔣經國的讚許。為了表彰這位熱血女性，他親自動手撰寫了表彰章亞若的新聞報導，在《正氣日報》上發表。同樣，章亞若也越來越仰慕蔣經國，她將報紙上登的蔣經國的照片，一張張剪下來貼在自己的寢室中。

接著蔣經國又果斷地處理了兩個非同一般的賭徒，江西省吉

泰警備司令賴偉英和專員公署科長楊萬昌兩人的太太。和處理其他賭徒一樣，罰她們到贛州公園新建的「抗日陣亡將士紀念碑」前罰跪三天，上下午各三小時。不久，他又處決了違反吸毒禁令的原南昌大陸銀行傅子庭的公子等五人。這件事對全贛南震動確實很大，不少人稱，蔣經國是「蔣青天」。在章亞若的心目中，蔣經國更是個了不起的英雄。每當見到他時，她總是向他嫵媚一笑，親切地喊一聲「專員」。

蔣經國外剛內柔，待人平易近人。他對「動委會」這個漂亮能幹的女文書，更是另眼相看了。一天早晨，秋高氣爽。章亞若照例提早到「動委會」去上班。她穿了她愛穿的陰丹士林布旗袍，輕快地走進辦公室，剛到寫字臺前坐下，就看到一張熟悉的臉出現在視窗。她連忙站起身來，還沒來得及說聲「專員早」，蔣經國已經在門前立定下來，望著章亞若，含笑招呼道：「喂，我的好同志，來得這麼早呀！」蔣經國到江西後，喜歡學江西人的稱呼，叫「老表」，這天，他對章亞若卻一改口氣，還在「同志」面前加上了「我的」，這不禁使章亞若心頭的甜蜜感油然而生。

「你把我嚇了一跳呢！」章亞若臉孔泛紅，調皮地一笑，然後又是顯得正經地說：「專員，你需要我做些什麼？」

「聽說你京劇演得很好，哪一天再演？我來看。」蔣經國對多才多藝的章亞若已經十分欣賞。

「後天星期六晚上，宣慰團組織我們在大禮堂演戲。」章亞若高興地回答說：「他們點我演京劇《投軍別窯》，專員如能光臨的話，大家一定會演得更好啦！」

「我一定來看！」蔣經國欣然答應。

星期六晚上，新建成的「新贛南大禮堂」座無虛席，不少人沒有位子都擠在兩旁。文藝晚會的中心內容是宣傳抗日、禁煙、禁賭、禁娼和建設新贛南。京劇《投軍別窯》是借古喻今，鼓勵大家像王寶釧那樣送丈夫薛平貴奔赴沙場，殺敵報國。

章亞若扮演王寶釧。她在鑼鼓、琴聲中上舞臺，全場觀眾頓時掌聲雷動。她拂水袖、邁蓮步，颱風不亞於戲班子裡的頭牌花旦。她那委婉的唱腔，聲聲打動人心，台下幾次響起喝彩聲。演完後，掌聲尤為熱烈。章亞若看到蔣經國坐在第六排中間，也在使勁地為她鼓掌。

全場演出結束後，蔣經國又到後臺向大家慰問，他握著章亞若的手說：「章亞若，你演得情真意切，但願贛州城有更多的像王寶釧那樣的女子送夫去從軍！」

章亞若感到有一陣暖流、有一股力量，從蔣經國有力的手上通往自己的全身。她回眸一笑：「謝謝專員的鼓勵！」

這一晚，章亞若回到家裡失眠了，蔣經國的身影，笑貌，一直在她眼前浮現著。但當她想到蔣經國已經有夫人方良和孩子，就絕望似地歎了一口氣。「世事不如意者十常八九」，章亞若在婚姻問題上也是這樣。她在南昌參加抗日救亡活動時，不少男的對她表示好感，既有真心實意的憨青年，也有金玉其外的紈袴子弟，更有倚權仗勢的趑趄武夫。章亞若自視甚高，沒有一個中意。後來，日寇進犯南昌，她隻身流亡到贛州，正像鳥兒飛出鬧市，避免了許多喧囂，以國難當頭，一時不想考慮個人問題，但逝水年華，又使她心情矛盾。現在，蔣經國突然來到她神祕的感

情圈時，她內心是激動的，然而情況又是這樣的複雜，使她滿懷愁緒，不知所措。

二、赤珠嶺，青幹班中露頭角

　　章亞若幾乎每天都提早到「動委會」去上班，只要幾天沒有在專員公署看到蔣經國的影子，她就會有一種失落感。但這幾天，怎麼見不到他啊，她裝著隨便問問的樣子，向「宣慰團」的秘書周百皆打聽，周百皆告訴她說：「專員到赤珠嶺去了，他在那兒辦第一期三青團幹部訓練班，忙著哩。」

　　章亞若聞此消息，真想馬上趕往赤珠嶺，也去參加「青幹班」學習。

　　第二天是星期天。上午，她上街去買些東西。走到街頭，只見迎面走來一個年輕的女戰士，好生面熟。她穿一套灰色軍裝，圍著皮帶，戴著軍帽，還紮著綁腿。章亞若仔細一看，不禁喜出望外：這不是義姐桂昌德嗎？是的，正是她！「桂昌德」章亞若快步奔上去叫道。女戰士抬頭一看，也認出來了：「章亞若」她歡叫一聲，兩個人在街頭緊緊地擁抱在一起。

　　章亞若和桂昌德是中學裡的同班同學，後來兩人結拜金蘭，情同骨肉，桂昌德年長一歲，為姐姐。中學畢業後，兩人各奔東西，沒想到今天會在贛州城巧遇。桂昌德告訴她，自己在赤珠嶺三青團幹部訓練班學習。

　　章亞若雙眉一揚說：「昌德，我也要去參加『青幹班』行嗎？」

「只要蔣專員批准，你就可以來了。現在剛開始一個多星期，你還來得及呢！」

第二天一早，章亞若就到專區公署等候蔣經國。她猜測蔣經國今天肯定要到辦公室處理一些公文和要事。果然，她剛走到公署門口，就看到蔣經國已經走在前面，她連忙追上去喊道：「專員！專員！」

蔣經國聽到這幾聲又甜又急的聲音，就止步回頭，章亞若已經急步奔上前來，胸脯一起一伏，連連喘著氣，先向蔣經國甜甜地一笑。

蔣經國也笑了，問道：「章亞若，你找我有事嗎？」

「嗯」章亞若點了點頭，要求說：「我也想去赤珠嶺參加『青幹班』。」

蔣經國像考學生似的問道：「你要求來參加『青幹班』的目的是什麼？」

「響應你的號召，當你忠實的學生，為打倒日本侵略者，建設新贛南而奮鬥！」

章亞若果敢、俐落的回答，博得蔣經國張嘴大笑。他爽朗地說：「第一期幹訓班女學員還不多，同意你的要求。等會兒我就給赤珠嶺通個電話，你明天就去報到，怎麼樣？」

「謝謝專員的栽培！」章亞若心情好不激動。

第二天，章亞若來到赤珠嶺報到。

這是贛南城郊的一個小鎮，它依山傍河，風景秀麗，「青幹班」就辦在鎮上的一個大祠堂裡，蔣經國自任班主任，首期共招收一百二十名學員。章亞若和她的義姐桂昌德編在同一個隊裡。

這年她已28歲，青幹班學員之間愛用兄弟相稱，大家都叫她「章大哥」。她熱情慷慨，頗有男子風度，雖然晚來了一個星期，卻和大家很快打成一片，課餘常教大家唱歌和開展其他文娛活動。

「青幹班」學員每天清晨在軍號聲中起床，接著是跑步和做操。蔣經國常住宿在祠堂樓上的臨時辦公室，清晨穿著草鞋和學員們一起跑步、做操。章亞若看到蔣經國精神抖擻，帶頭在先的樣子，心中更充滿了好感。有時看到蔣經國在寒冷的天氣裡也脫掉棉襖，光著膀子跑步，她總悄悄叮囑他：「當心受涼。」

訓練分政治、業務、軍事等項目。除了規定的內容外，蔣經國還搞些令人意外、出奇的活動。一天深夜，一陣「嘟嘟嘟」緊急集合的軍號聲，打破了赤珠嶺冬夜的寧靜。號聲，就是命令！正在睡夢中的「青幹團」學員們被突然驚醒了。他們迅速穿衣，飛步奔到操場上時，只見蔣經國穿著整齊的軍裝挺立在寒星冷月下。

隊伍一口氣跑到滔滔的贛江邊，蔣經國才下命令停下來。許多學員喘著氣，擦著汗，已累得想坐下去。這時，只聽見蔣經國大聲向學員們說：「大家注意啦！」他向學員們掃視了一下，等隊伍一片肅靜後，他抬手向前方指問道：「你們往前看，前方展現的是什麼？」

學員們昂首揚目，搜尋著在夜色深沉、月光朦朧中的景物，有個學員自以為視力過人，搶先回答：「我看見對面半山上有一間小茅屋。」另一個不甘示弱，接上來說：「我看到贛江的遠方有一條小船正在駛來。」

蔣經國更提高了嗓門：「還看到了什麼？」

「我看到了我們中華民族的錦繡河山，正在遭受到日本帝國主義的侵略；我看到了我們的骨肉同胞，正在被鬼子的屠刀殘殺。」隊伍中響起了一名女學員激昂的回答聲，她就是章亞若，「我還看到了，前方將士正在浴血奮戰，全國民眾已經築起了一道抗日長城！」章亞若熱血沸騰地回答，正是蔣經國所期望地答案。「章亞若答得很好！」他稱讚後進而又嚴肅地問道：「你們看到了日本鬼子在踐踏我們的國土，在屠殺我們的同胞，大家應該怎麼辦？」學員們情緒激昂地搶著回答，其中王升的聲音分外洪亮，他說：「抗戰到底，將日本侵略者趕出中國！」

蔣經國為他未來的幹部班底的骨幹們喊出了他心中的呼聲而感到高興和激動，對激情奔放的章亞若，自然也越來越賞識了。

三、情真切，慧風慧雲終相合

據「青幹班」其他一些學員說，蔣經國與章亞若的結合，王升也牽過線。這天深夜突擊訓練結束後，王升就思索著蔣經國與章亞若之間的微妙關係。王升字化行，是黃埔軍校第十六期的學生，畢業後當過少尉副官，後來由於軍校政治部主任胡軌向蔣經國推薦，到「青幹班」第一期受訓，後來隨蔣經國到臺灣當上了將軍。王升善觀上司氣色，又有著敏捷練達的工作作風，頗能迎合蔣經國的心意，沒有多久，就成了蔣經國身邊的紅人。他經過細心觀察和揣摩，也發現章亞若明顯地在愛著這位委座公子。於是王升看準時機，要為主任來個「順水推舟」，以表示他的「忠心」。

這個機會終於被王升找到了。這是一個週末的晚上，他看到蔣經國沒有回城，仍在樓上的辦公室裡緊張工作，於是就關切地建議道：「主任，你要管專區工作，又要在『青幹班』訓練我們學員，太忙，太辛苦了，我建議你找個助手，說明處理一些事務。」

　　王升的建議，講到蔣經國的心裡。「青幹班」的工作，確實感到忙不過來。第一期結束後，還要繼續辦第二期、第三期……正想物色一個助手；但這個助手至少要具備兩個條件，一是必須對他赤膽忠心，二是要有一定的文化修養和辦事能力。他問王升誰合適。

　　「章亞若！」王升在他面前極力稱讚章亞若的才華和能力，認為「青幹班」學員和專員公署的上上下下都稱她是「女中精英」。蔣經國想的也是章亞若。他不露聲色，想了一會兒以冷靜的神態，慎重的口氣說：「那麼先讓她試試看再說吧。」

　　從此，章亞若成了蔣經國的貼身「秘書」。她不僅為蔣經國作報告時做記錄，討論「青幹班」的訓練工作，而且以女性特有的體貼和溫柔，從生活上照顧蔣經國。有個星期天，蔣經國留在赤珠嶺準備講課內容，章亞若在幫助他整理檔案。

　　快近中午時，蔣經國說：「章亞若，你要參加訓練又要幫助我做事，辛苦了。今天學員們大都回城了，你也回家休息一下吧。」

　　「不，等會兒我想給你燒個好吃的菜，還給你準備了這個！」章亞若調皮地一笑，從文件櫃裡拿出了一瓶白酒。她知道蔣經國愛喝酒，且具海量，不過，在赤珠嶺卻從不喝酒，和學員

們一起吃大鍋菜，大鍋飯。章亞若乘星期天就給蔣經國悄悄準備了這瓶白酒。

蔣經國15歲離開祖國到蘇聯，一去就是整整十二年，與本國女性少有接觸，與章亞若這樣的親密交往還是第一次。他的心不能不被她的特有的溫柔、體貼所感動。相互的吸引，情感的交流，理解的加深，蔣經國終於阻不住愛浪情波的翻捲。他接過章亞若為他準備的白酒，笑著問她：「等會兒你準備給我燒什麼菜？」

章亞若神祕地瞟了他一眼：「我拿手的，也是你愛吃的。」她說著就快步下樓。

不一會，章亞若搬上來兩碗菜，一碗是黃中點翠的炒雞蛋，另一碗是紅燒狗肉。這兩碗菜好香好香。

蔣經國開心地稱讚道：「好，『亞若蛋』！」

「你也慕名啦！」，章亞若好不喜悅。原來章亞若能烹調一手好菜，尤其是炒雞蛋更見功力。她炒的蛋又鬆、又嫩、又香，「青幹班」改善伙食，她下廚協助燒了個炒雞蛋，學員們不僅拍手叫好，並對這碗菜取了個雅號，叫「亞若蛋」。此刻，蔣經國看到章亞若特地燒了這只拿手菜給他下酒，他怎不欣喜呢！

蔣經國喝了一口酒，只感到心頭暖乎乎的，他再也控制不住情感的閘門，向章亞若吐了強壓多時的心聲：「亞若，你真好！」

「這是主任對我的器重。」章亞若從蔣經國動情的話語中，更覺察到自己和他的距離縮短了。這時候，她倒反而慎重了。她輕聲地說了一句，又不安地低下了頭。她明白，她與蔣經國之間

有著不可逾越的鴻溝：一是蔣經國是當今「太子」，二是蔣經國已有了夫人和子女。她痛苦地提醒自己：「他不可能屬於我的。」

然而，蔣經國和章亞若的情愛，就像赤珠嶺上的樹，根已紮下大地，且越來越深，兩人都各自想拔掉這個生了根的東西，但實在太困難了。她明明預感到自己與蔣經國發生了戀愛，這將是人生的悲劇，卻仍是懷著美好的憧憬，走上這愛情的舞臺，去扮演這幕悲劇的主角。在第一期「青幹班」快要結束時的一個沉沉之夜，蔣經國和章亞若結合了，開始以「慧風」（蔣經國）、「慧雲」（章亞若）互稱彼此的情名。

四、桂林城，麗兒獅兒降人寰

第一期「青幹班」訓練結束後，章亞若回到了贛州城。蔣經國安排她在專員公署秘書室工作。蔣經國有事離開贛州，將自己的圖章也放在章亞若那兒，一般的公務，都由她代為處理。章亞若在做好日常公務外，還幫助蔣經國瞭解專區所屬的十一個縣的政情，每當蔣經國到各縣去檢查工作，往往叫章亞若同去。他所制訂的工作計畫，也常徵求章亞若的意見。每逢星期四下午，是蔣經國接見上訪人員的時間，章亞若總是在他的身邊記錄講話和填寫來訪的登記表。章亞若已成為蔣經國不可缺少的得力助手，當然，對章本人來說，能在蔣經國身邊工作，也使她感到無比快樂。

1942年夏天，桂昌德接到章亞若的電報，叫她速從臨川到贛

州會面。路上她一直在納悶，此時此刻，章亞若究竟有什麼急事要電邀會晤呢？會不會是病了？急急跨進章亞若的住所，見章正在吃飯，才放下心來。

見了面，章亞若說出急於要同桂昌德見面的原因。原來此時她已有喜，為了避開贛州耳目，為了尋個高明的產科醫生為她接生，她與蔣經國商量決定暫時住到桂林去，那兒省立醫院婦產科主任李瑞林大夫，是個有名的專家，到桂林去分娩，會安全些。她希望桂昌德能陪伴她一起去。

桂昌德有點猶豫了，生孩子是件大事情，萬一有個三長兩短，這風險可不好擔，想到自己與章亞若姐妹般的情義，又感到該幫她解決一點困難。當時就頗為為難地說：「亞若，這事我有點打不定主意，我怕會有什麼麻煩。」

章亞若一手緊緊搭住桂昌德的肩膀，一手拉住她的手臂說：「我正因為想到桂林人地兩疏，會有什麼麻煩，才想到你呢！只有你陪我同去，我才安心。我與慧風說了，他也同意，準備先將你調到贛州來，然後下個月就去桂林。快答應吧！我的好姐姐。」

在章亞若赴桂林的前一天晚上，蔣經國在城裡張萬順酒家為章亞若設宴餞行，作陪的僅王升、桂昌德等五個親信。就在這次餞別小宴上，蔣經國無限深情地對章亞若說：「慧雲，明天我不能陪你同去桂林了，不過我會常來看你的。我已關照廣西省民政廳邱昌渭廳長多來照應你，有什麼不方便之處，盡可找他。」回頭又半囑咐，半慰謝地對桂昌德說：「桂昌德，這次要辛苦你了。」

1942年9月下旬，章亞若在桂昌德的陪伴下前往桂林。王升藉故到重慶辦事，特地護送章亞若到桂林車站。

章亞若到了桂林後，先下榻在大華旅社。一星期後，在市區麗獅路上租到了一幢潔靜雅致的寓所。經過內外粉刷和油漆，又購置了一套新式家具，這一廳兩室加廚房的普通平房，倒也顯得挺有氣派。

蔣經國既然打了招呼，廣西省民政廳長邱昌渭哪敢怠慢，他特地到麗獅路來拜訪，尊稱章亞若為「二夫人」，後來，桂林軍政界一些上層人士，也相繼來訪，有的就乾脆稱章亞若為「夫人」。這使她內心感到欣慰。

章亞若安頓好新居，便把妹妹章亞梅也接到桂林同住，同時又雇用了一個保姆。然後，她在桂昌德的陪同下到省立醫院婦產科去做產前檢查，找到了名聞黔桂的李瑞林大夫。李大夫醫德高尚，診療認真，她為章亞若做了仔細的產前檢查後，含笑對章亞若說：「夫人懷的是雙胎，現在胎位正常，如果感到不舒服，要及時來醫院，平時要注意休息。」

章亞若一聽是雙胎，又喜悅，又緊張。她每隔一星期，就到醫院請李大夫檢查一次。

轉眼就到了春節了。蔣經國特地到桂林來過年。除夕那天，他帶來一包包的年貨，還給章亞若帶來一件新禮物——一條大紅綢緞面的絲棉被頭。他對章亞若說：「慧雲，這條被頭是我從俄國帶回來時母親送給我的。我一直不捨得用。這大紅顏色，這龍鳳圖案，象徵著吉祥如意，我想你會喜歡。」

章亞若收受這一條絲棉被，又一次感受到了蔣經國的情意。

這天，她想親自下廚燒年夜飯。蔣經國生怕她累了，怎麼也不讓她去。他把大腹便便的章亞若扶坐在椅子上說：「為了孩子，你應該保養好身體。」

在贛州時，蔣經國和章亞若是祕密幽會，到桂林後，才公開了他們的關係，儘管蔣經國每次來，只住一兩天，最多也沒超過三天，有時到重慶去開會，路過桂林只過一夜就匆匆離去，但這對章亞若來說，已經感到命運之神賜予她極大的安慰和幸福了。

1943年2月，廣西春來早。號稱甲天下的桂林山水，奇峰飛青，灘江流翠，山野裡的草兒，花兒，沐春風，浴陽光，在吐芽，在蓓蕾。就在這個月中的一天上午，章亞若生下了一對雙胞胎。當親自為她接生的李端林大夫告訴她是一對男寶寶時，章亞若蒼白失血的臉容頓時泛起了一層喜悅的紅雲。

一星期後，章亞若出院回到家中。她人還未在床上坐定，就把雙胞胎抱在懷裡忙著給他們餵奶。她奶水不足，又特地請了個奶媽。她想給孩子們取個有意義的名字，可一時想不出，後來就以所住的麗獅路的路名，分作兩個孩子的乳名。老大叫麗兒，老二叫獅兒。等蔣經國來桂林後再一起商量正式名字。

章亞若出院後沒幾天，蔣經國就來到桂林。他按照奉化人的風俗，給產婦買了桂圓、人參等補品，另外因章亞若奶水不足，他特地帶了幾箱美國的克寧奶粉。這雖然是美國援華的剩餘物資，但對戰爭年代的江西和桂林來說卻已是貴重的營養品了。

蔣經國到了家裡，一手抱麗兒，一手抱獅兒，充滿了添丁的喜悅，但只住兩天就又匆匆回贛州。關於孩子的名字，他說他再去問問父親。

一天，章亞若聽說桂林有個算命先生人稱王半仙，能算出人的禍福。她本來不大相信迷信，可生了孩子後，常為孩子以後的命運擔心，竟也相信時辰八字和神明了。這次蔣經國來桂林後又到重慶去，他要向父親稟告他們倆的戀情及生下這對雙胞胎的情況。現在老先生的態度會怎麼樣呢？會承認她這個「媳婦」嗎？會承認麗兒、獅兒嗎？章亞若心裡總有點不踏實。

王半仙為兩個嬰兒算命，對章亞若恭維一番後，說是兩位公子將來雖然大富大貴，但命裡剋星很重，要遭別人欺侮。章亞若屬兔，無力保護令郎，要制服剋星、渡過難關，需要盡快認一個生肖屬老虎的乾娘。

誰可以充當這兩個孩子的乾娘呢？一個星期天的下午，正好潘宜之的夫人王尊一來看望章亞若和雙胞胎，章亞若就把王半仙算命情況講給她聽，並要求她幫助關心一下親友中有沒有屬老虎的女士。王尊一聽了後，就眉飛色舞地自我推薦：「太巧啦，亞若，我就是屬虎的，我來當麗兒、獅兒的乾媽怎麼樣？你同意嗎？」

潘宜之曾任國民黨政府經濟部次長，是個頗有影響的人物。章亞若自然樂於接受他們的厚意，當即便抱起孩子認了。潘宜之和王尊一後來以幹爹媽的身分送禮物，其中有刻有「長命富貴」的銀鎖片。蔣經國和章亞若也回了禮。另外，又擇了個吉日辦了兩桌酒來慶賀麗兒、獅兒喜認乾娘，民政廳長邱昌渭等官員，應邀來麗獅路赴宴。

半個月後，蔣經國又赴重慶，回桂林時給章亞若帶來了喜憂參半的消息：喜的是老先生對蔣經國和她的結合認可，並為兩個

孫子以孝字輩取名，麗兒為孝嚴、獅兒為孝慈，憂的是老先生主張讓孝嚴和孝慈從母姓章。這無疑給章亞若帶來了痛苦，但她發覺蔣經國為孩子的姓也顯得內疚不安，於是只好把自己的痛苦和擔憂壓在心底，她仍以喜悅的神色，表示感激公公的寬宏和關心。

五、得「暴病」，拋兒魂歸離恨天

章亞若面對嚴酷的現實，對自己今後的生活道路作了反反復複的思考，她打算在萬不得已的情況下，就到美國或英國定居，要盡一切努力將孝嚴、孝慈撫育長大。為此，她在產後兩個月，就苦學英語，特地請了一位在桂林工作的美國人做她的英語教師。

五個月後，孝嚴、孝慈兄弟倆已長得十分活潑可愛了。這天，章亞若特地請了攝影師為她母子三人拍了照片。其中一張是章亞若坐在椅子上，左手抱麗兒，右手抱獅兒。她秀髮披肩，臉含甜笑，充滿著做母親的驕傲和喜悅。

可是，就在這個時候，章亞若遇到了一系列蹊蹺的事情。9月初的一個上午，章亞若和桂昌德一起上街買東西，發現有人在暗暗跟蹤她們。回家後，她不安地對桂昌德說自己有一種不祥的預感，怕在桂林難以久留。想同蔣經國商量單身先回贛州，將兩個孩子暫時放到乾娘那兒去，可又放不下心來。

沒幾天，章亞若寓所又發生了失竊事件。竊賊在深夜翻窗而進，偷去了一些生活用品。民政廳長邱昌渭聞訊後，即派士兵到章亞若家門口站崗放哨，並通知警察局抓住竊賊，追回失物。

為了感謝邱昌渭的關心，這天晚飯後章亞若特地到他的官邸去拜訪，就是這一天到邱府去過之後，章亞若感到身體不大舒服。坐了一會就告別回家，邱昌渭送她到門口，說第二天上午他將派車子送她到省立醫院去看醫生。

　　她回到家裡後，量了一量體溫，有幾分低熱，還稍有腹瀉，桂昌德和她的妹妹都勸她早點休息，而她自我感覺尚好，仍堅持學了英語後才入睡。

　　第二天上午，邱昌渭派小車來到麗獅路，要送章亞若到省立醫院去治療。章亞若還覺得一點點小毛病用不著上醫院，況且早晨起來後，已感到舒服多了。但見那派車來接，也就不再推辭。

　　章亞若到了省立醫院，由內科醫生作為急診病人為她診治，還照顧她住在單人病房裡。不一會，桂昌德的胞兄桂昌宗聞訊也趕到醫院來探望。本來他們坐在章亞若的病床邊，而醫生卻要他們到病房外等候，並吩咐他們到街上去為病人買冰塊。

　　醫生給章亞若檢查、服藥、打針後，才讓桂昌德他們進去。醫生在病房門口對桂昌德說：「章女士病情不輕，你們要多讓她安靜休息，少跟她說話。」

　　章亞若也許被打了鎮靜劑，她昏昏沉沉地睡了一會。醒來時，她感到有氣無力，渾身難受。她不解地對桂昌德說：「醫生給我打針、服藥後，怎麼反而感到更不舒服？」

　　桂昌德當時還安慰她說：「你安心休息，會好的。」她不敢把醫生說的「病情不輕」的話告訴給她聽。

　　桂昌宗花了不少時間，好不容易買到了冰塊，醫生又說打針後熱度壓下去了，冰塊暫時可以不用了。

下午，章亞若病情突然惡化，身上出現了一塊塊帶紫色的血塊。昏睡了一陣後竟連言語也發生障礙了。桂昌德和桂昌宗急忙找來了醫生。醫生用聽診器聽了一下章亞若的心臟，又給章亞若打了一針後，用無可奈何的神情說：「我們已用了最好的藥，看來療效並不顯著。」章亞若的妹妹章亞梅也已趕到醫院，她「噗」地跪在醫生面前，哭著懇求道：「醫生，救救我的姐姐，救救我的姐姐⋯⋯」

　　章亞若苦苦掙扎著，她低低地，喃喃地問著：「我怎麼會不行了？我怎麼會不行了⋯⋯」她眼皮垂下去了，在桂昌德連聲「亞若！亞若！」的焦急呼叫中，她又用了她生命彌留時的最後一分力量，艱難地睜開了雙目。當她看到病床前只有桂昌德、桂昌宗和妹妹亞梅，於是又低低地問道：「慧風⋯⋯能⋯⋯來⋯⋯嗎？⋯⋯麗兒、獅兒⋯⋯」她轉過頭向病房外面注視著。她的靈魂在掙脫軀殼的最後時刻，是那樣的痛苦，那樣的不甘心。她斷斷續續地對桂昌德說：「快⋯⋯快⋯⋯拿⋯⋯紙⋯⋯筆⋯⋯來，記⋯⋯下⋯⋯我⋯⋯的⋯⋯話⋯⋯」

　　桂昌德急忙拿來紙筆，記下了章亞若的臨終遺言。

　　章亞若叮囑桂昌德，要把她的遺囑和一條絲棉被頭等遺物，親手交給慧風，叫他要好好照顧孩子，她還特別關照桂昌德幾句重要的話，等將來孝嚴、孝慈長大成人後當面轉達他們兄弟倆。

　　章亞若講完遺囑後沒多時，又昏迷過去，從此再也沒有醒來。

　　章亞若「暴病病亡」的電報打到贛州。蔣經國得此噩耗，似聞晴空霹靂，震驚而又沉痛。然而他未能親自來桂林為章亞若送葬。他只好派他的親信一鹽務處的官員王制剛趕到桂林協助民

政廳長邱昌渭和桂昌德一起料理章亞若的喪事。他給桂昌德、章亞梅的一封親筆信中，除了布置喪事外，還寫了他悲痛的心情：「慧雲不幸『暴病死亡』，離我而去，悲哉！痛哉⋯⋯」

桂昌德為章亞若尋找吉祥的墓地，幾乎踏遍了桂林市郊的山野，最後在鳳山腳下選中了一個地方。喪事結束，王制剛表示由他將孝嚴、孝慈領回去託人代養。桂昌德挺身而出道：「我是主任派到桂林照顧亞若和孩子的。現在夫人不幸身亡，我有責任安排好麗兒、獅兒的生活，王長官不必再費心了。」

「你打算怎麼辦呢？我回去要向主任稟告。」王制剛不放心地問。

「我準備和亞梅一起將兩個孩子送到萬安他們外婆那兒去，由章老夫人去撫養。」桂昌德把和章亞梅一起商量過的主張，告訴了王制剛。

王制剛覺得這樣也能使自己省事些，他表示贊同後就匆匆回贛州交差了。

桂昌德和章亞梅退去了麗獅路那座曾經充滿著溫馨的住房，抱著麗兒、獅兒來到章亞若墓前揮淚叩別回江西。

桂昌德回到贛州。向蔣經國訴說了章亞若「暴病死亡」的過程，並將遺囑遺物一起交給了他，蔣經國接過遺囑和遺物時，淚如雨下，久久沒說一句話⋯⋯

附錄二　亦斌綜述

一、初到「青年軍復員管理處」

　　1946年3月，我從陸軍大學畢業，來到「青年軍復員管理處」工作，從此與青年軍及蔣經國發生了密切的關係，這是我前半生中的一個重要變化。談到「青年軍復員管理處」，首先得追溯一下青年軍這個部隊的來歷。

　　1944年，日軍為了「打通大陸交通線」，大舉進犯湘桂，直陷貴州獨山，重慶為之震驚。

　　蔣介石面對這樣的危局，一面準備再遷都西昌（據蔣經國以後告我，曾在那裡建築不少辦公住房），一面號召知識青年從軍，以資抵抗。在1944年秋發表文告，以「一寸河山一寸血，十萬青年十萬軍」相號召，發動全國各大、中學校學生報名從軍，以同日軍作最後決戰。並許諾勝利後復員可享受優待條件，同時頒布優待辦法。這樣既可示國人他有「抗戰到底」的決心，以可以借此把廣大知識青年吸引到自己一邊來。一舉數得，他自以為得意之作。

　　廣大知識青年出於抵抗日軍侵略的愛國熱忱，報名從軍十分踴躍，不少國民黨軍政要人子弟包括蔣經國、蔣緯國兄弟和部分青年公教人員也都報名從軍，以示帶頭，還有一些國民黨黨員和三青團團員是經由於黨、團動員參加的。至1945年初，報名從軍

者總數達十萬人左右。

1944年冬，蔣介石在重慶建立知識青年遠征軍編練總監部，任命羅卓英（軍政部次長、陳誠系）為編練總監，彭位仁（第73軍軍長）、黃維（軍委會督訓處副處長）為編練副監。將從軍青年先後編為青年軍（全稱「知識青年遠征軍」）9個師（原定10個師）。即第201師（師長戴之奇）駐四川璧山，第202師（師長羅澤闓）駐四川綦江，第203師（師長鐘彬）駐四川瀘州，第204師（師長覃異之）駐四川萬縣，第205師（師長劉安祺）駐貴州貴陽，第206師（師長蕭勁）駐陝西漢中，第207師（師長羅又倫）駐昆明，第208師（師長黃珍吾、後吳嘯亞）駐江西黎川，第209師（師長溫鳴劍）駐福建上杭。團長以上軍官皆由蔣介石親自審定，都比國民黨一般部隊降一級任用，官兵在生活待遇上比一般部隊稍高一些。

青年軍設有政治部，蔣經國任總政治部中將主任，總攬青年軍的政治工作。他拋開國民黨軍原有的政工幹部系統，獨樹一幟。在重慶復興關設立青年軍政工幹部訓練班（許多是中央幹校報名從軍的學生），自兼班主任，訓練一批自己的人來充任青年軍各級政工幹部。在訓練班裡，他常和學員同吃飯、同遊戲，在寒夜裡，帶領學員搞緊急集合，甚至帶頭脫去衣服，一同跑步。在青年軍的政治工作中樹立自己的形象，形成了他自己的體系，連羅卓英也不好插手。

各師政治部主任和團督導員，均由蔣經國遴選，甚至營、連政工人員他也要親自過問。在各師各團實施政治思想教育，他公開提出的口號是：「青年軍是青年的革命武裝學校！」「青年軍

是國民革命的生力軍！」「青年的胸膛就是祖國的國防！」

政治工作是軍隊工作的靈魂。蔣介石要蔣經國抓這項工作，自然也就控制了青年軍。故有人把青年軍稱之為「太子軍」。原擬全部用美式裝備準備遠征，以後由於美國對蔣經國擔任青年軍總政治部主任心懷不滿，揚言「寧可裝備其他國民黨部隊，獨不裝備青年軍」，以致得不到美國裝備。

1945年8月，青年軍還未來得及「向日軍作最後決戰」，日軍便宣告無條件投降。青年軍除少數幾個教導團開赴印度、緬甸參加遠征外，其餘均未參加對日作戰。抗戰勝利後，青年軍士兵都想復員，人心不定，有少數部隊出現鬧事現象，蔣介石看到這些情況，知道如不妥善安排復員工作，就很可能引起青年軍的強烈不滿，會導致更多的知識青年鬧事甚至有的投奔延安。於是他下決心讓青年軍復員，並在復員之前施以三個月的預備軍官訓練，給予復員的青年軍士兵以預備軍官的資格。他提出：「青年軍復員，不是青年軍的結束，而是青年軍新發展的開端。今後要制定一套辦法，使青年軍成為國軍後備官兵的精英，同時要加強復員青年軍的政治訓練工作，使他們在社會上成為一股新興的革命力量。」

按照他的這個打算，成立了青年軍復員管理處機構之際，正是我在陸軍大學畢業，拒絕前線打內戰而去向未定之時。我原擬留在陸大研究院，繼續研究「新國防論」和當教官。正在這時，彭位仁來邀我到「青年復員管理處」擔任第一組少將組長。由於彭和韓浚是我任第77師參謀長的老上級，又是保送我考上陸軍大學的人，從私人感情來說我不應該拒絕他的邀請，而且我已經以

「抗日我義不容辭，打內戰我堅決不幹」為由，謝絕了韓浚要我去第73軍擔任參謀長的邀請，如對彭的邀請再予拒絕，實難置辭；二則我在陸大從事研究「新國防論」與「預備幹部制度」的建立有關，做青年軍的復員工作，正為我提供了將理論與實踐相結合的機會；加上我過去曾飽嘗失學之苦，青年軍士兵在國難當頭時，棄學從軍，乃是義舉，今天我去從事安置這些復員青年軍的就學工作，也很有意義。因此，我接受了邀請，但言明時間為三個月，到時我將回陸軍大學兵學研究院從事研究工作。

在我到職時，處以下各個機構人事安排已就緒。處以下設立辦公廳和四個組。

辦公廳：主任戴子奇、副主任林谷郵

第一組：組長賈亦斌、副組長鄭果（管就學）

第二組：組長易芳昱（管就業）

第三組：組長徐恒瀛、副組長江海東（管通訊聯絡）

第四組：組長徐思賢（管總務）

當時青年軍復員的出路計分四條：一、就學；二、就業；三、留營（充任班長、排長、作為青年軍骨幹）；四、自謀出路。

第一組管就學，這個業務最為複雜難做。因為這一期復員時的青年軍總數達7.3萬人，其中要求就學在3.3萬以上，幾占一半。復學的有的回原校，比較好辦、而原屬高中畢業生和高中讀過兩年以上的學生，按青年軍復員優待辦法規定，均可免試升大學。就業很難辦，因為教育部和各大學不肯接收或接收名額越少越好。面對這種情況，我們一方面辦了六個大學先修班，給功課較差的補課，力爭達到符合大學的要求，另方面我往返奔走教育

部和有關部門，簡直弄得我舌敝唇焦，有時還與這些單位負責人爭得面紅耳赤，終於使到大學就學的問題解決得比較好。對為數更多的學生，分別在重慶、貴陽、漢中、杭州、嘉興和撫順等地辦了六所青年中學吸收他們入學。至1946年6月3日，全面實施復員，青年軍開始離營時，這項工作也已籌辦就緒，讓他們復員後入學都有著落。

　　1946年9月，第一期青年軍復員後，軍事委員會復員管理處改為「國防部預備幹部管訓處」（後改為預幹局），負責籌備1947年應屆高中畢業生共約十萬人的徵集訓練，即第二期青年軍十個師的徵集訓練工作。繼以蔣介石發動內戰未得實施，乃以青年軍的名義招收流亡知識青年，實際上為便於招兵，有的仍沿用青年軍番號，有的改稱為軍如新七軍（原207師）、第八十軍（原206師）、第三十一軍（原205師）、第三十七軍（原203師），以編制、裝備、人事、訓練方面由預幹局主管，在戰鬥序列上分由所在的地區司令官指揮，絕大部分均參加前線作戰，有的被消滅（如在洛陽的第206師），有殘存的則逃往臺灣，也有少數部隊駐在臺灣未參加作戰。在蔣介石來到臺灣後，青年軍的部隊番號全部取消了。以上是青年軍的結局，這是後話。

二、首次懇談

　　蔣經國本來並不認識我，但在幾次聽取我對第一組的工作彙報之後，他感到滿意，認為第一組的工作最難做，卻做得有聲有色，當眾予以表揚。

與此同時，我所寫的《論預備幹部制度》一文也先後在《曙光》和其他一些報刊上發表。在國民黨軍隊中，我是最先提出預備幹部制度的人，我還給這個制度取了個別名叫「徵官制」。所有這些可能都引起了蔣經國對我的重視。

　　1946年5月初，一次處務會議後，蔣經國走到我面前對我說：「請你留下來，我們談談吧！」開始我還有些拘束，我見他態度謙和，語氣親切，便留下來，就此開始了我與他的第一次正式交談。這時我33歲，他35歲，都在血氣方剛之年，似乎都在瞭解、探尋對方的理想抱負和尋覓知己。

　　蔣經國開門見山地說：「你在抗戰時的勇敢，彭誠一（位仁）向我介紹很多，胡宗南大哥和第一軍的朋友也都向我稱讚過你。我有一問題想問你，為什麼能做到如此的不怕死？」我答：「你既然知道我的情況，我沒什麼好說的了，看來他們對我有些偏愛，講得有些過頭，其實我只做了我該做的。『天下興亡，匹夫有責』，我在戰場上只有一個決心：寧死不當亡國奴。這個決心也是日本鬼子逼出來的。我親眼看到日本鬼子對我軍民的殘殺，這激起我極大的憤慨，我無數軍民英勇抗戰的光輝事蹟對我是極大的激勵和感染。」我說到這裡似乎引起他的共鳴，他點點頭並深有感觸地說：「這就是中國人的國格。我的母親被日本飛機炸死，我悲痛至極，只好在我母親墓碑上寫上『以血洗血』四個大字，以表示我的哀悼和報仇的決心。看來我們抗日愛國是人同此心，心同此理。」接著他又說：「我最近看到你寫的《論預備幹部制度》文章，感到有新意，請你談談對這制度的認識和設想。」我說：「對這個制度雖然在陸大開始研究，但還只是開

始。我所以要研究這個問題，主要是根據抗戰的經驗教訓，在抗戰中傷亡多，感到軍官少，勝利復員後感到軍官多，無處安排，結果到處鬧事。要解決這個矛盾，只有培養預備幹部來解決。我認為，現代戰爭要全國動員，真正做到官皆將，民皆兵，平戰合一，文武合一，戰時徵文為武，平時轉武為文。古代就有這樣的軍事思想，現代美國和土耳其培養預備幹部也有這方面的經驗。」最後，他又問我：「你對青年軍就學問題為何如此熱衷和積極工作？」我回答他：「首先是因為我擔任第一組組長，主管青年軍就學，我要履行職責。同時，政府有優待辦法，我要積極貫徹，不能失信於民。其次我過去飽受失學的痛苦。在陸大時，看到許多青年學生在國破家亡的嚴重關頭，志願放棄學業，甚至準備犧牲性命為國報效，這種愛國精神值得尊敬。現已抗戰勝利，應該讓他們有讀書的機會。再次是在我們這個社會裡，資格與資產是成正比例的，小有錢的讀小學，較有錢的讀中學，很有錢的讀大學，甚至出國留學。而資格又與做官成正比例，學歷越高，做官也越大。這種官僚哪裡懂得窮人的痛苦，哪裡會做人民的公僕！所以我要使這些愛國青年服役以後再能就學，真正做到文武合一，戰時能報國，平時能為民服務。」他聽了我的話連連點頭，拍著我的肩說：「你這些見解，講到我心裡去了，今後我們必定會成為長期合作的同志。」這次談話，我們彼此都留下了愉快的印象。

三、蔣經國為我主婚

自從我與蔣經國那次懇談之後，他對我更加關心，不僅反映在工作上，而且體現在個人生活上。他主動為我與譚吟瑞的婚事操勞，為我們當證婚人，並負責主持我們的婚禮。

我到青年軍復員管理處不久，經同事徐思賢的介紹，認識了譚吟瑞女士，她是著名的「戊戌六君子」之一譚嗣同烈士的孫女。吟瑞受其祖父譚嗣同的思想影響很深，性格剛正、善良、追求平等、自主、自強，勇於接受新思想。她雖出生於瀏陽四大家族之一（譚、宋、黎、劉號稱瀏陽四大家族），曾祖譚繼洵曾任湖北巡撫，祖父又是一代風雲人物，可以算得上名門後裔了，可她的氣質卻更接近於平民，其家境從祖父遇難不久就開始衰落了，父母又過世得早，她一度不得不依靠長姊生活，初中僅在南華女中讀了半年就被迫輟學。因此，她從小就懂得生活的艱難，很想自立，不依賴別人。為此她上了瀏陽女中附設的簡易職業班，學過刺繡、縫紉。後來經一個住在長沙的親戚幫助，進入長沙第一女子職業學校蠶絲科學習。1937年畢業，正值抗日戰爭爆發，社會動盪不安，就業的希望成了泡影，只好回到故鄉，次年考入瀏陽縣衛生院。此時日軍猖狂進攻，祖國半壁河山淪陷，吟瑞和當時的許多青年一樣，不得不四處逃難，長期過著顛沛流離的生活。1938年冬，長沙大火之後，她結伴逃離長沙，到貴州鎮遠、安順一帶，在地方衛生院工作。1942年，又返回湖南，考入衡陽湖南省立高級助產職業學校，讀完全部專業課程，並到仁濟

醫院實習。正在此時，日軍發動豫湘桂戰役，衡陽淪陷，吟瑞只得又隨著逃難人群，歷經千辛萬苦，經貴州輾轉逃至重慶，在唐家沱市民醫院做助產士。我也是在這裡認識了她。抗日戰爭勝利以後，由於她能寫文章，字也寫得很好，經人介紹進了青年軍復員管理處主辦的刊物《曙光》編輯部，始和我同在一個單位工作。

蔣經國知道譚吟瑞是他素來敬仰的譚嗣同烈士的孫女，很為我們結為伉儷而高興。但我和吟瑞本想婚事簡辦，並沒有將我們要舉行婚禮的事告訴他。當蔣經國從別處得知我們定於1946年6月4日結婚，並請徐思賢、彭位仁為我們主婚，舉行一個簡簡單單的婚禮的消息之後，他主動來找我了。蔣經國在辦公室裡當著眾人對我說：「你們結婚為什麼不告訴我啊？」接著又說：「這樣吧！我來為你們做證婚人，你們的婚禮事宜，也一應由我們機關來籌辦，不用你們自己操心了。」這話一出，簡直像下命令，同事們都很熱情地為我們操辦婚禮而忙碌起來了。

我們的婚禮定於6月4日在重慶舉行。在此前一日即6月3日，青年軍的復員工作宣告圓滿結束，全體青年軍都已離營，或上學，或復員，或回家，後來的「青年軍復員節」且口起源於此。我們的婚禮選在6月4日，也是對此的一種紀念。記得婚禮在青年軍復員管理處的小禮堂舉行，在室內將桌椅擺成一個V字形，就算是新穎別致的布置了。上午十時許，蔣經國、徐思賢、鄭果、徐恒瀛、易芳昱等和青年軍管理處的全體人員百餘人全部參加了婚禮儀式，來向我倆表示祝賀。儘管沒有盛宴款待，僅由機關準備了一些茶點水果，可是婚禮仍辦得隆重熱鬧，大家都興高采

烈，氣氛極為歡快。蔣經國以主婚人的身分發表了講話，態度親切而又極為幽默，博得了全場陣陣掌聲和歡笑聲。我和吟瑞由於當時情緒比較興奮緊張，事隔多年，竟然怎麼也回想不起他當晚講話的內容，只是當時歡樂的景象還深深地留在記憶中，像昨天一樣鮮明生動。這樣的婚禮，可謂有情趣，在當時的條件下也算不容易了。

婚禮後，蔣經國又派了一輛吉普車將我倆送到北碚溫泉度蜜月。翌日，重慶的《大公報》、《和平日報》還報導了我倆結婚啟事。同事們都認為，我們的婚禮能得蔣經國如此的重視，是難得的榮耀，因而出現了對我異乎尋常的器重之情。而這也出乎我們意料之外，認為這是蔣經國對我們的厚愛，也因此增添了對他的感激之情。

四、還都南京後的生活

抗戰勝利後，國民黨政府就準備將首都從抗戰時的陪都重慶遷回南京，但因大後方的機關太多，從重慶到南京的交通又極不方便，更由於要調兵遣將搶點全國各處戰略要地，準備內戰，所以，還都一事進行得比較緩慢。直到1946年5月5日，國民黨政府才在南京舉行「還都大典」，宣布正式遷回南京，實際上當時許多機構、人員都還滯留重慶，未能返回南京，還都的事務仍然十分繁忙。

當時面臨的另一個重要任務就是籌建國際部。1946年5月30日，國民黨國防最高委員會通過決議，決定裁撤軍事委員會及其

下屬各部，並在行政院下設立國防部。6月1日，國防部在南京正式成立，白崇禧為國防部長，陳誠任參謀總長。青年復員管理處此時亦奉命撤銷，該處的三個副處長各自承擔不同任務：彭位仁負責籌建國防部監察局，鄧文儀負責籌建國防部新聞局（主是仿照美國的體制，後改為政工局），蔣經國負責籌建國防部預備幹部管訓處（後改為國防部預備幹部局）。蔣經國要我幫助他進行籌備工作，同時要求我們對青年軍的復員工作做一次全面檢討，以總結經驗。因籌建工作的需要，我於1946年7月，先乘飛機趕往南京。到了南京後，我在黃埔路馬柵46棟辦公室，那是原中央軍校舊址，當時國防部在那裡蓋了不少新房子。

吟瑞比我晚一個月，8月才乘飛機來南京，同機的還有青年軍復員管理處辦公廳主任戴之奇等人。到了南京後，我們在南京中央飯店住了一個多月，就搬到上新河第73軍留守處，住了一兩個月。後來，中央銀行蓋簡易宿舍，一百塊錢可以買兩間小平房帶一個廚房，我們籌措兩百塊錢買了兩套，一套送給老朋友盧南喬夫婦住，另一套自己住（藍家莊27號），我們搬進去已是冬天了，後來又搬到鐵管巷五號，租了一個湖南人的兩房（他家人口簡單），客廳我們與他共用，第二年（1947年）6月1日，我們第一個孩子晶晶（後改名叫賈寧）就出生在那裡。蔣經國知道後，當即向我恭喜，並特派人送了五十元禮券，以示祝賀。

在南京時，我注意到蔣經國家裡的生活缺乏照料，而且也不十分寬裕。當時，蔣經國身帶機要秘書，住在南京勵志社二樓，只有兩個房間，既是辦公室、會客室又是宿舍，食宿都乏人照顧。他的夫人蔣方良則帶著兩個孩子長期住在杭州內西湖一號

的一座小樓裡。他們之間不定期在南京或杭州小聚，生活極為不便。我曾問他為什麼不把家眷接來一起住？他回答說：「沒有房子。」我信以為真，於是主動為他找房子。我找到一位陸大教官住的二層樓住房，設備還不錯，本人也願意出讓。房子有了，可蔣經國仍然沒有把蔣方良接來，反而又把房子讓給了留蘇同學劉漢清等人居住。我對此感到迷惑不解，後來才知道讓方良住在杭州是宋美齡的主意。因為方良是蘇聯人，當時南京設有蘇聯大使館，宋美齡擔心方良與蘇聯使館發生聯繫，而蔣經國又是留蘇學生，易於造成美國人的猜忌，會影響到美蔣關係。至此我才恍然大悟。方良在杭州平時無事可幹，就由秘書陪著她打麻將，方良沒什麼錢，打麻將只能贏不能輸，秘書沒有辦法，只好讓著她。方良錢用完了，就跑到南京來找宋美齡，開口喊「媽媽」，喊得很親熱。宋美齡很高興，就給方良一些錢。每次都是如此。所以後來人們一看到方良來南京找宋美齡喊媽媽，就知道方良缺錢花了。這是在南京時的一個趣聞。

五、盧山會議風雲

　　1946年夏秋之交，烈日炎炎，南京正熱得火爐一般，而盧山卻十分涼爽。這裡車水馬龍，冠蓋雲集，蔣經國陪同其父蔣介石在此「避暑」，其他南京國民黨軍政要人及三青團骨幹也多彙集於此，馬歇爾也在此時八上盧山，一時政治煙雲籠罩著這個避暑勝地。

　　這裡正準備同時召開兩個重要會議，即三青團第二次全國代

表大會和青年軍復員檢討會。這兩個會議對蔣經國的前途，都將產生重大影響，因而令人矚目。蔣經國沒有要我參加三青團二全大會，因為他知道我對此不感興趣，又不是三青團員，而要我全力負責籌備同時召開的青年軍復員檢討會。為籌備這個會議，我曾數上廬山，風塵僕僕奔波於寧、贛之間。同事們為此而開玩笑說：「馬歇爾八上廬山，賈亦斌也五上廬山。」

青年軍復員檢討會比三青團二全大會略晚幾天開幕。這個會議之所以稱為「檢討會」，是因為第一期青年軍7.3萬餘人的復員工作已經完成，緊接著又要徵集編練第二期青年軍，但工作進展並不順利。所以蔣經國希望總結第一期工作的經驗，研究當前存在的問題，為第二期徵集工作順利開展創造條件。這次會議籌備的時間過於短促，但經過我的積極努力，會議終於得以如期召開。

出席這次會議的有青年軍三個軍的軍長劉安琪（第6軍）、鐘彬（第9軍）、黃維（第31軍）和下屬九個師的師長戴之奇、潘華國、羅又倫、吳嘯亞、覃異之、蕭勁、羅澤闓、黃珍吾、溫鳴劍，及軍、師政治部主任共三十餘人。會議的第一天，蔣介石作了兩個多小時的「訓話」，其要點就是作發動內戰的思想動員。他針對當時有一些青年軍將領認為既然要裝備打內戰，為什麼要讓青年軍復員的疑問說：「你們要知道，我讓第一期青年軍復員，是讓他們復員回到學校和社會上去，其作用不僅不會減弱，相反只會增強，一個人可以發揮幾個人的作用。同時又可以重新徵集新的第二期青年軍入伍，真是一舉幾得的事。」他還提高嗓門說：「你們不要看到我下令停戰，你們也不要看到馬歇

附錄二
亦斌綜述

2
2
7

爾八上盧山，搞什麼調停，你們的任務只有一個──就是打！只要我們打，美國是會支援我們的，會給我們大量的軍火和經濟援助。憑國軍的陸海空優勢，只要六個月，中共就會被我們澈底消滅！」，「澈底消滅」，他竟然說得那麼輕鬆，那麼自信！

當時，我擔任會議的秘書組長（未設秘書長），並親自負責會議記錄。他的這些話，大大出乎我的意料之外，使我震驚不已。因為那時在馬歇爾調停下國共雙方簽訂了停戰協定，蔣介石也親自下了停戰令，還成立了三人軍事小組負責監督停火，同時政治協商會議還在為建立聯合政府進行談判，何況毛澤東為求得人民有休養生息的機會，早在去年就親赴重慶，與蔣介石進行談判，並達成了《雙十協定》。當時，雖然內戰的烏雲越來越濃厚，但是許多人包括我在內，還是希望看到和平的實現，尤其是希望看到國民黨的最高當局多少有和平的誠意，應執行已簽訂的協定而不應該主動破壞協定。現在卻聽到蔣介石毫不掩飾地說你們的任務就是「打」，要在六個內澈底消滅共產黨，還把希望寄託在美國的援助上。我當時不由猛地一愣，極為驚愕和反感，連作記錄的鉛筆也「啪」的一聲掉了下來。我立刻想起《孫子兵法》中講過：「兵者，國之大事。生死之地，存亡之道，不可不察也。」而身為國民黨三軍統帥、平日滿口「仁義道德信義和平」的蔣介石，竟在下令停戰的同時，又在這個會上大談要打，簡直是把國家存亡和人民生死當兒戲；而且言而無信，表面一套背後一套，完全是兩面派手法，這樣的人不僅不配當領袖，甚至連一般做人的道理都不具備。原來由於國民黨的宣傳，蔣介石在我心目中形成的「抗日領袖」的形像頓時黯然失色。又想到抗日

戰爭時期人民蒙受戰爭苦難的慘景，今天好不容易剛剛取得勝利，人民正需要休養生息，國家正需要恢復元氣，怎麼可以再打內戰呢？國弱招來外侮，一百多年來列強欺侮中國的教訓難道還沒有嘗夠嗎？我越想越氣，越想越憂慮，情緒一落千丈，與會前簡直判若兩人。

會後，與會者都到海會寺前一棵參天大樹下同蔣介石合影。先拍集體照，然後分別同蔣拍二人合照。我在拍了集體照後就不想再拍二人合照，因此退到人群後面，想不引人注意地混過去。當其他與會者一個個興高采烈地依次侍立在蔣介石身後同他拍完二人合照之後，他喊道：「還有誰沒有拍嗎？快來！」我沒有作聲。可蔣經國卻點我的名了，他一邊答應道：「還有賈亦斌。」一邊趕快走過來催我說：「快去啊！」我不得已，只好走過去同蔣介石拍下了這張生平最不願意拍的合影。事後我也沒有保存這張照片，但事隔近半個世紀後，老友徐思賢偶然在箱篋舊物中找到了一張，並遠隔重洋給我寄來，我將其附在此書的插頁，作為這幕久已過去的小小歷史插曲的紀念。

晚上，蔣介石在其別墅「美廬」設宴招待全體與會者。六時許，我隨同蔣經國到了宴會廳，此時許多青年軍將領已坐在了廳裡等候了。不一會兒，宋美齡步入宴會廳，十分熱情地對大家說：「今天光臨的各位都是經國的客人，本來我應當作陪，但馬歇爾將軍剛上廬山，我要去陪他，實在抱歉，恕不奉陪了！」說完，她同與會者逐個握手道別，言辭禮貌，頗有「第一夫人」的風度。她走後不久，勵志社總幹事黃二霖高聲喊道：「委員長到！」大家「刷」的一聲起立，以軍人立正之禮向他致敬。蔣介

石客氣地招呼大家就座，他同前來赴宴的四川將領潘文華、王陵基（當時任第三十集團軍總司令兼江西省主席）拉了一會兒家常，然後還點了幾個人的名，其中也點到了我。我和大家一樣站起來應了一聲：「有！」不知他是為表示重視我還是有什麼別的原因，在點我名時與眾不同地問：「你好嗎？很忙吧！」我回答：「還好！」儘管宴席並不怎麼豐盛，照例是四菜一湯，但看來大家的心情還是十分高興的。唯獨我愁悶滿腹，無以釋懷，情緒低沉。

當晚，我思緒萬千，翻來覆去，難以入寐。我想到婉拒韓浚的邀請和接受彭位仁之邀來此任職的情景，想到與蔣經國的認識，再想到淞滬、武漢、鄂西和長沙等會戰中一堆堆犧牲和死難同胞的屍體，又彷彿聽到了我在赴重慶報考陸軍大學途中的輪船上那些被拋入長江的傷兵的慘叫聲……突然，上午會議蔣介石講話說：「打」和「澈底消滅」時聲色俱厲的神情和氣調又浮現在眼前，一幕幕往事與現實交織在一起，使我痛苦極了。我再也按捺不住了，決心辭去現在的職務，回陸大上兵學研究院，繼續從事「新國防倫」的研究和教學。

第二天我先去找彭位仁，對他說：「我來時答應幫你三個月忙，現在三個月已經過去了，青年軍復員安置工作已完成，我應該回陸軍大學了。」彭位仁一聽我要辭職回陸大去，大吃一驚，愕然對我說：「蔣先生（指蔣經國）不是很器重你嗎？當時我可以介紹你來，但現在要走我可決定不了，你得自己去找蔣先生說。」我隨即去找蔣經國，開門見山向他表明來意。他也極為驚訝，滿臉疑惑地問道：「你為什麼要辭職？辭職以後準備去幹什

麼呢？」我當然不敢明說是聽了蔣介石講話後不滿的緣故，只好回答：「我想回陸軍大學繼續研究『新國防論』和教學。」他聽了呵呵一笑，懇切地挽留我，勸我打消辭意，他親切而激動地對我說：「亦斌兄，你哪能走啊！你是我這兒的台柱，你走了這裡豈不垮臺了嗎？」我聽了他這番話，心裡很不平靜。聯想到平日同事們向我介紹蔣經國很能識人、用人、容人的許多事例，今天我倒確實親身領略到了。我與他毫無什麼淵源關係，相處日子也只有短短幾個月，今天我貿然要求離他而去，他非但不加半點責備，反而能如此真誠懇切地執意挽留。顯然他不同於他的父親和其他許多國民黨高級官員，確實要比蔣介石高明。一種「士為知己者用」的觀念，使我感到再難堅持辭職了。我又想到，他能知我用我，我留下來，或許更有利於實現我的抱負。這樣，即使我與他父親有諸多相悖之處，也有可能在他勸說下，使他老子受點影響，朝著我所希望的方向發展。

　　他見我愁容漸展，很是高興，連聲說：「好！好！你不要走了。如果我有不是之處，你盡可以直說，我就喜歡敢於提意見的人。」我隨即向他表示：「既然這裡需要我，我可以留下來繼續任職。可我是個軍人，喜歡直來直去，從臉上可以看到內心，意見我會提的，如提的不妥，萬望當面指正，冒昧之處，請予海涵。」他聽了連說：「這樣好！這樣好！」我心裡的疙瘩雖然尚未完全解開，但心情確實舒暢一些了。

六、籌備高中畢業生集訓的首次碰撞

　　廬山青年軍復員檢討會之後不久，青年軍復員管理處就正式改為「國防部預備幹部管訓處」，由臨時機構代為正式建制。當時陳誠已擔任國防部參謀處長，所以不再兼任處長，他親自打報告給蔣介石，保薦蔣經國任該處中將處長。呈文送到蔣介石處，蔣批閱「同意」，但不知出於什麼考慮，卻在蔣經國的處長職務前加了一個「代」字，這樣一來，蔣經國就成了預備幹部管訓處的代處長。該處的人事如下：

　　副處長：鄧文儀（兼任國防部新聞局局長）、彭位仁（兼任國防部監察局長）。

　　辦公室：主任俞季虞、副主任林谷郵（下設人事、文書、總務、會議、機要等科，楚崧秋任機要科長）。

　　第一組：組長賈亦斌、副組長鄭果（該組負責預備幹部訓練和學生集訓）。

　　第二組：組長徐恒瀛、副組長江海東（該組負責政治工作和復員青年軍的通訊聯絡）。

　　我仍任第一組組長，負責籌備預備幹部的培訓工作，重點是翌年全國十萬高中畢業生的徵集訓練即第二期青年軍十個師的徵集編練工作。當時預定每師一萬人，分駐杭州、上海、洛陽、北平、天津、重慶、貴陽、昆明、漢中、南昌及福建、廣東、廣西等地。沒有想到，正當我全力以赴進行工作的時候，卻因工作問題而與蔣經國發生了一次衝突。

事情是這樣的。我根據復員檢討會議的精神，考慮到今後實行預備幹部制度，訓練預備幹部是個長期的工作，帶有固定性，且數量很大，不能再和過去戰時一樣駐紮在老百姓家裡，必須有固定的營房，因此擬訂了一個比較龐大的建造營房的預算，交給了辦公室主任俞季虞。他加蓋了處長蔣經國的圖章，上報參謀總長陳誠，陳誠未加可否，即轉呈蔣介石審核。蔣介石看了這份預算很生氣。原來他並不真正想實行什麼預備幹部制度，而是一心想把財力用在打內戰上。因此他把蔣經國叫去訓斥了一頓，罵道：「既要打仗還造什麼營房？搞那麼大的預算！」蔣經國挨了罵，憋了一肚子氣，立刻開著吉普車趕到管訓處，一進門便滿臉怒色問我：「這個預算是誰造的？」我馬上回答：「是我們第一組造的。」「你是怎麼搞的？這不是給領袖（指蔣介石）為難嗎？」他帶著訓斥的語氣高聲責問。我一聽頓時火氣也上來了，回答道：「這怎麼能說是給領袖為難呢！既要徵集訓練預備幹部，就必須建造營房，學生不能長年累月地住在老百姓家裡呀！如果長期住在老百姓家裡，不僅妨礙軍事訓練，也使老百姓無法安生，難道能這樣訓練預備幹部和對待老百姓嗎？況且在那份預算報告上你也蓋了圖章，怎麼能只怪我們製訂預算的人呢？」他聽了我的話更緊皺眉頭反問：「怎麼是我蓋的章？」原來他的圖章交由辦公室主任俞季虞掌管，並且以為由俞代他蓋章自己可以不負責任。我當然不同意他這種看法，於是接著說：「你既然把自己的圖章給了他，就表示完全信任他。否則，就不該把圖章交給他。他在預算報告上蓋了你的圖章，你豈可不負責任呢！」蔣經國知道我的話在理，滿臉通紅頓時無話可說，但怒氣仍然未

消，我也很氣，結果兩人不歡而散。

我回到家裡就想不幹了，連續三天待在家裡沒有去上班。第四天一早，我剛起床不久，忽聽到吉普車由遠而近，在藍家莊27號我的住處門前戛然停下。原來是蔣經國竟然親自登門來找我了。他一進門就對我說：「喂！你怎麼像小孩子一樣！那天我發脾氣不對，但也不是衝著你來的。」接著他像兄長對待弟弟那樣拍了拍我的肩膀說：「上班去！上班去！」他一把拉著我上了他的車回機關。在路上，他對我說：「這樣吧！辦公室主任由你來當，為便於你工作，俞季虞我調他到三青團任主任，辦公室副主任林谷鄉，我也把他調到監察局去當少將監察官，辦公室裡的工作你盡可以放手去幹。」

從職務上說，由組長到辦公室主任是一種提升。我和他這樣爭吵，怎麼可能提升呢？對此，我本來還有點不相信。但事實上他說到就做到，很快就叫俞季虞向我辦了移交手續，他的圖章也交給我掌管了。

從此，我和蔣經國之間在同事的情感上又前進了一步。我感到他是知我又能用我，更能傾聽逆耳之言的不曾多見的領導人。他的領導對推行我所提出的旨在強國強兵的預備幹部制度是關鍵因素。因此，我對籌備全國高中畢業生集訓工作，**興趣更濃，勁頭更足了**。但國民黨當局要集訓高中畢業生的目的與我當初所要實行預備幹部制度的初衷完全背道而馳，而且當時的情況與抗日戰爭時期也大不相同了。抗日戰爭後期，號召知識青年從軍，為的是挽救國家危亡，將日軍逐出中國，所以蔣介石一聲號召，天下隨從。而現在集訓十萬高中畢業生，卻為的是打內戰，以中國

人打中國人，性質截然不同，因此各方阻力很多。培訓十萬高中畢業生以推行預備幹部制度一事，實際上無從實施，已經變成了泡影，這是我始料未及的。看到自己的理想隨著國民黨發動的內戰而付諸東流，我當然感到失望，但高中畢業生不願參加內戰的願望又與我的思想相一致。當時我的思想就處於這樣深刻的矛盾之中。

七、陪同視察青年軍

1946年冬，蔣經國偕同我和徐恒瀛（原任贛南專署科長，一直是蔣的親信）等人去北平、東北地區視察青年軍。這是我第一次陪同他外出視察工作。先到北平，後到長春。

飛機抵達北平後，駐西苑的青年軍第208師長吳嘯亞等冒雪前來迎接。然後在駐地舉行了閱兵式。蔣經國身著便裝但很精神，頻頻向受檢閱的官兵招手致意，還連聲說：「我是代表領袖來看望你們的。」接著還親自深入營房，查看內務，詢問士兵生活情況，召開士兵代表座談會，聽取意見，處處顯得他把青年軍看成是自己的「子弟兵」。這一套確實博得了不少士兵的好感。當時，北平行轅主任是李宗仁，他曾去向李宗仁作了禮節性拜訪，我也陪他同去。

在北平待了三天，他再偕同我等一行飛往瀋陽。他將我們安排進了旅館歇息後，自行去探望了正在患病的東北保安司令部司令杜聿明。因為天下大雪，在瀋陽住了兩三天。接著飛往長春到東北行轅外交特派員公署看了一下。蔣經國故地重遊，徒增「房

舍依舊，人事全非」之歎。最後一站是撫順。青年軍第207師駐紮於此。師長羅又倫陪同我們檢閱了第207師的部隊，查看了營房內務，並召開了士兵座談會和軍官座談會，聽取意見，還同一些官兵舉行了會餐。由於這個師是唯一沒有按期於6月3日復員的第一期青年軍部隊，士兵強烈要求讓他們復員並享有其他各師復員青年軍同樣的待遇，蔣經國當即同意，並指定由我負責辦理這個師的青年軍士兵復員安置工作。決定在長春市辦一所長春青年中學，安置復員士兵入學。任命從贛南起就一直跟隨蔣經國的胡昌騏為校長。這是為安置復員士兵就學而設立的第六所青年中學，不久因時局緊張而南遷，與嘉興青年中學合併。

這次外出視察，先後共兩個多星期。蔣經國對我們說，這次只是到部隊去看看情況，但很明顯他是為了瞭解前線軍心士氣，收集資料，為他父親提供作抉擇的依據。自蘇軍撤出東北後，國民黨軍一度佔領四平街、公主嶺和長春，當時國民黨將領對形勢估計都過分樂觀。但好景不長，共產黨的武裝力量迅速發展壯大，國民黨軍處處被動挨打。美國將軍魏德邁曾向蔣介石提出，東北幅員廣大，兵力難於集中，守住東北非常困難，建議將國民黨軍隊撤回關內防守。但蔣介石卻認為東北與華北唇齒相依，東北不保，華北垂危，堅持要國民黨的精銳部隊固守東北。但熊式輝、關麟徵、杜聿明等都不是民主聯軍的對手。因為共產黨領導的民主聯軍雖裝備較差，但組織嚴密，軍紀嚴明，深得民心；而國民黨軍雖然裝備較好，但軍紀廢弛，到處拉夫，強佔民房，致使民怨沸沸，軍心不穩，一些接收大員，更是爭權奪利，以公肥私。兩相對比，誰勝誰負，徵兆已明。也許在這次視察中，蔣經

國對此已有所瞭解。這可能就是此次視察之後，他更加經常痛罵治軍不嚴的將領和貪官汙吏的原因吧！

八、力保我升任副局長和代局長

　　1947年4月，國際部預備幹部管訓處改為國防部預備幹部局（下簡稱預幹局），成為與國防部新聞、監察等局平行但規模更大的一個局。局長由蔣經國擔任。他的留蘇同學和贛南系親信及三青團中央幹校的得意門生對此都甚為高興。不少人都很想在局內覓取要職，一展身手。

　　在醞釀是否要建立預幹局的階段，國防部內部分歧頗大。擁護的、反對的和持保留態度的皆有。由於蔣經國從擔任青年軍總政治部主任起，政治工作就獨樹一幟，被認為是要把青年軍作為發展自己力量的政治資本，議論頗多。加上青年軍享有比其他一般部隊較高的待遇，不少軍官也感到不平。此時就連蔣經國同陳誠的關係也變得微妙起來。陳誠是蔣介石最信賴之人，而且很有可以成為蔣介石的繼承人。蔣介石在培養陳誠的同時，也希望陳誠同樣培養和扶植蔣經國。當時蔣經國主要有兩個職務：一是三青團中央組訓處處長，一是預備幹部管訓處處長。而陳誠擔任三青團中央書記長和總參謀長，恰恰都是蔣經國的頂頭上司。蔣介石作這樣的安排，無非是希望陳誠對蔣經國高抬貴手，開放綠燈。蔣經國以前對陳誠一直是十分恭敬的。但隨著蔣經國勢力的發展，兩人之間的矛盾便不斷增多，並趨於表面化。記得有一次蔣經國突然對我談起陳誠說：「陳辭修他做得對的我們當然服

從，但做得不對的，我們又怎麼能服從呢？」所謂「不對的」，就是指陳誠對蔣經國或明或暗的鉗制。實際上這種矛盾早在爭奪青年軍的人事安排上就已經表現得相當明顯（青年軍剛成立時，蔣經國撇開舊的政工系統，別樹一幟，儘量用中央幹校的學生充當青年軍政工幹部，陳誠對此相當不滿）。後來當蔣經國在青年軍中不斷擴大影響，用各種方法，使高級將領走「太子路線」，要把青年軍更緊密地直接抓在自己手裡時，遇到的鉗制就更大。自然在蔣經國要將所控制的「處」改為「局」時，有人表示反對是不足為奇的。而我為了實現預備幹部制度是極力主張建立預幹局的。在一次由陳誠主持的廳局長會議上討論成立預幹局的問題時，我根據我從陸軍大學起就已開始研究的預備幹部制度的心得，針對與會者的不同意見，作了長篇發言。從古今中外的軍事制度、各黨派對軍制的共識到現代戰爭的特點，全面闡述了實行「文武合一，戰時徵文為武，平時轉武為文」的預備幹部制度的優越性和重要性，指出要在現代戰爭條件下，掌握戰爭的主動權，達到克敵制勝的目的，就必須實行預備幹部制度。要實行預備幹部制度，成立預備幹部局當然就是很有必要了。由於我的立論有據，論證有力，使一些原來持反對意見者表示贊同，就是一些仍堅持反對的也提不出反對的理由。因而，成立預備幹部局最後成了定論。

會後，我回到辦公室，同事們問及討論情況。我說了一句：「諸葛亮是舌戰群儒，而我這次是舌戰群豬。」當時我年輕氣盛，這僅是隨口說出的一句戲言。其實參加會議者多為國防部各廳、局長和各軍種總司令部的主管。只因我講得在理，他們才予贊同

的。但善於用心計的王升卻以為抓住了我的什麼把柄，向經國先生告了一狀：「賈亦斌鄙視國軍高級將領，恐有反意，宜加注意。」好在王升的意見，無人支持，蔣經國也未予介意，不了了之。

預幹局成立後，副局長一職由誰來擔當呢？蔣經國力保我來擔任。這是他經過深思熟慮後的一著。按資歷說，當副局長我是不夠資格的。預幹局要負責全部青年軍的人事、編制和訓練工作，責任很重，規格較高。青年軍的軍長、師長多是所謂「資深優秀」的黃埔前期生，級別大都是中將，都是隨時可以直接晉見蔣介石的。如第201師師長戴之奇原來是陳誠的第18軍副軍長，第202師師長羅澤闓原來是胡宗南的第一戰區參謀長，第203師師長鐘彬和第205師師長劉安祺原來分別是第71軍和第57軍的軍長。但如任命這一類「資深優秀」的黃埔系軍官來擔任，蔣經國不能不考慮難於駕馭和不易展開工作的問題，可是任命對軍事缺少研究、級別太低的人，又怕各軍師長對這樣的副局長不放在眼裡，無法工作。而我既非黃埔出身，不存在他所顧慮的難於駕馭的問題，又有陸軍大學畢業的資格，而且還是國內預備幹部制度的首倡者，在抗日戰爭中又被稱為作戰勇敢、屢建戰功的人，不乏作戰的實際經驗。也許還有其他一些因素使他感到滿意。因此，他最終選中了我。

當蔣經國確定以我為預幹局副局長人選之後，急於要找我的履歷，以便上面批准。而我卻正巧同幾位好友外出春遊去了。他見我人不在，急不可待，竟將辦公室窗門撬開，翻窗而入，取走了我的履歷表，然後立刻寫報告上報。為了不在陳誠那裡通不過，就繞過陳誠，直接向蔣介石當面推薦。得到了蔣介石的同意

後，他又請蔣介石直接下達手令任命我為預幹局的副局長。

我被任命為預幹局副局長後，蔣經國與我在工作上做了明確分工。他告訴我有兩件事必須經過他的批准：第一是青年軍幹部的任免，軍官少校營長以上，政工人員上尉連指導員以上，都必須得到他的同意，由他向國防部上報；第二是關於各省市及各大學的復員青年軍聯誼會，我不必過問，由他直接掌握。除此之外，一切都交給我負責。預備幹部局成立後的人事如下：

局　　長：蔣經國

副局長：賈亦斌（後升為代局長）

辦公室主任：徐思賢

人事科長：蕭昌樂

文書秘書：周振武

總務科長：黃德芳

機要科長：楚崧秋

財務科長：王伯璜

第一處：處長　鄭果

　　　　副長長　楊聖泉（該處負責青年軍和預備幹部的訓練）

第二處：處長　黎天鐸

　　　　副處長　江國棟（該處負責政治工作和青年軍聯誼會）

預幹局平時工作很忙，有時晚上還要加班。有一天晚上，有緊急事務要處理，我從家裡自己開著吉普車去機關。快到國防部

時，那條馬路很窄，我腦子裡想著別的事情，為了給對面的汽車讓路，一不小心，吉普車翻到路邊的溝裡去了。我的胸部被車子壓了一下，人受輕傷，在醫院裡住了幾天。蔣經國聞訊後，還特地趕到醫院來看我。

1948年春，我任副局長不到一年，蔣經國為了在臺灣的一名青年軍師長開小差，提出辭去預幹局局長職務。一天，他將我叫到勵志社，對我說：「領袖的意思，我不當局長了。我想由你當代理局長，並請領袖親自下手令。」我很驚訝地說：「連你都幹不了我還能幹得了嗎？我更不能當了。」他說：「你當好了，軍務局（即前侍從室）會支持你的。你有什麼問題可以去找軍務局長俞濟時，還有軍務局副秘書長周宏濤也會支援你的工作。萬一還不能解決問題的話，你還可以直接來找我。當然，青年軍聯誼會的事仍舊歸我管，其他青年軍的事務都由你管。」蔣經國決定保我升任代局長的消息一傳出，在蔣經國的留蘇同學、贛南親信、中央幹校學生中間，頓時引起強烈反響，他們紛紛起來表示反對，原先提我做副局長時他們就不贊成，現在要做代局長他們更不能接受了。在他們看來：賈某何許人也？與蔣經國毫無淵源關係，竟得到如此的信任，短期內連獲破格提升！包括王升等都表示想不通。為了打消他們的思想疑慮，蔣經國親自出面做解釋工作，對他們說：「賈亦斌為官多年，官居少將，卻身無半點積蓄，極為少見。且賈在抗日戰爭中參加過諸多重大戰役，作戰勇敢，幾度負傷，將生死置之度外，實為難以多得的文武兼備的將才。」他又說：「中國有句老話：『文官不要錢，武官不怕死，則天下太平矣！』」這兩者賈亦斌兼而有之。這種人不用，我還用

誰？」王升等人聽了無話可說。蔣經國又親自向蔣介石力保，並由蔣介石下手令任我為代局長。

我看到木已成舟，又感到其盛情難卻，只好答應勉為其難，並希望蔣經國繼續關心預幹局的工作。後來他對預幹局和我的確仍很關心，我記得他有好幾次詢問我的工作有無困難，還想幫我把代局長的「代」字去掉，並按編制級別晉升中將待遇。我當時看到國民黨大勢已去，垮臺在即，對此索然無味。我更不願意他為我個人升官費那麼大的力氣，搞得不好，他又會為此去找蔣介石，弄得滿城風雨。經我竭力勸阻，他才作罷。

1947年，國民黨政府為了偽裝民主，建立所謂的「行憲政府」，在各地舉行了「民國代表大會代表」選舉，由蔣管區每縣選舉一名國大代表。出乎我的意外，我被我的家鄉──湖北省陽新縣提名參加競選。得知消息後，我特地趕到勵志社向蔣經國報告，問他如何處理？蔣毫不經意地回答說：「你對政治素來不感興趣，現在卻找到你頭上來了。可順水推舟，看情況發展吧！如真能選上，也是一件好事。」很快，我從家鄉來人得知，選舉國大代表不僅先要花很多的錢去買票，而且那些為我助選的人都是要我為他們謀一官半職的。我聽後大吃一驚，心想這種政治交易實在太骯髒了，不要說我一文莫名，就是有錢，我也不屑一顧；何況還要滿足那些助選者的官癮，更使我感到惱火。我隨即寫一封《告陽新父老兄弟書》，公開宣布退出競選，終於沒有被捲入這個政治旋渦。事後我又告知蔣經國，他像早就料到，又有些無可奈何地苦笑著對我說：「我早就知道你對於政治勾當是搞不來的，能夠早點退出競選也好。」

九、在嘉興、北平青年軍夏令營

　　1947年5月20日，南京、上海、杭州、蘇州等城市十六所專科以上學校學生代表數千人齊集南京，舉行聯合大遊行，向國民黨政府請願，要求增加學生公費和全國教育經費，並提高教職員工待遇。他們高呼「反對飢餓、反對內戰」的口號，向南京政府所在地進發。國民黨政府出動大批軍警予以鎮壓，造成了震驚全國的「520」慘案。接著，5月30日，國民黨政府又在上海逮捕大批進步學生。上海學生不畏鎮壓，包圍了市政府，手持國民黨自己的《六法全書》與當局辯論，質問道：「反對飢餓、要求吃飯，犯什麼罪？反對內戰、主張和平，又犯什麼罪？」國民黨官員無辭以對。當被捕學生向上海淞滬警備司令宣鐵吾提出：「宣司令，你說我們都是共產黨，你就應該把證據拿出來。拿不出證據，就說明我們不是共產黨，你就應該釋放我們才對！」宣鐵吾拿不出任何證據，理屈詞窮，只好回答：「兄弟是軍人，以服從命令為天職，委員長叫我抓人我就抓，叫我放人我就放。」

　　「520」運動對青年軍也產生了強烈衝擊，使其內部出現了分化。事件發生後，各大學的復員青年軍學生因觀點不同出現了兩派。有一部分傾向於國民黨，贊成當局的做法，並參加了反對學生的活動；另一部分則對當局的做法表示不滿，對學生予以同情。這兩部分學生之間的矛盾不斷激化。蔣經國對「520」運動，很傷腦筋。一次我到勵志社去找蔣經國，他正在與上海宣鐵吾通電話，只聽他最後說了一聲：「打」。就把電話掛了。我馬

上問他：「打什麼？」。他回答我：「你是軍人，不懂政治，你不要管。」我心情沉重地對他說：「別的事我不管，但如果是打學生，你可要重新考慮考慮。」蔣經國顯得很不耐煩，說：「算了！算了！不要談了。」弄得彼此都不愉快。

　　「520」學潮發生後不久，大約在6月間，一天蔣經國寫了一張字條給我，上面說他決定在北平和嘉興兩地舉辦「青年軍夏令營」。兩個營的主任，都由他本人擔任，指定由我和胡昌驥（嘉興青年中學校長）任嘉興營的副主任；吳嘯亞（青年軍第208師師長）和範魅書（第208師政治部主任）任北平營副主任，並要我立即去嘉興籌備。

　　蔣經國在當時那種形勢下，決定舉辦夏令營，其目的是明顯的：就是要為國民黨政府吶喊助威，對付蓬勃發展的學生運動，並借此考察青年軍學生的思想，對青年軍內部來一次「整肅」，將不可靠的分子清除出去，使原來忠實於他的學生通過集訓對他更加擁護，以緩和和平息青年軍內部的矛盾。此時，三青團已處於解散的前夕，原定當年舉行的夏令營已全部取消，現在由青年軍單獨出面舉辦夏令營，更顯得與眾不同，引人注目。為了達到上述目的，夏令營從組織編制到活動內容都作了精心安排。

　　嘉興夏令營除營主任和副主任外，下設兩個組，一是訓育組，負責訓導和考察等工作。訓育組長王升（嘉興青年中學訓育主任），組員有潘振球、江國棟、陳志競等。一是教務組，負責教務工作安排。教務組長彭燦（嘉興青年中學教務主任）。夏令營實行軍事編制，分為大、中、區隊。大、中、區隊長由預幹局調配，負責對學員實行軍事訓練管理。學員來自上海、南京、武

漢及浙江、福建、四川等地各大學的復員青年軍學生，約一千人。夏令營活動內容多種多樣，有大課、小課，有大組、小組討論，有「鄉村調查」和文藝體育活動等等。

蔣經國在我完成籌備工作之後，就來到了嘉興，同我住在同一個房子裡（他住在裡面一間，我住在外面一間）。工餘飯後，我們常常隨便聊天，從個人生活談到國家大事，從軍隊情況、談到官吏貪汙腐化，幾乎無話不談。他也談到了當年赴蘇聯留學的事。他說他那時很年輕，看到國家受到列強蹂躪，很氣憤，很想出去尋求救國之道，他父親也支持他去蘇聯見見世面。當時他父親對孫總理提出「以俄為師」很佩服，也高呼過：「我們黨的前途端賴『以俄為師』。」在到了莫斯科孫中山大學之後，他很狂熱。北伐軍進入南京、上海時，留蘇學生和蘇聯人都為之狂歡，但上海「清黨」一出，形勢完全改觀，氣氛頓時為之一變，對他形成了極大的壓力。在蘇聯學習、生活期間，他也不得不捲入政治的旋渦，政治的陷害、生理的疾病都幾乎使他丟掉了性命。那段留蘇生涯使他既感慨又留戀。在談起「建設新贛南」時，他最為興奮，說那時的贛南雖然很貧困，但他是自己找上去的。說自己在那裡搞了一次很有意義的實驗，並對他在那裡反對惡勢力和禁賭、禁煙、禁娼的成功津津樂道。他的結論是：「革命的成敗，絕對不是決定於演說或議論，而取決於兩個對立力量的生死鬥爭。」在談到國民黨內官僚的貪汙腐化，巧取豪奪，恨不得斂聚天上財富於一身，不顧百姓死活的惡劣行為，他幾乎到了咬牙切齒的地步，說國家敗就敗在這些人手裡。對「軍統」、「中統」的橫行不法，也怨恨滿懷。他認為今天社會的動亂根源，既

有共產黨的煽動，但更主要的是國民黨派系林立，互相傾軋，對有些事處置失當，大小官僚之貪汙腐化，以致喪失民心。說他之所以提出「一次革命，兩面作戰」的理論，既反對共產黨，也反對國民黨內的貪官汙吏即源出於此。還說如果國民黨內的貪汙腐敗不除，即使沒有共產黨的煽動，也會有別的什麼政黨起來反對，也會自我毀滅的。他把「一次革命，兩面作戰」的希望寄託於青年軍。在當時，他這種標榜既非共產黨路線，也非國民黨路線的「第三條路線」，的確在青年軍中頗有市場。對反對國民黨內種種腐敗現象，我和他是有同感的，一談起來，幾近發牢騷，充滿憤慨、不滿情緒。

在夏令營期間，多數活動蔣經國均親自參加，或作大報告，或聽取彙報，或參加小組討論，或帶領學員到鄉間搞調查，或早操時帶領學員一同跑步，可以說事必躬親。在生活上，他同學員打成一片，同在一個大飯廳和學員吃一樣的飯菜，晚上還搞夜間緊急集合一同操練。如遇天氣涼爽，還去學員宿舍為學員蓋上被單。特別有一次，他以營主任名義邀請一些60歲以上的老人到營裡來開敬老會，博得許多人的好感。

對蔣經國的這套做法，有人說他「師承共產黨」，也有人說他「收買人心」。而我當時對此卻有好感，認為不管怎麼說他這麼做總遠比那些養尊處優的國民黨官僚強得多，與貪汙腐化的官僚更是不可同日而語，倘使國民黨中做官的特別是大官僚都能如蔣經國那樣，也許不至於會把國家弄到這般境地。至於說他「師承共產黨」，我心裡想這豈不等於說共產黨名師出高徒，沒有什麼不好。只是我沒有說出口來就是了。

嘉興夏令營從7月初開始至9月初結束，為時約兩個月。在此期間蔣經國主要做了三件事：一是以「一次革命，兩面作戰」為口號和行動綱領，標榜非共非國的中間路線，以爭取青年人。二是成立青年軍聯誼會，他自任會長。各省市和各大學凡有復員青年軍者設分會或小組，以加強對青年軍的控制，鎮壓進步學生運動。三是對復員青年軍學生中有傾向於共產黨和「民盟」觀點的加以「整肅」。甚至開除出去。在夏令營結束那天晚上，舉行了一次通宵狂歡大會，稱作「不夜天」，上海一些「影星」、「歌后」也應邀出席「獻藝」，看來蔣經國對嘉興夏令營舉辦結果是滿意的。

　　蔣經國還兼北平夏令營主任，但他沒有去，全權交由副主任吳嘯亞、範魁書代理。大約在8月中旬的一個深夜，我睡著了，他把我喊醒，小聲對我說：「北平夏令營青年軍和三青團之間矛盾很大，鬧得無法上課，不知為什麼。請你以講學名義去走一趟，設法解決他們的矛盾，至於這個營的正副主任職務仍然不變，繼續由吳、範兩人負責。」我當即答應照辦。

　　第三天，我由上海乘飛機到了北平，向兩位副主任傳達了蔣經國的指示精神。然後分別瞭解發生矛盾的雙方情況，隨即召集雙方再開大會辯論，要求他們雙方把問題擺到桌面上來說清楚。我坐在台下靜聽，結果發現他們之間的矛盾表面上是由於發毛毯給青年軍學員而沒有給三青團學員引起的，實際上政治傾向不同是發生矛盾的焦點。青年軍和三青團中有一部分人傾向進步，他們獨立思考問題，敢於發表不同意見，對國民黨政府不滿，大發牢騷，活動能力也強，特別是北大、清華來的學生受進步思想影

響更大。但另一部分人，雖占多數但很保守，死抱著國民黨正統觀點不放，人云亦云，盲從性較大。聽了雙方代表發言後，大家高聲嚷叫，要我上臺講話。我上臺後，簡單講了幾句話：「雙方代表的意見我和大家都已聽清楚了，你們覺得哪方的意見對，就接受，還可以繼續保留自己的意見，但要立即複課。你們如果問我贊成哪一方的意見，我是贊成張道法等（即進步一方）的意見的。」我這句話剛落，竟獲得全場熱烈的鼓掌。因為我贊成進步同學的意見，進步同學當然滿意，而保守的同學也不敢反對蔣經國派來的代表。至於發毛毯之事，我說：「發完為止，如果不夠的話，則應先人後已，都以謙讓為好。」他們對我這個意見也表示贊同。事後我還分別找了一些人個別談話，並與他們一起遊玉泉山，問題就此解決了。

我回到南京以後，看到有三個復員青年軍學生被扣押在國防部。經過我瞭解，他們是上海暨南大學的學生黃開、戴新民、鄭華山，都是與「520」事件有關，在嘉興夏令營受訓時被捕的。因為他們不滿現實，發了牢騷，被認為是共產黨。實際上根本拿不出任何證據，顯係隨意捕來的。再根據我在北平夏令營所瞭解的情況，我向蔣經國彙報時，就說：「北平夏令營的矛盾解決了，其實不是什麼青年軍和三青團學員之間的矛盾，而是進步學生和保守學生之間的矛盾，依我看如果這樣搞下去，國民黨非亡不可。」蔣經國聽我這麼一說，猛然一怔，問我：「為什麼？」我說：「國民黨用人是『餵豬驅虎』政策，用錢是『肥強瘦良』的政策。凡能幹的人，只要對國民黨不滿，發點牢騷，就認為是共產黨，或者是民盟，把他們看成老虎，驅趕出去。只要口

頭上反對共產黨，不管是庸人，都看作忠貞之士，升官發財，餵的都是豬。這不是『餵豬驅虎』是什麼？」他眼睛緊盯著我，我繼續說：「用錢的政策，凡是奉公守法的好人，個個窮得要命，骨瘦如柴。那橫強霸道的貪官汙吏、大賈富商卻個個肥得要命。這不是『肥強瘦良』是什麼？實行這樣的政策，非亡國不可！你對國民黨滿意呀！我對國民黨滿意呀！你、我都常發牢騷。如果發牢騷的就是共產黨，那麼你、我豈不都是共產黨了嗎？我們這裡關押的黃開等三個暨南大學的學生都很年輕，只是對現實有點不滿，發了牢騷，就把他們關押起來，很不應該呀！應趕快放掉！」蔣經國聽了我這番話不住點頭，連聲說：「你寫，你寫，把它送到領袖那裡去。」於是我就將自己的意見照寫了，交給蔣經國送上去。不久，黃開、戴新民、鄭華山三人也就由蔣經國下令放了。

九、與美軍顧問團的爭執

蔣經國與美國的關係卻相當緊張。蔣經國個性倔強，辦事我行我素，不肯人云亦云，青年時代又曾在蘇聯生活過，參加過共青團，還娶了蘇聯妻子，那一段生活經歷對他影響很大。蔣經國回國後，在自己的活動中，總是有意無意、或多或少地模仿蘇聯的方式，這使他與一般的國民黨官僚比較起來，總顯得與眾不同。因而在美國看來，蔣經國比較難以控制，不可相信。所以，美國對蔣經國勢力的發展，始終抱著猜忌和懷疑的態度，這特別明顯地表現在對青年軍的歧視上。

不僅如此，美國還採取分化政策，扶植畢業於美國西點軍校的孫立人來壓制蔣經國，製造了所謂的「洋太子（孫立人）與土太子（蔣經國）之爭」。蔣經國與孫立人的矛盾到1948年已經相當嚴重。是年3月，青年軍第206師在洛陽被殲滅，師長邱行湘被俘。為了鼓舞青年軍的士氣，蔣介石決定立即重建該師，師長人選尚未決定。孫立人趁蔣經國在外出差的機會，直接向蔣介石推薦自己的親信部屬唐守治（黃埔五期）擔任，得到了蔣介石的批准，蔣經國回來之後發現唐任師長木已成舟，無法改變，很不高興。他立刻找到我詢問：「誰讓唐守治來當師長的？」我回答：「我不知道是誰推薦，是由領袖（指蔣介石）親自下手令任命的。」當他後來得知是孫立人保薦的之後，更為不滿，對我說：「從今以後，206師的事，我們預幹局一概不管，要錢、要槍、概不負責。」蔣介石也看出了美國扶植孫立人的用心，並對此有所提防。在第二次世界大戰期間，艾森豪和馬歇爾未經中國方面同意，就邀請孫立人（孫在美國留學時期曾與他們同學）去歐洲戰場觀戰三個月。蔣介石很不高興，孫回來後，蔣曾予以嚴厲訓斥，並問他：「你究竟是我的部下，還是美國人的部下？」因而遲遲不肯重用孫立人。只是由於蔣介石要依賴美國，最後才讓孫當了新38師師長和新1軍軍長，赴緬甸指揮對日作戰。後來任命孫立人為陸軍副總司令也是出於同一原因，並非心甘情願。

　　當時，美國在南京政府設有軍事顧問團，有的給參謀總長做顧問，有的派到國防部各廳、局做顧問。預幹局也配備有兩名美國顧問，一位是貝樂上校，他與我的個人關係不錯，我寫的《論預備幹部制度》一書中，關於美國預備幹部制度的情況，有許多

資料就是他提供的；還有一位是羅伯特中校。他們兩人經常上預幹局來瞭解情況，但蔣經國平時根本不願見他們。有一天，蔣經國來預幹局，碰巧那兩個美國顧問也在，堵在辦公室門口一定要見蔣經國。蔣正在和我談話，見此情況，馬上對我說：「亦斌兄，你去敷衍敷衍！」我只好出來會見兩位美國顧問，說蔣經國現在有緊急事情要處理，實在沒有空，用這種辦法把他們對付走了。這件事給我的印象很深，它說明蔣經國對美國顧問沒有什麼好感，且存有戒心。

雖然我與有的美國顧問保持著較好的個人關係，但對美國干涉中國內政、支持蔣介石打內戰的政策是歷來反對的。美國在國民黨軍隊內部拉一派打一派、壓制蔣經國、歧視青年軍的做法，更使我反感。我始終認為，中國的事情應當由中國人來管，美國有什麼權力以主人自居，對中國人和中國的事情指手畫腳、發號施令？如果美國以為僅憑財大氣粗就可以做太上皇，使中國人俯首貼耳，那他們就完全錯了。在這種思想感情支配下，我很快同美軍顧問團發生了一次正面衝突。

1947年9月，在南京召開了由美軍顧問團參謀長柏寧克準將主持的「中美軍事聯席會議」。參謀次長林蔚、陸軍副總司令余漢謀、孫立人及國防部六個廳的廳長等均出席了會議。國防部所屬八個局的局長列席，我也應邀列席。會上，柏寧克與國民黨國防部的某些人預謀，提出了一個所謂「議案」。其主要內容為：一、取消青年軍作為培訓預備軍官的訓練計畫，將其全部調往前線同解放軍作戰；二、將青年軍待遇降低到與一般部隊的同等水準。對這一議案，林蔚、余漢謀等人均當即表示同意。而我認為

這是使內戰升級、把青年軍充當炮灰的陰謀，也是美國人一貫鉗制蔣經國和青年軍的意圖的又一表露。而且如此重大的事情，他們事先並沒有同主管青年軍事務的預備幹部局作任何商量，貿然在這樣的會議上由美國人提出這樣的議案，本身就是荒唐的。因此，我當即站起來表示堅決反對。柏寧克一貫傲慢自大，從來沒有把中國軍人放在眼裡，又見只有我一個人敢於表示反對，即大光其火，竟當場打斷我的發言，聲稱我是列席代表沒有發言的資格。我當即予以嚴詞駁斥：「討論中國的事，我們作為中國人當然就有發言權，而且我們中國人對中國的事比美國人更瞭解，自然更有發言權。我不能容忍外國人如此干涉中國的內政！」也許這個美國佬認為在中國不管誰，包括中國的將領都得聽他的，現在竟然遭到中國人的頂撞，氣得他連連吼叫：「NO！NO！」大有非把我壓下去不可之勢。這時會場上氣氛驟然緊張，許多雙眼睛都盯著我，從不同的眼神可以看出：有的人在擔心我會被他壓倒；有的認為我對這位「美國大老哥」不該如此；更多的人在為我擔心，不知如何收拾局面。我當時義憤填膺，認為他不僅是對我個人的無禮，而且是對我們中國人的無禮。是可忍，孰不可忍！我決定豁出去了，無論如何要為中國人出口氣！於是他喊我也喊，他喉嚨粗我比他更粗，他嗓門高我比他更高，彼此大吵大鬧起來。結果議案也討論不成了，柏寧克只好悻悻然宣布：「散會！散會！」我說：「散會就散會！」拿起皮包頭也不回，大步走出會場。

走出會場後，孫立人迎面向我走來，緊緊握著我的手說：「亦斌兄，你今天總算為我們中國人出了一口氣啊！」由此可

見，孫立人雖然為美國軍方所青睞，但他和其他許多中國軍官一樣，平時也受了不少美國人的悶氣，對美國人傲慢自大、不把中國人放在眼裡心懷不滿，只是不敢輕易表示。我今天的抗爭確實得到了包括他在內的大多數在場中國軍官的支持和同情。

　　會後，我立刻就這次會議發生之事寫了一封信給蔣經國。信中除了告訴他我與柏寧克發生爭執的經過之外，還傾訴了自己滿腹憂慮和不平之氣。我指出：「中國人長期受盡了日本人的氣。經過八年抗戰，犧牲了無數同胞，好不容易剛剛把日本鬼子打垮，取得抗日戰爭的勝利，卻不料『前門驅虎，後門進狼』，又受美國人的氣。我確實難以忍受了。」蔣經國很快給了我回信，不僅毫無責備之辭，反而流露出讚賞之意。在信的結尾他充滿感情，意味深長地寫道：「歲寒然後知松柏之後凋，今日歲已寒矣！」表明他已深感內憂外患之嚴重，鼓勵我像蒼松翠柏一樣，傲霜雪，鬥嚴寒，堅持到底，對我寄予了無限的希望。

十、反對成立「鐵血救國會」

　　1948年春，蔣介石發動的反共內戰敗局已定。國民黨軍在東北、華北戰場完全處於劣勢，江淮戰場也是危機四伏。更為嚴重的是蔣介石的部下和親信也開始眾叛親離。對此蔣介石焦慮不安，經常發怒罵人，他把唯一的希望寄託在愛子蔣經國身上，希望以他為核心，重新收集力量，建立一個新的祕密組織，發揮控制和指揮的作用。他親自給蔣經國下達手諭：「著即成立一個能行動有力量組織嚴密的青年組織。」蔣經國臨危受命，自知意義

非同尋常。他平時愛讀《俾斯麥傳》，很想效法普魯士宰相俾斯麥，用鐵和血的手段，克服危機，挽救蔣家王朝搖搖欲墜的命運。為此，蔣經國召集親信江國棟、王升等人開會研究，決定成立「鐵血救國會」（代號社會問題座談會）和「中正學社」（代號青年問題座談會）兩個祕密組織，作為核心領導機構。這些情況，我都是事後逐步知道的。

1948年4月中旬，蔣經國親自打電話通知我，要我第二天（星期六）下午二時到黃埔路勵志中學參加重要會議，但並未說明會議的內容。第二天，我準時抵達勵志中學，校園裡顯得特別冷清，每個路口都有專人指路，顯得很神祕。會場設在高二教室，布置得森嚴肅穆，正中掛著蔣介石的像，每個人座位上放著一份油印的《鐵血救國會章程》和《誓詞》。出席會議的有胡軌、王升、李煥、江國棟、方慶延、蕭濤英、許功銳等三十多人。其中多數是中央幹校第一、二期學生，少數為蔣留蘇同學和贛南時期的骨幹。相比之下，我顯得像局外人。大家的臉上的表情都很嚴肅，似乎都在等待一個重大事件的發生。我一見到這種場面，自然感到不同尋常，知道要成立祕密核心組織，我陷入了沉思。蔣經國特意通知我參加這樣的會議，自然是表示他對我的特殊信任，在別人也許會感恩戴德。但我想起平日蔣經國經常與我談到國民黨內形形色色的小組織太多，派系林立，互相傾軋，勾心鬥角，造成分裂的現象，他對這種小組織極為反感。我也與他有同感，認為國民黨之所以紀律渙散、四分五裂，同這些小組織的存在和相互傾軋有重要關係。我看到一些失勢了的小組織成員惶惶然如喪家之犬，有的到處奔走投靠新主子，有的淪落為無

人理睬的「政治寡婦」，可恨可歎又可憐。蔣經國今天為什麼要重蹈覆轍呢？難道教訓還不夠深刻嗎？

正當我在沉思之時，突然聽到有人喊道：「教育長到。」（蔣經國曾任中央幹校教育長，中央幹校學生一直這樣稱呼他）所有與會者都起立熱烈鼓掌歡迎。蔣當時住在勵志社二樓二號，勵志社與勵志中學，各有大門，內部卻是相通的。他從住處到會場只需要一兩分鐘。蔣經國和平時一樣，穿著一套半新的中山裝，但很精神。一進會場，他顯得分外高興，客氣地招呼大家坐下，旋即登上講臺，對大家發表了基調陰鬱但又飽含激情的講話：

> 「親愛的同志們：你們都是我一直最信任、最骨幹、最忠誠於領袖和三民主義偉大事業的骨幹。值此革命大業面臨存亡絕續的關頭，生死博鬥的時刻，這正是考驗每個人的靈魂和良知的時候。我希望大家成為疾風勁草和中流砥柱，要永遠忠於三民主義，忠於領袖；要做孤臣孽子，堅決執行校長的政策和指示，不成功便成仁，至死不渝……當前國民黨內部腐化，共產黨惡化，都不能成功，我們主張『一次革命，兩面作戰』，即反對共產黨的惡化，也反對國民黨腐化，兩大革命畢其功於一役……」

接他又說：「為了完成這個偉大的使命，就必須發展第三種勢力，今天成立『鐵血救國會』，就是以此作為領導反共的核心組織。你們各位都是這個組織的成員，所負的任務既光榮而又艱巨，大家務必努力奮鬥！」

他講完話之後，徵詢大家的意見，特別點名要我和胡軌發言。胡軌是黃埔四期畢業生，蔣介石的忠實門徒，當時是「戡建總隊」中將總隊長，與我一起被稱之為蔣經國的左右手。在蔣點到我名之後，我沉思了一會就說：「如果照我的想法，我不贊成成立這個組織。試看今天國民黨內許多小組織，弄得不好，成事不足，敗事有餘，使一些純潔的青年成為『政治寡婦』！」蔣經國聽了我這番話，臉上頓時通紅，雖未加反駁，但看得出來他對我的發言相當不滿。接著他要胡軌發言。胡則持折中主義態度，他說：「經國兄講得很有道理，我贊同；亦斌兄所說也值得我們思考，其他我也講不出什麼了。」其他人則紛紛對蔣的講話表示堅決擁護，對我的發言均回避一字不提，算是「一致」通過了蔣經國成立「鐵血救國會」的建議。接著，舉行了宣誓。蔣經國自己擔任領誓人，他舉起右手，要大家起立跟他一起宣誓：

「余以至誠，忠於三民主義革命事業，堅決擁護校長的反共救國政策，服從組織，服從命令，保守機密，如有洩露違反，甘受最嚴厲之制裁……永矢不渝，此誓！」

在宣誓時，我雖不得不與大家一起起立，但內心更加反感，覺得這完全是在走「復興社」等反共祕密小集團的老路，逆歷史潮流而動，絕不能吸引廣大青年，斷然沒有前途。所以聽著聽著，我即把誓詞捏成一團，塞在褲袋裡，散會後走出會場，我就把它撕成碎片扔了。從此以後，他們再也沒有來找過我，而我也根本不屑過問這個祕密組織的事。

三十多年後，我才從方慶延（安徽人，「鐵血救國會」負責人之一）處得知，那次成立大會散會之後還發生了一個小插曲。會後，王升、江國棟等人在清點「申請書」和「誓詞」時，發現「誓詞」少了一張，意味著其中必有人違反紀律將其帶走了，在這一祕密組織成立時就出現這種情況，是絕對不能允許的。他們分析有嫌疑的人，但由於誓詞未填寫姓名，所以很難肯定是誰拿走的。王升斷定是我，要去追趕搜查，江國棟和方慶延等都不贊成，認為這樣做的後果不好，想來想去只得作罷。但這件事卻使蔣經國對我產生了疑慮，從此他對我一直採取明親暗疏的辦法，指示所有「鐵血救國會」的活動，都有意避開我，還要王升和江國棟等開始對我進行暗中監視。這些情況我當時都一無所知。

十一、上海「打老虎」，最後決裂

　　1948年，國民黨政府的財政經濟狀況如同軍事一樣，也已處於崩潰的境地。是年夏，國民黨政府經過一番醞釀，決定實行包括發行金圓券、限制物價和收兌人民所持金銀、外幣等內容在內的所謂「經濟改革」，企圖依靠行政力量對國統區經濟實行管制，以此來擺脫政治、經濟危機，維持其搖搖欲墜的統治。7月下旬，蔣介石召集高級幕僚會議，提出了幣制改革的初步方案。8月中旬，蔣介石在廬山與美國駐華大使司徒雷登會談，就經濟改革一事取得了美國的認可。8月19日，國民黨政府頒佈了《財政經濟緊急處分令》和《金圓券發行辦法》等法令，正式宣布實行幣制改革。蔣介石與行政院長翁文灝聯合招待所謂民意代表及

寧滬金融界人士，要求經濟界人士支持政府的經濟改革措施。同時宣布在行政院下設經濟管制委員會，負責實施經濟管制和推行幣制改革。緊接著南京政府發表俞鴻鈞（當時任中央銀行總裁）和蔣經國為上海經濟管制正、副督導員並即時赴任。上海是當時全國的經濟、金融中心，蔣介石派蔣經國擔負此重任，這一不同尋常的任命表明：蔣介石在「經濟改革」上下了很大的賭注，抱有「只准成功，不准失敗」的決心。

然而，當時的輿論對用行政手段管制經濟，強制推行幣制改革的前景卻憂慮重重，並不樂觀。《中央日報》在社論中表示：「我們切盼政府以堅毅的努力，制止少數人以借國庫發行，以為囤積來博取暴利的手段，向金圓券頭上去打算。要知道改革幣制譬如割去發炎的盲腸，割得好則身體從此康強，割得不好則同歸於盡。」

這個割盲腸的任務，實際上落到了蔣經國的身上，俞鴻鈞名義上是正職，但只是掛個名而已。蔣經國有蔣介石給他的尚方寶劍，聲勢宣赫，來頭不小，但他深知在當前的情況下推行經濟改革困難重重，而此次幣制改革的成敗又關係著國民黨政府的命運和他個人的前途，勢成騎虎，只有幹到底。他在8月26日的日記中寫道：「……目前工作是相當吃力的。但已經騎在虎背上了，則不可不幹到底了。」蔣經國不是個輕易退讓的人，他對自己的那一套頗為自信，相信充分運用所謂的「革命手段」，就可以達到目的。他宣稱：「此次經濟管制，是一次社會改革運動，具有革命意義，不僅是經濟的。」「如果用革命手段來貫徹這一政策的話，那麼，我相信一定能達到成功。」

在正式宣布蔣經國出任上海經濟管制副督導員的前一天，我到南京勵志社去找他，請他出席蘇州青年軍夏令營結業典禮。出乎我的意料，他對我說：「我另有重要任務不能出席，你代表我去吧！」我驚奇地反問：「這不是早就說好了的嗎？又有什麼更為重要的任務呢？」他有些激動地說：「這次領袖委派我去上海負責執行經濟管制和推行幣制改革、發行金圓券的工作，任務是艱巨的。但我一定要排除任何阻撓，只要是違犯國法者，不論其官職有多高，財力有多厚，我都將堅決依法懲辦，不徇私情，相信成功可期⋯⋯」我未等他把話說完，就急忙問他：「發行金圓券的基金從何而來？」他回答說：「只需四五千萬美元就夠了，數目不多，好解決。」我見他說得如此自信，還是有點半信半疑，但認為如果能由此使貪官汙吏和奸商得到懲處，物價能得到平仰，這對飽受物價暴漲之苦的人民還是有好處的，所以也感到高興，當即對他提出了八個字的希望和祝願：「秉公執法，早日成功！」然後握手告別。

蔣經國一到上海，就在九江路中央銀行大樓三層設立了經濟督導員辦公室，親自坐鎮指揮上海的經濟管制，立刻雷厲風行、大張旗鼓地行動起來。

首先，公布了有關的經濟管制法令和物價管制辦法，規定：一、從8月19日起，發行金圓券，以取代法幣，即於10月22日前收兌已發行的法幣；二、限於9月30日前，收兌人民持有的黃金、白銀、銀元和外匯，逾期任何人不得持有，違者嚴辦；三、限期登記管理本國人存放外國銀行的外匯資產，違者制裁；四、一切商品不得超過8月19日的物價水準（俗稱「819」限價），以

穩定物價，平衡國家總預算和國際開支。

　　同時，蔣經國以《上海向何處去？》的醒目標題發表告上海人民書，以上海人民保護者的口吻宣稱：「投機家不打倒，冒險家不趕走，暴發戶不消滅，上海人民是永遠不得安寧的。」「天下再沒有力量比人民力量更大，再沒有話比人民的話更正確」，「人民的事情，只有用人民自己的手可以解決，靠人家是靠不住的，要想將社會翻過身來，非用最大的代價，不能成功！」他再一次向上海人民表示自己的決心：「本人此次執行政府法令，決心不折不扣，絕不以私人關係而有所動搖變更。」他借用北宋政治家范仲淹的名言「寧使一家哭，不使一路哭」，表明自己對豪門巨室絕不留情，揚言要用高壓手段來實行限價：「不惜以人頭來平物價！」還提出了「打禍國的敗類，救最苦的同胞」「打倒豪門資本」「剷除腐化勢力和地痞流氓」「打倒奸商和投機倒把」等一系列口號。這些動聽的言辭，一時確實打動了許多人的心，認為蔣經國與其他國民黨官員大為不同，由他來實行經濟管制或許有成功的希望，更多的人則等待著觀察他下一步採取什麼實際行動。

　　為了執行經濟管制法令，蔣經國立即在上海組織自己的「執法」隊伍。他將贛南系、青幹校和青年軍的幹部從全國各地紛紛調往上海，一時上海成了「太子系」緊張活動的中心，王升、李煥、江海東、江國棟等蔣經國系重要分子麇集上海。蔣把「戡亂建國總隊」第六大隊調往上海，由王升擔任大隊長；後又在此基礎上成立了「大上海青年服務總隊」。蔣經國對親信說：「大上海青年服務總隊」，正像上海國際飯店的招牌一平，雖然不大，

名氣很響，全國和全世界都知道。9月22日，「大上海青年服務總隊」在上海復興公園舉行成立大會，共有隊員一萬人，編成二十個大隊，分布在上海各個區，由王升任總隊長。蔣經國邀請我出席了成立大會，但我們都未發表講話。為了加強對經濟問題的研究，蔣還抽調一部分大學生，成立了一個經濟研究小組，由江國棟負責。為了開展工作，蔣經國還將中央幹校校友會和青年軍聯誼會的基金調到上海，以便集中使用。接著，蔣經國法出令行，果真轟轟烈烈地打起「老虎」來。他接連召見上海經濟界的頭面人物劉鴻生、榮爾仁、錢新之、李馥蓀、周作民、杜月笙等人，軟硬兼施，要他們擁護政府措施，交出全部黃金、外匯，否則即勒令停業。甚至聲色俱厲，拍桌大罵，揚言：「你們不要敬酒不吃吃罰酒，誰手裡有多少黃金美鈔，我們都清楚。誰不交，就按軍法辦理！」上海青年服務總隊也四處出動，設立崗哨，檢查行人。並與警察局、警備司令部人員混合編隊，組成許多三人或五人小組，檢查商店、工廠和倉庫，登記囤積物資。對違反規定者，蔣經國採取了嚴厲的措施。米商萬墨林、紙商詹沛霖、申新紗廠大老闆榮鴻元、中國水泥公司常務董事胡國梁、美豐證券公司總經理韋伯祥等六十餘人，均因私套外匯，私藏黃金，或囤積居奇，投機倒把，被捕入獄。榮、胡、韋三人後經托人疏通，分別罰款一百萬、三十萬和三十五萬美元，才得以交保獲釋。連上海大亨杜月笙的兒子杜維屏也因「囤貨炒股」的罪名被捕入獄，判了八個月的徒刑。財政部秘書陶啟明因洩露經濟機密也被判刑。蔣經國還大開殺戒，以貫徹他「用人頭平物價」的主張，借此威懾人心。林雪公司經理王春哲因私套外匯被處死，報上還

刊登了王被處死時的大幅照片。上海警備司令部科長張亞民、大隊長戚再玉因勒索罪被槍決，後來還殺了破壞經濟管制的憲兵大隊長薑公關。蔣經國殺氣騰騰地宣稱：「在上海應當不管你有多少財富，有多大的勢力，一旦犯了國法，就要毫不留情地送你進監獄，上刑場。」

蔣經國的「鐵腕」暫時發揮了作用，上海的物價在一個時期內保持了穩定，岌岌可危的財政金融危機也似乎有所緩和，一時輿論出現了一片讚揚之聲。有的報紙稱蔣經國是國民黨的救命王牌。有的甚至稱頌蔣經國為「蔣青天」、「活包公」。有的外國記者則稱之為「中國的經濟沙皇」。

蔣經國為暫時的勝利所陶醉，想趁熱打鐵，借機在上海紮根，因而考慮先取代宣鐵吾出任上海警備司令，等條件成熟再取代吳國楨，出任上海市長。這時，蔣經國想到了我這個對他反貪官汙吏仍存懷疑的人。他幾次打電話到南京找我，要我立即到上海，一方面要我看看他的「打虎」傑作，體驗一下他反對貪官汙吏和豪門奸商的決心，同時也想探詢一下如他正式任命為上海警備司令時，我是否願意充當他的副手出任副司令之職。還有一件事，就是要我為他籌備雙十節「十萬青年大檢閱」。

我於9月中旬到達上海，先在揚子飯店住下，旋即去外灘附近的中央銀行看望他。但在那裡，他忙於接待許多客人，無暇與我交談，於是他對我說：「這裡不好談話，還是今晚上八時到我家（林森中路逸村二號）來談為好。」

當時，我對他在上海大刀闊斧、雷厲風行「打老虎」，博得輿論廣泛讚揚，也感到高興，但覺得那只是個開頭，困難還在

後頭，成敗尚難定論，特別擔心他虎頭蛇尾。當晚我按時到了逸村，蔣顯得十分高興，兩人握手就座之後，他得意地問我：「你看怎麼樣？」想聽聽我對他在上海政績的評價，並且滿以為我也會像別人那樣稱頌他。而我卻毫不隱晦地回答：「開頭還不錯，但我怕你後勁不足！」這不啻給他潑了一瓢冷水，他微露不悅之色，但也似乎有所觸動。我接著問他：「CC方面怎麼樣？」他的臉色由不悅轉為慍怒，罵道：「他媽的，他們在上海控制著大小十五家銀行，我要同他們幹到底！」我相信他的話，因為蔣經國同CC派之間是存芥蒂，他們的明爭暗鬥路人皆知。但我最擔心的還不是CC派，而是宋美齡，因此我又問：「夫人（指宋美齡）呢？」此問一出，他頓時呈現難言之狀，站了起來，口含煙斗，緊鎖眉頭，踱來踱去，近半小時，一言不發。我坐在沙發上，感到侷促不安，最後我說：「今天不談了，以後再說吧。」他說：「好，我派車送你回旅館。」談話就此不歡而散，我感到他一定遇到了棘手的問題，有一種不祥的預感。

事後我聽說，蔣經國在這段時間裡確實碰到了難以克服的障礙。9月下旬，蔣經國在浦東大樓召集許多工商巨頭開會，會議開始，蔣經國照例客氣地表示感謝諸位對幣制改革的支援，接著話鋒一轉，帶著威脅的口吻說：「有少數不明大義的人，仍在冒天下之大不韙，投機倒把，囤積居奇，操縱物價，興風作浪，危害國計民生。本人此次秉公執法，誰若囤積物資逾期不報，一經查出，全部沒收，並予法辦！」他的話音剛落，老奸巨猾的杜月笙卻不緊不慢地說道：「犬子維屏違法亂紀，是我管教不嚴，無論蔣先生怎樣懲辦他，是他咎由自取。不過一我有個請求，

附錄二
亦斌綜述

2
6
3

也是今天到會各位的一致要求，就是請蔣先生派人到揚子公司查一查。揚子公司囤積的東西，在上海首屈一指，遠遠超過其他各家。希望蔣先生一視同仁，把揚子公司囤積的物資同樣予以查封，這樣才能使大家口服心服。」此時，滿座的目光都對著蔣經國，看他如何反應。杜的這番話反守為攻，指名道姓，完全出乎蔣的預料，他不由得一愣，但隨即表示：「揚子公司如有違法行為，我也一定繩之以法！」

　　蔣經國話雖然這麼說，但回到辦公室之後卻感到事情棘手萬分。因為揚子公司的董事長和總經理是孔令侃，他是當時的行政院院長和中國的大財閥孔祥熙之子，其姨母則正是「第一夫人」宋美齡。宋美齡沒有生兒育女，故對孔令侃視如己出，倍加寵愛，精心培植，孔、宋兩家早已聯為一體，密不可分，大有「一榮俱榮，一損俱損」之勢。而且揚子公司還在紐約、倫敦等地設有分公司，與美、英、法等國各大財團及國民黨政府許多機構都有密切關係。因此，孔令侃自認為靠山硬，誰也奈何他不得。蔣經國固然來頭大，但又能把他怎麼樣？所以他沒有把「太子」放在眼裡。明明有令規定：午夜十二時以後實行宵禁，不准行人通行。孔令侃偏在這時開車闖關，揚長而去。明明規定禁止囤積居奇，揚子公司偏偏乘機大搞囤積物資。大上海青年服務總隊長王升和其手下人為此向蔣告狀，蔣經國為之勃然大怒，但也不敢輕易在「太歲」頭上動土。但如今杜月笙在會上這麼一逼，他無法回避，不得不予以表態。揚子公司違法亂紀的事實路人皆知，整個上海都在拭目以待，看他如何動作。事情到了這一地步，蔣經國只好橫下一條心，向孔令侃開刀，於是命令經濟員警大隊長程

義寬搜查並查封了揚子公司，但遲遲不對孔令侃本人採取進一步的行動，表明他手下留情，仍留有餘地和後路。查封揚子公司成為一時的重大新聞，引起輿論的普遍關注。10月3日，上海、南京、北平等地各家報刊爭相報導「揚子公司案」消息，有的表示歡欣鼓舞，呼籲「清算豪門」；有的則因處理此案拖泥帶水，缺乏前一階段雷厲風行作風，表示不滿，指責是「只拍蒼蠅，不打老虎」。各種議論都有。

我看到這種情況，預感到自己所言蔣經國「後勁不足」可能不幸而言中，因而很著急。於是在一次會見時，我問他：「孔令侃案辦不辦？」他像沒有聽見一樣，不予置答。此時蔣經國用行政手段勉強維持的上海經濟秩序已出現崩潰之兆。物價開始飛漲，物資缺乏，生產停頓，到處出現搶購風，老百姓怨聲載道。我陪同他到申新九廠瞭解生產和原料供應情況及工人的情緒，看到沿途市面上出現了一片搶購風潮，我與他的心情都很沉重。我又追問他：「孔令侃案你準備辦不辦？」他卻顧左右而言他，說：「塔斯社發表了一篇文章，評論上海『打老虎』，說用政治手段去解決經濟問題是危險的。」接下去就不再說什麼。

回到旅館之後，我反覆琢磨他這句話的含義。覺得他是借此向我暗示：他要後退了。對此我想了很多很多。本來我對實行經濟管制能否奏效，並不抱有多大的希望，但認為在當時打擊豪門、嚴懲貪官汙吏和奸商，平仰暴漲的物價，對老百姓也不失為有利的一著。特別是當遇上真正囤積居奇、橫行不法的「豪門資本」，全國人民拭目以待之時，我認為絕不能退縮，應當大義滅親，依法嚴懲。否則，無以向人民和歷史交待。如果口號喊得震

天價響，一遇到真正的「老虎」就偃旗息鼓，那上海「打老虎」不成了一場具有諷刺意義的騙局了嗎？對於國民黨，我早就失去了希望，但對於蔣經國我還抱有一線希望，認為他是一個有抱負有能力的領導人，幾年來他對我恩遇甚深，無論以公以私，無論作為部下和朋友，在此關鍵時刻，我都有責任有義務向他進言，提醒、勸告他：堅持原則，不要猶豫不決，消極退縮。

為此，我主動到逸村二號去見他，開門見山地向他提出：「你對孔令侃一案究竟辦不辦？如果不辦，那豈不真像報紙上所說：『只拍蒼蠅，不打老虎』了嗎？」他本來情緒就不好，見我又提起這個他最不願意談的話題，頓時發火了，他本來就沙啞的喉嚨放得特別大，以訓斥的語氣嚷道：「孔令侃又沒有犯法，你叫我怎麼辦？」我見他不僅不承認自己軟弱、不敢碰孔令侃的事實，反而竟然以孔令侃無罪的口實為孔洗刷，為自己辯護，一種從未有過的失望和憤怒驅使我拍案而起，一掌擊在桌上，大聲說：「孔令侃沒有犯法，誰犯法？……你這個話不僅騙不了上海人民，首先就騙不了我！」這就是江南所著《蔣經國傳》中說到的：為了『揚子案』，經國的愛將賈亦斌曾和他拍過桌子的一幕。而後，他終於平靜下來，歎了一口氣，又無可奈何地說：「亦斌兄，你是有所不知，我是盡孝不能盡忠，忠孝不能兩全啊！」他以個人須盡孝來為不能為國盡忠辯護，明顯是把個人和家族的利益放在國家利益之上，我根本不能接受，於是便進一步對他說：「你有對你父親盡孝的問題，而我只有對國家民族盡忠的問題。如不讓處理孔令侃一案，何以服國人，又何能救國？」說罷我便拂袖而去。回到揚子飯店，我連夜給他寫了一封長達十

四頁的長信，再一次予以敦勸，結果自然仍是失望。

事後我才得知揚子公司一案的內幕。原來開始時，蔣經國也想對孔令侃進行處理，但受到了宋美齡的干預。揚子公司被查封後，孔令侃發現來勢太大，就到南京向姨媽求救。宋美齡專程到滬，乘中秋節日把蔣經國、孔令侃約到永嘉路孔宅面談，企圖緩和兩人的關係。宋美齡勸說道：「你們是表兄弟，我們一家人有話好說。」蔣經國對孔令侃說：「希望你顧全大局！」孔大吼一聲說：「什麼？你把我的公司查封了，還要我顧全大局？」最後兩人大吵起來，蔣臨走時說：「我蔣某一定依法辦事！」孔令侃回答說：「你不要逼人太甚，狗急了也要跳牆！如你要搞我的揚子公司，我就把一切都掀出來，向新聞界公布我們兩家包括宋家在美國的財產，大家同歸於盡！」宋美齡一聽，頓時臉色發白，手腳發抖，見他們不聽勸告，各走極端，只好連忙打急電給在北平的蔣介石，說上海出了大問題，要他火速乘飛機南下。當時，北平形勢緊張，蔣介石正在北平主持軍事會議親自督戰，聞訊後立刻要傅作義代為主持，自己即乘飛機赴上海。傅作義對此極為不滿，對人說：「蔣先生不愛江山愛美人。」

蔣介石一到上海飛機場，宋美齡即帶孔令侃首先登機，搶先向他告了蔣經國的狀。然後由警備司令宣鐵吾、市長吳國楨及蔣經國等陪同蔣氏夫婦到達東平路蔣宅，大家正準備坐下向蔣彙報情況並聆聽指示，宋美齡卻宣布：「總統長途南下，很疲乏了，一切事情明天再說。」

蔣經國及文武官員只得悻悻告退。經宋美齡向蔣介石多方說明原委，謂兩家屬於姻親，有共同利害，家醜不可外揚等等，得

到蔣的首肯。第二天蔣介石召蔣經國進見，痛罵一頓，訓斥道：「你在上海怎麼搞的？都搞到自己家裡來了！」要他立刻打消查抄揚子公司一事。父子交談不到半小時，蔣經國出來時一副垂頭喪氣之色。接著，蔣介石又召見上海文武官員，親自為揚子案開脫說：「人人都有親戚，總不能叫親戚丟臉，誰又能真正鐵面無私呢？我看這個案子打消吧！」大家一聽此言，只得唯唯諾諾而退。

在這一幕之後，上海警察局發言人也出面為孔令侃開脫，對外宣布：「揚子公司所查封的物資均已向社會局登記。」使其披上了合法的外衣。而曾經積極報導「揚子案」的上海《大眾夜報》、《正言報》卻很快被勒令停刊了。揚子公司案風波就此平息，不了了之。

上海經濟管制雖然已是強弩之末，但蔣經國為了給自己壯大聲勢和炫耀力量又準備於10月10日在上海舉行雙十節十萬青年大檢閱，他要我負責籌備。我將當時駐守蘇州的青年軍第203師和駐守上海郊區的青年軍第209師調來上海，加上杭州、嘉興兩所青年中學的學生和「戡建隊」、「大上海青年服務總隊」以及大專院校青年軍復員學生，約七八萬人，對外號稱十萬。檢閱儀式在上海虹口體育場舉行，由陸軍副總司令關麟徵陪同蔣介石進行檢閱。10月10日清晨蔣經國要我驅車前往東平路蔣宅迎接蔣介石。等我趕到東平路，才得知蔣介石已乘飛機前往虹口。我萬萬沒有料到：近在咫尺的虹口體育場，蔣介石還要坐飛機去！事後聽說這是軍務局長俞濟時臨時出的一著妙計：先從東平路驅車到虹橋機場，坐飛機到大場機場，再坐汽車到虹口體育場，這樣可以繞過上海鬧市區，以避免遭憤怒的群眾攔阻包圍。如此草木

皆兵，我聽了只覺得啼笑皆非。當天的大會主席是蔣經國，儘管內心空虛，他還是裝出充滿信心的樣子，態度慷慨激昂。隊伍經蔣介石檢閱後，舉行了遊行示威，由騎兵做先導，接著是摩托部隊、炮兵和荷槍實彈的步兵，後面是「大上海青年服務總隊」和各界人士。遊行隊伍走出虹口公園後，沿四川路、外白渡橋、外灘、南京路行進，一路有氣無力地呼喊口號，最後到跑馬廳（現人民廣場）宣布解散。明眼人都能看出：這次檢閱純粹是虛張聲勢，它預示上海的這場鬧劇就要落幕了。

曾經轟動一時的上海經濟管制只維持了七十天。被人為控制的物價又開始以更驚人的速度扶搖直上，金圓券價值一落千丈，很快變成了廢紙，到處是瘋狂的人群和搶購潮，許多人被擠死、踩死，情況混亂到了極點，一幅「世界末日」景象。10月31日，南京政府行政院被迫宣布將限價改為抑價，行政院長翁文灝、財政部長王雲五相繼辭職，國民黨的經濟管制政策宣告澈底破產。

隨著經濟管制政策的失敗，蔣經國在上海的使命也宣告結束。結束那天，我陪同他乘車前往上海廣播電臺發表廣播講話，他以沙啞、悲哀的聲音宣讀了《告別上海市父老兄弟姐妹書》，向上海市民致以深切的歉意，並向大家告別。宣讀完畢，蔣經國黯然淚下。在返回的途中，他沉默良久，最後對我說：「上海經管失敗比濟南失守的後果更為嚴重。」蔣經國離滬前召集親信開會，情緒低沉地說：「現在我們失敗了，今後我們究竟到哪裡去工作，做什麼工作，現在都不知道，以後再說。你們自己要守紀律，多保重.」並指示王升將「大上海青年服務總隊」組織保存，活動停止。11月6日，蔣經國悄然離滬，返回杭州寓所，旋又轉

赴南京。上海「打老虎」的鬧劇至此結束。

上海經濟管制的失敗對蔣經國的打擊相當大，他對國民黨政權和自己的前途感到一片茫然，悲觀消極，情緒極度低落。回南京後，每日借酒澆愁，常常喝得酩酊大醉。我曾到勵志社去看他，他一邊喝酒，一邊燒檔案，甚至連印好的請柬也付之一炬。我問他：「你燒請柬幹什麼？」他回答說：「亡國了，還請什麼客？」絕望情緒溢於言表。我感到他的無力和可憐，心中有說不出的滋味。

上海「打老虎」給我以深刻的教訓，我對蔣、宋、孔、陳四大家族的腐朽黑暗內幕有了進一步的瞭解，國民黨政權由他們掌握，只有走向滅亡。我曾寄希望蔣經國，希望他能有所作為，但事實證明：他也不能擺脫其父親和家庭的決定影響，最後終於同他父親合流，我對蔣經國所抱的幻想最終破滅了。在我的面前擺著兩條道路；或者隨波逐流，跟著蔣經國，做蔣家王朝的殉葬品；或者毅然而然，棄暗投明。我陷入了痛苦的抉擇。我從小讀孔孟之書，儒家忠孝節義的思想對我影響甚深。想到蔣經國對我的知遇之恩，一旦要棄他而去，心中確實不忍，又擔心被人指責為「忘恩負義」，為此一再躊躇不決。經過反復的思想鬥爭，我終於認識到：忠於個人是小忠，忠於國家民族乃是大忠，如因小忠而棄大忠，那是無原則的「愚忠」，兩者不能俱全之際，只能犧牲前者，而選擇後者。國民黨執政二十多年腐敗無能，弄到天怒人怨，為民所棄，已是不爭的事實。民心所向即是個選擇的最好指南。我不願意執迷不悟，為這個腐朽的政權去殉葬，決心同蔣家王朝決裂，同蔣經國分道揚鑣，去尋找新的道路。

後記

　　《洞悉蔣經國》是作者15年來繼《解密蔣經國》、《走進蔣經國》及其評論集之後的有關蔣經國先生的第三本專著。

　　知我者，謂我心憂；不知我者，謂我何求？

　　但，我以為用心的作者加思考的讀者，等於一本書的完整價值！

　　在此，特別感謝復旦大學中文系教授葛乃福、上海財經大學文學院顧國柱教授、《蔣經國研究》沙龍顧問黃偉民、學者陳曉光、摯友朱德敏、劉桂荃、劉希平及臺北秀威出版社責任編輯杜國維先生與其同仁對此書所作的無私奉獻！

　　是為記。

陳守雲　謹識
2015年12月20日
於滬上時習齋

洞悉蔣經國

Do人物54　PC0567

洞悉蔣經國

作　　者／陳守雲
責任編輯／杜國維
圖文排版／周妤靜
封面設計／王嵩賀

出版策劃／獨立作家
發 行 人／宋政坤
法律顧問／毛國樑　律師
製作發行／秀威資訊科技股份有限公司
　　　　　地址：114 台北市內湖區瑞光路76巷65號1樓
　　　　　電話：+886-2-2796-3638　傳真：+886-2-2796-1377
　　　　　服務信箱：service@showwe.com.tw
展售門市／國家書店【松江門市】
　　　　　地址：104 台北市中山區松江路209號1樓
　　　　　電話：+886-2-2518-0207　傳真：+886-2-2518-0778
網路訂購／秀威網路書店：https://store.showwe.tw
　　　　　國家網路書店：https://www.govbooks.com.tw

出版日期／2016年1月　BOD一版　定價／330元

|獨立|作家|
Independent Author

寫自己的故事，唱自己的歌

洞悉蔣經國 / 陳守雲著. -- 一版. -- 臺北市 : 獨
立作家, 2016.1
    面 ；   公分. -- (Do人物 ; 54)
BOD版
ISBN 978-986-92449-0-9(平裝)

1. 蔣經國 2. 臺灣傳記

005.33   104022886

國家圖書館出版品預行編目

讀 者 回 函 卡

感謝您購買本書，為提升服務品質，請填妥以下資料，將讀者回函卡直接寄回或傳真本公司，收到您的寶貴意見後，我們會收藏記錄及檢討，謝謝！
如您需要了解本公司最新出版書目、購書優惠或企劃活動，歡迎您上網查詢或下載相關資料：http:// www.showwe.com.tw

您購買的書名：＿＿＿＿＿＿＿＿＿＿＿＿＿＿＿＿＿＿＿＿＿＿＿＿＿

出生日期：＿＿＿＿＿年＿＿＿＿＿月＿＿＿＿日

學歷：□高中 (含) 以下　　□大專　　□研究所 (含) 以上

職業：□製造業　□金融業　□資訊業　□軍警　□傳播業　□自由業
　　　□服務業　□公務員　□教職　　□學生　□家管　□其它＿＿＿

購書地點：□網路書店　□實體書店　□書展　□郵購　□贈閱　□其他

您從何得知本書的消息？

　□網路書店　□實體書店　□網路搜尋　□電子報　□書訊　□雜誌
　□傳播媒體　□親友推薦　□網站推薦　□部落格　□其他＿＿＿＿＿

您對本書的評價：(請填代號　1.非常滿意　2.滿意　3.尚可　4.再改進)

　封面設計＿＿＿　版面編排＿＿＿　內容＿＿＿　文／譯筆＿＿＿　價格＿＿＿

讀完書後您覺得：

　□很有收穫　□有收穫　□收穫不多　□沒收穫

對我們的建議：＿＿＿＿＿＿＿＿＿＿＿＿＿＿＿＿＿＿＿＿＿＿＿＿

＿＿＿＿＿＿＿＿＿＿＿＿＿＿＿＿＿＿＿＿＿＿＿＿＿＿＿＿＿＿＿＿

＿＿＿＿＿＿＿＿＿＿＿＿＿＿＿＿＿＿＿＿＿＿＿＿＿＿＿＿＿＿＿＿

＿＿＿＿＿＿＿＿＿＿＿＿＿＿＿＿＿＿＿＿＿＿＿＿＿＿＿＿＿＿＿＿

11466
台北市內湖區瑞光路 76 巷 65 號 1 樓
獨立作家讀者服務部 　　　收

··

（請沿線對折寄回，謝謝！）

姓　　名：＿＿＿＿＿＿＿＿＿　年齡：＿＿＿＿　性別：□女　□男

郵遞區號：□□□□□

地　　址：＿＿＿＿＿＿＿＿＿＿＿＿＿＿＿＿＿＿＿＿＿＿＿＿＿

聯絡電話：(日) ＿＿＿＿＿＿＿＿＿＿　(夜) ＿＿＿＿＿＿＿＿＿＿

E-mail：＿＿＿＿＿＿＿＿＿＿＿＿＿＿＿＿＿＿＿＿＿＿＿＿